中国现代文化世家丛书

瓜瓞绵绵
尔昌尔炽

国家出版基金项目

◎ 中国现代文化世家丛书

笔耕世业传家风
——湖北浠水闻氏家族文化评传

蒋倩 甘旭扬 著

主编 詹福瑞 骆玉安

郑州大学出版社

图书在版编目(CIP)数据

笔耕世业传家风：湖北浠水闻氏家族文化评传/蒋倩，甘旭扬著. —郑州：郑州大学出版社，2019.1
(中国现代文化世家丛书. 第三辑)
ISBN 978-7-5645-5750-8

Ⅰ.①笔… Ⅱ.①蒋…②甘… Ⅲ.①家族-文化研究-浠水县 Ⅳ.①K820.9

中国版本图书馆 CIP 数据核字（2018）第 190999 号

郑州大学出版社出版发行
郑州市大学路40号　　　　　　　邮政编码：450052
出版人：张功员　　　　　　　　　发行电话：0371-66966070
全国新华书店经销
河南文华印务有限公司印制
开本：710 mm×1 010 mm　1/16
印张：15.75
字数：221 千字
版次：2019 年 1 月第 1 版　　　　印次：2019 年 1 月第 1 次印刷

书号：ISBN 978-7-5645-5750-8　定价：56.00 元
本书如有印装质量问题，请向本社调换

中国现代文化世家丛书（第三辑）编辑委员会名单

主　　任　詹福瑞
副 主 任　骆玉安
成　　员　（以姓氏笔画为序）

　　　　　丁忠华　马　达　王　锋
　　　　　王同毅　王莉娟　叶　新
　　　　　白金玉　冯保善　刘士林
　　　　　刘成纪　刘运来　苏克勤
　　　　　李风宇　李道魁　吴　昕
　　　　　何晓红　张　霞　张卫明
　　　　　张功员　张志林　赵金钟
　　　　　骆玉安　徐　栩　凌　青
　　　　　黄　轶　詹福瑞　樊建伟
编务统筹　张　霞　席静雅

跨越时空的力量(代总序)

在中华民族五千年的文明史上,"家"与"国"总是作为一个不可分割的社会有机体相伴而存。历史的长河滚滚向前,更迭不已的朝代衍生的名门望族难计其数。这些显赫家族中的一部分在繁衍存续中以文化为纽带,形成独特的群体,成为文化世家。这些文化世家及其杰出人才为中华文化的传承与发展发挥过巨大的示范作用,在一定程度上影响着中国历史与文化发展的进程。如:齐鲁大地上以孔子肇始的孔氏世家,享誉儒林两千余年,堪称"中国第一文化世家";义宁的陈氏家族以陈宝箴、陈三立、陈寅恪而负盛名;杭州钱塘的钱氏家族,因千余年来文风昌盛、人才辈出而被誉为江南望族;安徽桐城方氏家族,自明末至今一直享誉文坛,有"中国近世三百年第一文化世家"之称。

改革开放以后,特别是20世纪90年代以降,中国进入新的文化复兴时期,国人比以往任何时代都更加重视科技、教育和文化,也更加珍视人才。事实表明,代表传统文化最高水平的社会群体,正是那些跃居学术最高领域的专家、学者等文化精英。中国现代社会转型以来,那些文化、思想领域的领军人物,在推动社会变革和学术创新等方面贡献巨大。研究发现,这些专家、学者和精英人物,大都出身于文化世家,有着良好的家庭文化背景和丰厚的学养。文化世家所呈现的人才辈出的现象,成为中国现代史上一道亮丽的景观。

在我国文化典籍中,"世家"一词早有所见,其注解也多有不同。《孟子·滕文公下》中出现"仲子,齐之世家也"[①]之说;《史记》以"世

[①] 《孟子》,中华书局2006年版,第142页。

家"记述王侯诸国大事,有《世家》30 篇;欧阳修所撰《新五代史》,沿用司马迁《史记》的体例,书中也开举《列国世家》10 篇。 我国古代王侯开国,子孙世代承袭,所以称世家。 后来,人们将世代显贵、以某种专业世代相承的家族或大家泛称为世家。《现代汉语词典》对"世家"有如下 3 种解释:封建社会中门第高,世代做大官的人家;《史记》中诸侯的传记,按着诸侯的世代编排;指以某种专长世代相承的家族。①

根据研究和多方因素,我认为,"世家"当指有特殊职业或专长、社会地位显赫,或代表某一领域、阶层特色并世代传承的家族。 考虑到文化的特殊性,文化世家则是文化在家庭、家族中长期积淀,并经过多代人不断赓续、传承而形成的特有文化现象,是以家风、家训、家教等文化单元为标志,以家族杰出人物群体为代表的世代相传的家族体系。

现代文化世家则是源自 19 世纪末,成长于 20 世纪初,繁盛于 20 世纪中期并延续至今的,以家族文化传承为基本特色的不同家族体系。 中国现代文化世家总是以家族的一个或多个、能够影响或引领某一时代或某一领域发展的杰出人物为代表,进而形成一个具有浓郁的家族特色、对社会产生广泛而重要影响的群体。

中国现代文化世家的兴起和成长大致在 19 世纪末 20 世纪初至今 100 多年的时间。 历史地看,20 世纪以来的中国文化留给我们许多值得深思的空间。 从 1840 年至 1949 年这段充满屈辱的历史,国人经受的痛苦是空前绝后的;然而,这一时期的中国却呈现出文化多姿、人才辈出的局面,所谓"国破山河在,家脉代代传"。 这是中国根亲文化的魅力和传统文化生命力之所在。

实际上,中国现代文化世家的家族脉络根须还可以上溯至 300 多年前的明末清初时期。 那时,中国开始出现资本主义萌芽。 商业资本的发达不仅带来经济繁荣和人口大量流动,也促使人们思想的开放和转变。 封建的小农经济依然占统治地位,人们在获取有限的物质满足后,在精神上也有了更加新异的追求。 特别是到了清朝末年和民国年间,西方列强的入侵和洋务运动的助推,让许多有钱人家对家族的振兴和子女的抚养有了颠覆性的认识。 尽管"学而优则仕"的思想根深蒂固,但富

---

① 《现代汉语词典》,商务印书馆 2016 年第 7 版,第 1191 页。

家子弟求学读书再也不是单一地为了求取科举及第。由于视野的开阔，富裕人家往往不惜重金聘请名师，对子女进行一对一的培养，或让年幼的子女体面地进入私塾，或挤进洋人的教堂，甚至远渡重洋，为的是让子孙后代冲出家门，获取更加宽阔的人生发展空间，去施展抱负，以新的风貌光宗耀祖。这样，官富子弟不仅躲避了战乱的袭扰，更能浸染异域文化，客观上成就了大批人才。

晚清至民国时期，中国经历了前所未有的动荡局势。一方面，清廷的腐败无能引起民众造反；另一方面，外族入侵加剧了中国的贫弱。社会贫富悬殊，阶层急剧分化。当时的局面是，寻常百姓不仅生活窘迫，甚至挣扎在生存线上；富豪家族生活安逸，甚至花天酒地，更可破财消灾，让自己的子弟躲避人祸，享受现代优质教育。即使是割据一方的军阀，也往往处心积虑地让自己的亲属弃武从文，期望发迹于文化世家。时局动荡，社会倒退，却难以遏制文化的萌动与繁荣。而乱世时期的富家子弟往往不乏有志之士，他们倾心文化功名，繁荣了家族文化，使文化世家奇峰峻耸。

从人才学的角度进行考察，文化世家的整体成长往往又伴随国运兴衰而行，其历程也往往变幻纷呈，瑰丽多姿。中国的历史就是这么怪异，有时世势虽动荡不安，文化却奇异多姿。春秋战国时期是这样，三国两晋南北朝时期也如此，近代的清末民国时期也概莫能外。

20世纪初，中国最后一个封建皇帝被赶出宫廷，伴随频仍的天灾和人祸（战乱和政治腐败），裹挟中西文化泥沙的巨浪席卷中国大地，中国彻底沦为半殖民地半封建社会。民国时期虽时局动荡、军阀混战，但文化却一直未能断裂，反而出现热闹非凡的景观。这一时期，军阀为了利益、地盘纷争不断，文化的发展空间相对宽松；军阀的粗野庸俗，反而衬托出文化的精细高雅与尊贵，追求风雅成为时尚，文人地位也随之攀升，进而呈现怪杰频出、文化绮丽的局面。现有史料足以证明，即使在1928年那样战火纷飞的动荡年月，成立伊始的国民政府中央研究院仍然做着遴选院士的长远计划，并终于在20年后的1948年成功地评选出中国首届81名院士。首届院士不乏文化世家子弟，如梁思成、梁思永兄弟，冯友兰、冯景兰兄弟等。这一现象值得我们研究和探讨。

1949年中华人民共和国的成立，标志着一个新时代的到来。由于时局稳定，加上国家恢复生产和经济建设都亟须大批各行各业的人才，许多流亡于海外的专业人才（多为旧时代文化世家子弟）纷纷回国。他们在参加新中国建设的同时，因为其中西融合的卓越成就和传统文化熏染的高尚品德，成为科技文化领域的典范，这些英杰引领凝成的家族文化成为优化社会环境的重要因素，促进了家族文化繁荣时期的来临。随着时局的动荡变迁，特别是"十年动乱"，许多家庭遭遇灾难，甚至出现家族内部政治斗争，相互陷害，亲情无存、文化割裂；加上中国计划生育政策的实施，家庭结构的变化，家族文化遭遇内外夹击。时至20世纪末，神州大地已经难以见到中国传统家庭四世同堂、子孙满院的景观。

20世纪90年代至今，随着改革开放和科教兴国战略的实施，中国对科技和人才的重视程度前所未有，迎来了科技发展和人才成长的最佳机遇。同时，随着时局的稳定，和谐社会的发展，人们在享受现代科技带来的现代化便捷生活的同时，也渴望回归自然，怀念旧日民族文化传统。从20世纪乡土文学受到热捧，到同乡会、恳亲会、姓氏寻根、家谱赓续等活动，无不带有浓郁的中华民族传统文化色彩，同时也为家族文化的凝练创造了良好的氛围。中国家族文化在和谐发展的当世焕发出勃勃生机。

随着人类社会的不断进步，特别是以习近平总书记为核心的党中央带领全国各族人民奔小康，开创了建设中国特色社会主义新时代，家族文化发展也迎来了新的春天。虽然嫡亲家族还需等待时日，而松散的家族联系必然也能够成就新兴的文化世家，成为新的人才成长的独特环境。况且，随着国家计划生育政策的调整和综合国力的不断增强，人们进入小康社会后生活水平的不断提高，以及和谐社会的健康发展，新时代中国特色文化世家也必然以新的形态呈现并在人才成长链中发挥出榜样和示范的作用。

中国现代文化世家根植于中华民族的肥沃土壤，深受民族文化浸润，有着鲜明的特色。

中国现代文化世家中的家族文化根基源自中华民族传统文化。我们选入的所有现代文化世家，都弥漫着中华民族的文化氛围。不管是新会的梁氏家族，还是无锡的钱氏家族，或者是唐河的冯氏家族、湘乡的曾氏家族、义宁的陈氏家族，他们首先是以中国传统文化为主要特征的书香门第。这些家族的杰出人物不仅有着良好的家风和深厚的家学渊源，而且其中的杰出代表人物从私塾开始多有大师引路，并大都出国留学，深受异域文化的影响，可谓学贯中西，所以在他们身上总能闪现出新异文化的光芒，通透着文化的锐气。如东至周氏家族中的周一良，在其出生的次日，母亲萧琬即患急病猝然离开人世，幸被父亲周叔弢的德国朋友、牧师卫礼贤抱回家让夫人用牛奶喂养了一年才送还周家，再由周一良的三姑母（旧式的文化女性、孀居而又无子女）扶养。周叔弢对儿子煞费苦心，不惜重金请来名宿大儒坐馆家塾。周一良的老师如张悫、毓康、温肃、唐兰等，或为当世鸿儒，或是文化名流，或与"大清天子同学少年"（陈寅恪语），而且还有外籍教师教学外语，使其通晓英、德、日等国语言，后来他成为中国著名的历史学家。又如，义宁的陈氏家族中，陈寅恪是中国现代最负盛名的诗人之一，还是中国现代历史学家、古典文学研究家、语言学家，被称为"清华百年历史上四大哲人"之一。其父陈三立是著名诗人，"清末四公子"之一，其祖父陈宝箴曾任湖南巡抚。因陈寅恪身出名门而又学识过人，在清华任教时被称作"公子的公子，教授之教授"。

综观中国现代文化世家展示的家族文化，有着明显的世代传承特色。每一个家庭中的杰出人物都不是单打独斗的，而是呈现出群英荟萃、相映生辉的局面（这一点在梁启超的子女中展示得更加明显）。他们或是科举精英，或是乱世怪才，有人甚至当上了皇帝的老师（翁同龢曾是同治、光绪两代帝师）。这些家族成员文化层次极高，职业新潮，特色明显。比如东至周氏家族中的周馥为一品监生，周学海为两榜进士的良医，周学熙曾任民国时期的财政大员，周明夔（叔迦）为佛学大师，周绍良是著名的红学家、敦煌学家、佛学家、收藏家和文物鉴赏家，周一良是著名的历史学家。又如新会梁氏家族中的梁启超是国学大师，他的子女梁思顺、梁思成、梁思永、梁思忠、梁思庄、梁思达、梁思懿、梁思宁、梁思礼等，也都成为当世英才。再如唐河冯氏家族的冯沅君、冯友兰、冯景兰、冯宗璞分别在文学、哲学、史学、地质学等方面成就卓著。这些代表人物堪称时代精英，他们从事的职业、徜徉的领域都留下了时代光辉；他们的成果都能够荣登当世的最高境界。他们身上的人文精神也成为时代楷模，激励了一代甚至数代人，并在后人的追捧中不断发展、完善。

中国现代文化世家中的家族动辄几十甚至几百年的家族史，在当地声名显赫，德高望重，也大多恭行自律，家教严谨，讲究门风，形成独特的家训。如无锡钱氏家族的"姓钱但不爱钱"，常熟翁氏家族的"读书""为善"，湘乡曾氏家族的"耕读传家"等。中国现代文化世家以姓氏血缘为纽带，各个家族都有自己严格的宗祠家谱，家族特色明显；重视独特文化的凝练和世代延续，在传承中注重创新。如湘乡的曾氏家族能够在继承中兴名将遗风的同时，不仅人才辈出，还使良好的家风得以传承和创新。家族文化的兴衰与家族精英关系密切，一个家族的文化兴盛往往离不开精英人物引领潮头、发扬光大。

中国现代文化世家的兴盛年代处于晚清、民国向现代转型时期，许多世家总有家学深厚、贤良德高的优秀女性扮演重要角色。旧式中国社会，虽说女性的地位总体不高，但人们往往又把家风的树立、门户的筑垒寄望于良家女子，所谓"妻贤夫祸少，子孝父心宽"。这些家族中的女性不仅践行家族文化，而且以卓越的成就承担起家族文化的传承与创新。那时，相对稳定的大家庭模式和女性主内的家庭管理方式，客观上给女性施展管理才能提供了平台。殷实的家境使妇女可以免于生计所迫，让她们安心在家操持家务，教育孩子；有些女性从幼年开始即经受先进文化的熏陶，接受良好教育，成为女中豪杰。同时，女性受到的良好教育形成更加浓郁的文化氛围，以其无微不至的人文关怀、女性崇高的品德和良好的言行举止，影响家族成员健康成长。

在家庭成员成长过程中，女性发挥作用最典型的当属曾氏家族中曾国藩次子曾纪鸿之妻郭筠（字诵芳）。郭筠1岁即由父亲郭沛霖（曾国藩好友）做主许配曾家，12岁不幸丧父，幼年已成曾家女主人。因忙于家务无暇读书，直到和曾纪鸿完婚郭筠才有饱读诗书的机会。更为不幸的是，郭筠34岁又丧夫成寡。令人钦佩的是，郭筠持家教子有方，成为曾家富厚堂拿得起放得下的第一夫人。在富厚堂，曾家子孙几十口人都听她的号令。郭筠写有《曾富厚堂日程》，并有以自己的艺芳馆书斋名目、王闿运作序而传世的《艺芳馆诗存》。郭筠晚年立有6条"家训"，策勉男女儿孙谋求自强自立，同时不要求年幼女性缠足，不赞成八股文章,也不愿孙辈去考秀才,却要他们学外国文字,接受新式教育。① 正是曾家有了这位贤惠的郭夫人,才使得曾氏家族能够在曾国藩等长辈虽过世经年仍然呈现一派繁荣昌盛的景象,并且这种景象在传承曾国藩治家精神的同时,又有新的、与时俱进的历史性转变。

中国现代文化世家开放的文化心态使得家族文化深受异域文化浸染,形成文化锐度,宜于人才的脱颖而出。 由于其时间跨度正处于中国社会的转型时期,时局的动荡、中西文化的碰撞,彻底颠覆了国人一贯的保守矜持、故步自封的性格;生存的需要逼迫他们在被动了解西方文化(其实早期更应该是科学和宗教文化)的同时,审视中国传统文化。他们发挥了自己的聪明才智,溅出奇异的光华,形成高锐度的思想和科学成果。 这样,这些家族的子弟往往能够在同一时代、同一群体中或特立独行,或脱颖而出。

中国现代文化世家的精神动力来自兼容并蓄的开放心态和中西贯通的文化精神,这种精神催生人才的花丛枝繁叶茂;同时,其宽阔的文化视野形成兼容并蓄的文化发展路径,从而使得家族文化总能跟上时代的步伐,文化生命力强健。 经济实力的增强往往能够带动视野的开阔和精神境界的进一步提高,国家是这样,民族是这样,家庭也同样如此。 成长于跨世纪的中国现代文化世家,由于其世代显赫,随着经济、政治地位的提高和家族影响力的增强,其文化心态也逐步开阔。 其家族代表不仅对中国传统文化批判、审视和合理吸纳,也同时关注西方文化,做到兼容并蓄;同时,新的事物、新的思想也成为他们的关注对象。 所以他们总能成为时代的弄潮儿,紧跟时代步伐,在守成的同时不乏创新,使家族文化具有极强的生命力。 现代文化世家群体彰显的中国家族文化,是中国现代文化的主要组成部分。 其涵盖的勤奋进取、艰苦奋斗、自强不息、修身齐家、亲情友谊等人类先进文化的重要因素,将跨越时空,成为民族富强、家庭兴旺、个人成才的重要动力。

从 2013 年开始,"中国现代文化世家丛书"列入国家出版基金项目。 根据策划者的总体目标,这套丛书计划汇集 20~30 个在中国现代史上文化渊源比较深厚、影响力巨大的家族。 目前,已受国家出版基金

---

① 岳南:《南渡北归·南渡下》,湖南文艺出版社 2013 年版,第521~522 页。

资助并成功推介 20 个家族。这是一项内容丰富、任务艰巨的工程。为兼顾学术高度，丛书所选作者大都在各自承担家族传承的研究方面积累有丰富的史料和扎实的学术功底，具有较强的书稿撰写和文化品位把握能力。在承担丛书任务时，他们对前人已有的研究成果认真梳理，并多有创新。广大读者在阅读购买丛书的同时，对丛书的进展给予高度关注。许多人向策划者热心推荐自己中意的文化世家，有些家族成员积极提供珍贵文献资料和重要历史人物、线索。这些，都为丛书的品牌形成打下了坚实的基础。

"中国现代文化世家丛书"将影响中国现代历史进程的文化世家集中整理并大规模展示，以史学和传记文学的视角进行研究，意义重大。以家庭作为社会细胞进行文化解剖，以大量鲜活的中国现代杰出人物群体和翔实的史料展示跨世纪文化环境，表现健康向上、和谐进步的优秀文化，必将丰富和创新社会主义先进文化内容，对整个社会产生积极的影响。以展示影响中国历史的文化家族及其杰出人物群体为追求目标，不仅对国人产生示范效应，在世界范围内也会引起关注，从而丰富国际文化内涵，具有更加长远的文化战略意义。以时代、家族、人物作为研究、建设和传播中国文化的方法和路径，不仅创新了文化研究和文化传播的方法，也为民族文化的传承与创新提供了参考依据。深刻挖掘家族文化的伦理内涵，凝练和传承家族文化中的优秀文化，通过家族文化与现代文化的冲突与融会，能够全新缔造中国人文精神，丰富国学内涵，推动民族文化复兴。

文化世家中的家族文化是中华民族优秀传统文化的重要组成部分，它源自中国传统文化，又富于创新，是民族文化传承创新的重要典范。从目前关注的这些文化世家看，其之所以能够在所处时代世代显赫，最重要的原因就是这些家族沉淀了最精华的民族文化，吸收了最富于生命力的民族精神；同时，这些家族往往又能够冲破中国传统文化藩篱，吸收异域文化精华，其家庭成员往往能够进取守成，跨世系、跨时代延续发展。可以毫不夸张地说，中国现代文化世家的存在和发展，最典型地体现了中国文化的传承与创新。

中国现代文化世家展示的人才群体及其依存的文化形态，是国家和谐文化建设的重要载体。文化世家在历史上的成长和发展，曾经为中国社会的和谐稳定以至崛起发挥重要作用，也是传统文化中不可或缺的构成要素。这些家族中优秀人物的荣辱沉浮以及家族的兴衰变迁,从一个侧面展示了中国近现代社会发展的轨迹,透视了中国知识分子忧国忧民的心路历程。我们完全可以通过中国现代文化世家的发展史去了解中国社会生态发展演变的梗概和脉络。

家庭教育、家族文化传承及其凝成的文化环境等,对培养和造就杰出人才的重要作用,传承和创新民族文化,在更广阔视野下探寻优秀文化对人才的影响,都是当今不可忽视的文化命题。"中国现代文化世家丛书"首次以家族文化的形式作为切入点,系统挖掘中国传统文化和世界先进文化碰撞产生的独特文化,探究在这一背景下的中国家族文化及其对人才成长、家族兴起、国家富强的影响,推动我国学界对中国现代家族文化的重视和研究,其学术意义非同寻常。

党中央高度重视包括中国优秀传统文化在内的先进文化建设,确定了文化大发展大繁荣的宏伟目标,肯定了家族文化等优秀传统文化在"文化强国"战略中的基础性地位,倡导传承与创新文化。2017年1月25日,中共中央办公厅、国务院办公厅印发《关于实施中华优秀传统文化传承发展工程的意见》,强调"文化是民族的血脉,是人民的精神家园。文化自信是更基本、更深层、更持久的力量。中华文化独一无二的理念、智慧、气度、神韵,增添了中国人民和中华民族内心深处的自信和自豪"。

习近平总书记非常重视中国优秀传统文化视野下的家庭文化建设。2015年2月17日,中共中央、国务院在人民大会堂举行春节团拜会,习近平总书记发表重要讲话,他明确指出:"中华民族自古以来就重视家庭、重视亲情。家庭是社会的基本细胞,是人生的第一所学校。不论时代发生多大变化,不论生活格局发生多大变化,我们都要重视家庭建设,注重家庭、注重家教、注重家风,紧密结合培育和弘扬社会主义核心价值观,发扬光大中华民族传统家庭美德,促进家庭和睦,促进亲人相亲相爱,促进下一代健康成长,促进老年人老有所养,使千千万万个家庭成为国家发展、民族进步、社会和谐的重要基点。"2016年12月12日,习近平在会见第一届全国文明家庭代表时说:"中华民族历来重视家庭。"正所谓"天下之本在家"。尊老爱幼、妻贤夫安、母慈子孝、兄友弟恭、耕读传家、勤俭持家、知书达礼、遵纪守法、家和万事兴等中华民族传统家庭美德,铭记在中国人的心灵中,融入中国人的血脉中,是支撑中华民族生生不息、薪火相传的重要精神力量,是家庭文明建设的宝贵精神财富。"历史和现实告诉我们,家庭的前途命运同国家和民族的前途命运紧密相连。我们要认识到,千家万户都好,国家才能好,民族才能好。国家富强,民族复兴,人民幸福,不是抽象的,最终要体现在千千万万个家庭都幸福美满上,体现在亿万人民生活不断改善上。同时,我们还要认识到,国家好,民族好,家庭才能好。""广大家庭都要把爱家和爱国统一起来,把实现家庭梦融入民族梦之中,心往一处想,劲往一处使,用我们4亿多家庭、13亿多人民的智慧和热情汇聚起实现'两个一百年'奋斗目标、实现中华民族伟大复兴中国梦的磅礴力量。"

党的十九大报告中明确指出,"文化是一个国家、一个民族的灵魂。文化兴国运兴,文化强民族强。没有高度的文化自信,没有文化的繁荣兴盛,就没有中华民族的伟大复兴"。"坚持全民行动、干部带头,从家庭做起、从娃娃抓起。深入挖掘中华优秀传统文化蕴含的思想观念、人文精神、道德规范,结合时代要求继承创新,让中华文化展现出永久魅力和时代风采"。

我们试图通过"中国现代文化世家丛书"的出版,并通过遴选出来的在中国现当代具有代表性的文化家族群体,挖掘中华民族传统文化中的精髓,展现中国文化在近代社会的传承与发展,厘清中国传统文化血液流淌和分布的脉络,进而为新时代中国特色社会主义文化大繁荣大发展提供有益的借鉴和参考,为实现中华民族伟大复兴的梦想发挥积极作用。

骆玉安

2013年10月一稿,2015年8月修改于郑州

2018年12月再改于郑州大学盛和苑祥园拙耕斋

目　录

楔子　兴小家庭　圆大国梦 ——— 〇〇一

第一章　应运而生振家声 ——— 〇〇五
第一节　闻氏家族之溯源 ——— 〇〇六
第二节　闻氏家族播迁史 ——— 〇一〇
第三节　闻氏家族的先辈 ——— 〇一八

第二章　文坛斗士闻一多 ——— 〇二五
第一节　闻家骅骝崭头角 ——— 〇二六
第二节　从清华园到美国 ——— 〇三三
第三节　执教名校扬美名 ——— 〇六三
第四节　拍案而起发狮吼 ——— 一二一
第五节　学坛红烛唱大风 ——— 一四四

第三章　各领风骚展才情 ——— 一五七
第一节　仁心圣手闻亦传 ——— 一五八

第二节	精书擅画闻钧天	一六〇
第三节	治病救人闻亦齐	一六二
第四节	抗日名将闻允志	一六四
第五节	著名学者闻家驷	一七〇

第四章　文脉绵延传薪火　一七九

第一节	命运坎坷闻立鹤	一八〇
第二节	闻立雕为父作传	一八九
第三节	追求书画闻立鹏	一九一
第四节	闻铭执教承父风	一九五
第五节	闻翻补父亲遗稿	一九六
第六节	知名学者闻黎明	一九九
第七节	闻氏薪火永不息	二〇一

第五章　启示录——笔耕世业传家风　二〇七

第一节	率性求真爱家国	二〇八
第二节	笔耕世业传家风	二二一
第三节	性情耿直不阿人	二二六

参考书目　二三一

楔子

兴小家庭　圆大国梦

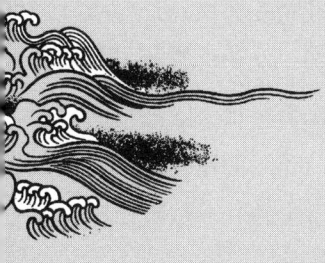

纵观中西方的历史，家族在社会中都扮演着非常重要的角色。古代欧洲实行封建制度，诸如霍亨索伦、维特尔斯巴赫、荷尔施泰因等家族都与土地紧密挂钩，具有鲜明的军事、政治背景。中国一度也曾产生类似的豪强家族，比如东汉末年北方"四世三公"的袁家、颍川的荀家、泰山的羊家、河内的司马家等，以及南方的陆、朱、张、顾四大姓，他们拥有私人部曲，可以左右皇帝的决策。到了南北朝时期，甚至出现"王马共天下"的局面。但随着中央集权的加强，科举制度逐渐取代了九品中正制，"旧时王谢堂前燕，飞入寻常百姓家"，世家的力量慢慢退出了历史的舞台。到了明清时期，君主专制更是达到了一个空前的高度，皇帝生杀予夺，无人能与其抗衡。最为典型的就是明成祖朱棣的"瓜蔓抄""诛十族"，几乎将景清、方孝孺的整个家族一扫而光。

那么，中国还存不存在家族呢？这些家族又以何种形式存续呢？《礼记·大学》里说："古之欲明明德于天下者，先治其国；欲治其国者，先齐其家；欲齐其家者，先修其身。"从中我们不难发现：中国的家族扎根于传统文化，它就像熔炉，锻造出一代又一代的国家栋梁。中国的科举制度固然击碎了世家大族的地位，让许多寒门学子"鱼跃龙门"，但由于官位不能世袭，因此金榜题名的学子在成功后，更加抓紧对下一代的教育，如此代代相传，家庭发展为家族，文化衍生为文脉，以至于清光绪三十一年（1905年）科举制度寿终正寝之后，文化家族的影响依然不减。从绵延两千余年的孔子世家，到近代以陈宝箴、陈三立、陈寅恪闻名的义宁陈氏家族；以俞樾、俞明震、俞大维、俞平伯、俞启威（黄敬）享誉的山阴俞氏家族，还有在近现代人才辈出、名扬中外的钱氏家族，他们的后代在各个领域发挥出巨大的光和热，深刻地影响了中国的过去和现在，以至于改革开放以后，许多代表着先进科技、文化、教育最高水平的精英人才，都来自于传统的文化世家。

中国的传统家族，在面对"三千年未有之变局"之所以还能够焕发出如此惊人的生命力，绽放出如此夺目的光彩，除了深厚的文化底蕴、良好的教育传统、隽永的家风家训，更重要的是，还有伟大的爱国情怀深藏其间。他们不仅深刻地体会到近代中国的苦难，而且能思考苦难和落后的源头，百折不挠地去实现救国救民的抱负。因此，在黑云压城、万马齐喑的近代，中国的文化却呈现出人才辈出、绚丽多彩的景象，这在同时期的亚洲各国几乎是绝无仅有的，也为民族的复兴打下了良好的基础。

闻一多家族来自湖北省浠水县巴河镇。闻一多先生的成就，一是奠定了现代诗歌的基础，二是开拓了楚辞领域的研究，三是为民主呐喊、为光明献身。毛泽东在《别了，司徒雷登》一文里写道："闻一多拍案而起，横眉怒对国民党的手枪，宁可倒下去，不愿屈服……我们应当写闻一多颂，写朱自清颂，他们表现了我们民族的英雄气概。"闻一多先生身上这种追求完美、执着如一、刚正不阿、不畏权贵的独特气质，不仅在他的一生中体现得淋漓尽致，而且闻亦传、闻均天、闻亦齐、闻允志、闻家驷等都体现出这种"刚性"的精神。观河溯其源，观木求其根，除了梳理、回顾、怀念闻一多先生的事迹，我们还要考究浠水的民风，研究闻氏的家族历史，才能深刻地探求传统家族、历史文化与社会发展之间的密切关系。

湖北古称荆楚，三代以前生活着九黎、三苗等部落，春秋战国时期是楚国的疆土，民风刚毅尚武，这从"伍子胥复仇""楚虽三户，亡秦必楚"中都有所体现。在文化上，以楚辞为代表的荆楚文化独树一帜、极为灿烂。汉高祖刘邦虽然击败西楚霸王项羽问鼎天下，但汉赋却直接来源于楚辞，楚文化以一种独特的方式，对中华文明产生了深远的影响。"一方水土养育一方人"，闻一多本人包括其家族都被这神秘、强韧而又渊博的楚文化浸染，可以说，楚文化是闻一多家族的文化之根。

近年，浠水闻一多纪念馆的研究员通过家谱，考证出闻一多是南宋政治家、爱国诗人文天祥的后人，找到了这两位相隔七百年、在性格和气质上非常相似的人一脉相承的联系。其实，无论是闻一多先生，还是其堂侄闻立法，都曾研究过文天祥与浠水闻家的关系，可限于当时的技术条件始终未得其详。然而，闻一多先生用自己红烛般的一生，诠释了"人生自古谁无死，留取丹心照汗青"，告诉每一位中华儿女，什么是"天地有正气，杂然赋流形……于人曰浩然，沛乎塞苍冥"。虽然闻一多先生与其家族在当时都不敢确定闻家与文天祥的历史关系，但他们在阅读文丞相爱国事迹的时候，早已将他的精神融入血液。可以说，文天祥是闻一多家族的精神之根。

值得一提的是，闻一多与许多闻家后人，都在学术和教育领域有突出的建树。在湖北浠水，闻氏家族于近代就投资教育事业，闻一多兄弟先后都在闻家的私塾里接受过教育。闻一多治家，也特别强调"诗化吾家庭"。闻一多的女儿闻翮曾经志愿到山西、安徽支援农村教育。闻家人不仅用教育来培养子女，而且用教育兼济天下。可以说，教育是闻一多家族的思想之根。

当我们追思闻氏先祖，追忆一多事迹，追寻浠水家风，其实也是在放眼民族和国家的未来。党的十八大报告将复兴和繁荣传统文化提升到重要的地位。"家是最小国，国是千万家"，每一个人都是家庭和国家的建设者，希望一多先生与闻氏家族刚而不折、矢志不渝的精神能够启发每一位读者，兴小家庭、圆大国梦。

第一章 应运而生振家声

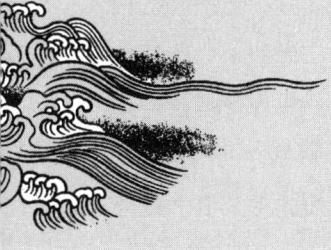

第一节　闻氏家族之溯源

—— 。——

在中国诸姓氏中，闻姓是一个较为少见的姓氏。在《百家姓》里，闻姓排第289位，中国大陆不到20万人。但是，闻姓在历史上却非常有名，除了爱国诗人、民主斗士闻一多之外，南宋名臣文天祥与闻氏家族的渊源，更为这一形成于唐宋之际的姓氏增添了传奇色彩。

作为中国姓氏之一，闻姓有着相当深厚的文化溯源，归纳起来，源出有六。

一、出自复姓"闻人氏"

闻人氏是春秋时期少正卯的后代。少正卯是春秋末期的鲁国人，博学多识，主张变法，很有名气。春秋战国时期是奴隶社会向封建社会过渡的大变革时期，争霸战争此起彼伏。随着铁器的出现、生产力的发展，大量荒地被开垦，为了社会财富的重新分配，以及个人生存与发展的权利，广大奴隶、平民激烈地反抗奴隶主贵族的残酷剥削。反映在意识形态领域，出现了"士"阶层的兴起和百家争鸣的局面，也揭开了中国历史上儒法斗争的序幕。

传说春秋晚期，鲁国的孔子和少正卯都在开班讲学。以孔子为首的儒家学派，主张"克己复礼"，维护周代以来的政治体制和礼乐制度；而以少正卯为代表的法家思想，主张变法革新，注重"耕战"，限制商业，实现富国强兵。在春秋战国的时代背景下，法家思想大行其道，受到各国君主的推崇。在鲁国，听少正卯讲学的人越来越多，其中包括孔子的一部分学生，结果孔门"三盈三虚"，孔子非常生气，大骂少正卯乃"小人之桀雄"。很快，少正卯成为当时公认的"闻人"，也就是名人。后来，孔子当上鲁国大司寇，代行宰相职务，以"聚众结社，鼓吹邪说，淆乱是非"等罪名，诛杀了少正卯，并把他的尸体示众三天。

但是，以少正卯、商鞅、韩非为代表的法家思想，由于适应了战国后期生产关系的新变化，在农业大发展时代解放了自耕农的生产力，迎合了新兴强国兼并战争的需要，因此成为许多国家的治国理念，秦国、韩国、楚国、赵国纷纷推行变法。战国后期，秦王嬴政崇尚法家，于公元前221年统一六国，称始皇帝，建立了中国历史上第一个中央集权的大一统国家。后来，在历代的政治实践和思想变革中，法家与儒家从势同水火到逐渐合流，形成了"阳儒阴法"的思想结晶。正如《汉书·元帝纪》中汉宣帝所言："汉家自有制度，本以霸王道杂之，奈何纯任德教，用周政乎？"

少正卯的后裔，也因此称"闻人氏"。少正卯是当时声誉斐然、远近闻名的人，被誉为"闻人"，所以在他的后代子孙中，便有以先祖"闻人"之号为姓氏者，发展到后来便逐渐简化为单姓闻氏。先秦典籍中，有的提到了孔子诛杀少正卯，有的则根本没有记载。这样，孔子是否诛杀少正卯，成了史学的一个难题。据《荀子·宥坐》记载，孔子在鲁国以大司寇代理宰相职务时，诛杀了少正卯。他的弟子问他："少正卯是鲁国有名望的人，老师您主政一开始就杀了他，难道没有过失吗？"孔子阐述了自己对于五种恶行的看法，并认为少正卯全都具备，因此是"小人中的桀雄"，他还讲了汤诛尹谐、文王诛潘止、周公诛管叔、太公诛华仕、管仲诛付里乙、子产诛邓析的典故，认为少正卯非杀不可。

太史公司马迁在《史记·孔子世家》里也写道："（鲁）定公十四年，孔子年五十六，由大司寇行摄相事……于是诛鲁大夫乱政者少正卯。"也就是说，孔子以大司寇代行宰相职权才七天，就杀死了鲁国的大夫"闻人"少正卯，理由是少正卯兼有五种恶行，并且在家里聚众成群，鼓吹邪说，哗众取宠，是小人中的雄杰，所以非杀不可。后来的《孔子家语》《说苑》《尹文子》等书，都引用《荀子》的说法，认为孔子杀了少正卯。[1] 然而，南宋朱熹认为，孔子并没有杀少正卯。此说一出，许多学者表示赞同。其主要理由是：①春秋战国时期，许多以雄辩善论见长的诸子都常用寓言的形式以托讽喻，不足为信。比如道家学派的列子就常以孔子作为寓言的主人公，大多是用孔子为"反面教材"，揶揄儒家学说。更何况成书早于《荀子》的《左传》《国语》《论语》《孟子》等，都没有提到这件事。可见历史上孔子并没有诛杀少正卯。②孔子仅仅是代行宰相职务，并且履职才七天，而少正卯是鲁国的大夫，且享有盛誉，孔子是一个有一定的政治才华与眼光的学者，是不可能这么做的。③孔于提倡"仁"，反对轻易杀人，杀少正卯一事，与孔子一贯的思想不相吻合。上述两说各有道理，皆流传至今。

二、出自文姓

南宋宰相文天祥兵败被俘，壮烈殉国。他的第二十四子带后人从江西吉安迁居至湖北省浠水，并改文为闻。与南方的"闻人氏"不同的是，此支后人比较高大。"闻"姓由"文"变化而来的说法，最早出现于清乾隆四十六年（1781年）。第一次修撰的《闻氏族谱·序》上说："吾族姓本姓文氏，世居江右之庐陵。南宋景炎二年（1277年），信国公军溃于空阬，始祖良辅公被执，在道潜逃于蕲之兰清邑，改'文'为'闻'，因家焉。"里面提到的"信国公"就是文天祥，而"蕲"就是蕲水，即现在的浠水。也就是说，为了躲避蒙古人的追杀，文天祥的后人文良辅改姓为"闻"，并在浠水定居。

三、源于地名

源自春秋时期的郑国闻邑，属于"以邑为氏"。闻邑，故址在今河南省黄河以南的荥阳市虎牢关一带，也称汜水关、汜水镇。春秋时，由

---

[1] 引自闻氏家族家谱网。

于夹在晋国和楚国两个大国之间,"朝晋暮楚"成为郑国的外交策略。公元前587年,因郑国违背盟约投靠楚国,晋景公大怒之下出兵伐郑,弱小的郑国难以抵挡,晋景公击败郑国军队,夺取了闻邑,改名为氾邑,并合围了郑国都城新郑(今河南新郑)。后来,楚国出兵驰援,郑国才击退了晋军,但沦陷的闻邑已被晋国侵占。原来居住在闻邑的郑国人在成为晋民后,为了不忘故国,便以故邑之名为姓氏,称闻人氏。春秋后期,逐渐简化为单姓闻氏。

四、源于姬姓

出自春秋时期儒家十三经之一《左传》的作者——鲁国太史左丘明,属于以世称名号为氏。

左丘明是鲁国著名的史学家,他编撰的《春秋左氏传》,是"春秋三传"[1]中名气最大、流传最广的,至今仍然是考证春秋历史的重要资料。因此,左丘明被称为"古之闻人"。

左丘明(约前500—前428年),一说其复姓左丘,名明;一说其姓左,名丘明;一说其姓左,字丘,名明;一说其原为姜姓,初为丘氏,后改左氏;还有一说其姓丘,名明,"左"是"左史"之官职简称。左丘明是与孔子同一时代的著名史学家,稍晚于孔子。左丘明家族世代为史官,他以鲁国史料为主,兼收其他各国的史料,以《春秋》为注释的范本,编撰了中国第一部叙事完备、立论精辟的编年史著作《左传》,同时参与编撰了国别史著作《国语》,是中国历史学家的开山鼻祖。

左丘明的思想偏重于儒家,体现在《左传》里,也就是行文中流露出明显的好恶褒贬。他重视民众的声音,针砭统治阶级的骄奢淫逸,体现出了中国古代知识分子的良知和道德。就连孔子也对他十分欣赏,

---

1 《春秋左氏传》《春秋公羊传》《春秋穀梁传》,被称为"春秋三传"。

《论语·公冶长》曰:"巧言、令色、足恭,左丘明耻之,丘亦耻之! 匿怨而友其人,左丘明耻之,丘亦耻之。"在左丘明的子孙中,同样也有以先祖"闻人"之名为姓氏者,称闻人氏,后逐渐简化为单姓闻氏,相传至今。

五、源于满族

属于少数民族汉化的姓。据《清朝通志·氏族略·满洲八旗姓》记载,满族温都氏,亦称文都氏,源出金国时期女真温都部,以部为氏,世居讷殷(今吉林抚松松花江上游流域)、绥芬(今中俄两国交界绥芬河上游地区)、瓦尔喀(今南至长白山、图们江以北,北至黑龙江下游乌扎拉以南,东至俄罗斯滨海地区南部)、乌苏里江两岸等地,是满族最古老的姓氏之一,后多冠汉姓为闻氏、孔氏、温氏、都氏、文氏等。

六、源于锡伯族

属于少数民族汉化的姓。据《清朝通志·氏族略·满洲八旗姓》记载,锡伯族温都尔氏,世居乌苏里江两岸,清朝中叶后多冠汉姓为闻氏、温氏、文氏等。

第二节 闻氏家族播迁史

一、闻氏家族家谱

闻氏家族分布极广,北至辽东、南至浙江,东至江苏,都有闻家的足迹。他们代代相传的族谱,成为今天研究闻氏家族播迁的重要资料。

1. 浙江

（1）《浙江杭州闻氏族谱》（十卷），著者待考，清嘉庆八年（1803年）木刻活字印本。现收藏在日本东京国立博物馆、美国犹他州家谱学会。

（2）《浙江鄞县四明石马塘闻氏家乘》[1]（十八卷），首一卷，清代闻恭瑜纂修，清光绪二十年（1894年）追远堂木刻活字印本。现收藏在浙江省宁波市天一阁文物管理所。

（3）《浙江鄞县鄞西石马塘闻氏家乘》（十八卷），首一卷，民国张原炜纂修，民国十一年（1922年）追远堂木刻活字印本。现收藏在浙江省宁波市天一阁文物管理所。

（4）《浙江余姚闻人氏宗谱》，著者待考，清朝年间袭桂堂木刻活字印本两册，今仅存第三卷、第五卷。现收藏在中国家谱网站档案馆。

（5）《浙江杭州闻氏族谱》（十卷），清代闻镛纂修，清嘉庆八年（1803年）木刻活字印本四册。现收藏在中国家谱网站档案馆。

（6）《桐庐桐江阆苑闻氏宗谱》，民国朱邦彦纂修，民国十年（1921年）承恩堂木刻活字印本两册，今仅存第一卷、第九卷、第十卷。现收藏在中国家谱网站档案馆。

2. 江西

《江西建城稠溪闻氏宗谱》，清代闻克谐主修，闻金诰编纂，清同治七年（1868年）敦本堂木刻活字印本。现收藏在江西省档案馆。

3. 湖北

《湖北蕲春闻氏三修宗谱》（二十四卷），末一卷，清代闻月樵、闻桂芳纂修，清光绪二十一年（1895年）敦本堂木刻活字印本，今缺第十一卷。现收藏在湖北省谷城县图书馆。

---

[1] 家乘：即家谱、家史。

4. 江苏

（1）《江苏昆山闻氏宗谱》，清代闻永成纂修，清道光二十四年（1844年）广宁堂木刻活字印本一册，今仅存第一卷。现收藏在中国家谱网站档案馆。

（2）《江苏昆山闻氏家乘》，清代闻永成纂修，清同治十一年（1872年）广宁堂木刻活字印本一册，残本。现收藏在中国家谱网站档案馆。

（3）《江苏昆山闻氏宗谱》，清代闻永成纂修，清光绪二十五年（1899年）广宁堂木刻活字印本十册，残本。现收藏在中国家谱网站档案馆。

5. 辽宁

《辽宁海城闻氏宗谱》，著者待考，清朝年间袭桂堂木刻活字印本。现收藏在辽宁省海城市博物馆。

6. 其他

闻氏支谱不分卷，清代闻晋元编纂，清光绪年间木刻活字印本。现收藏在美国犹他州家谱学会。

二、闻一多家族考证

七百多年来，浠水一带的闻家后人都认为自己是文天祥的苗裔。闻一多研究界也大多承认了这个说法，认为闻一多是文天祥的第20代子孙。

然而，闻一多本人并不十分肯定，在清华读书期间，他曾想对此进行研究，并撰写《闻氏先德考》，但由于当时资料和技术条件的限制，并没有得出结论，闻一多在他的日记里写下了"不得其详"四个字。1992年，《闻一多传》的作者、闻一多长孙闻黎明以史学研究者的严谨态度也对"浠水闻氏是文天祥后人"的说法提出了质疑。他认为，此种说法很难考证，且记载时间跨度太大，足有五百多年（1277—1781年），因此"宗谱所言确否，尚待证实"，更何况在文天祥之前闻姓就已经存在。

的确,《闻氏宗谱》里仅仅提到"始祖良辅公",至于他的祖辈和父辈都只字未提。只凭这一点材料就断言浠水闻氏与文天祥的关系,有武断之嫌。因此,直到近十多年,学术界才解决了这一问题。

1995年,闻一多堂侄闻立法在进行了大量考证工作之后得出结论,他认为:浠水原本没有"闻"氏,从"文"改过来的可能性是存在的,而且很大。

1999年,在武汉召开的闻一多国际学术研讨会上,浠水县闻一多纪念馆馆长龚成俊与纪念馆两位研究人员朱兴中、王润共同提交了学术论文《关于改"文"为"闻"的考证》,该文的论点是:"闻一多的确是文天祥的后世子孙,二人同根共祖,但闻一多不是文天祥的嫡系子孙,而是文天祥家族的旁系后裔。"当时,正值闻一多百年诞辰之际,此文一发表,旋即在闻一多研究界引起了极大的反响。《关于改"文"为"闻"的考证》花费了浠水闻一多纪念馆馆员朱兴中将近15年的时间,为了这篇一鸣惊人的论文,他付出了巨大的心血。1986年以来,朱兴中多次走访闻一多的故乡,查阅《闻氏宗谱》等相关史实,一直没间断过对闻一多家世渊源的考证工作。1999年8月,朱兴中赴武穴市龙坪镇五里村考察时,从文天祥的堂兄文天桢的22世裔孙文明杰处得到一套《文氏家谱》,共计14卷。在研究这套家谱时,朱兴中发现了"文良辅"其名,这无疑为揭开闻一多家世渊源之谜提供了重要的线索。《文氏家谱》中《江右统宗世系》上记载:"鹏高生三子,次子良彦,三子良辅。"而且在"良彦""良辅"名字的后面都注明"世系未详"的字样,"世系未详"就是其后人的情况不知。

通过对照武穴《文氏家谱》与浠水《闻氏宗谱》,人们发现两个世系图中,不仅两个"良辅"二字相同,而且所录籍贯都为"江西吉安",通过对时间的推算,"文良辅"与"闻良辅"有同时存在的可能,甚至完全有可能就是同一个人。更重要的是,《文氏家谱》中文良辅之后"世系未详"。按历史事实，文良辅"被执"并"在道潜逃"于浠水后，为了求生，不得已将"文"改"闻"，元军所要追杀的"文良辅"似乎在人间"消失"，故此人"世系未详"无从记载于家谱之中。而在《闻氏宗谱》中，恰巧记载闻良辅上代"谱牒无存"，也就是说"闻良辅"之前的"简历"无为人知，我们将两个断了代的"世系未详"和"谱牒无存"相连接，就会发现历史的破镜在此"重圆"了，故此"闻良辅"即为彼"文良辅"。我们把这些线索归纳起来，可以推测出：文天祥堂兄文天祯的后裔文良辅在道潜逃浠水后，化"文"为"闻"，成了浠水闻姓的"始祖"。可见，闻良辅是文天祥的旁系后裔，"闻"由"文"改来是符合事实的，闻一多便是江西文姓大家庭中的一员。[1] 这说明：浠水闻氏，也就是闻一多的家族确实是文氏的后裔，只不过并不是直系后裔，而是旁系的一支。

朱兴中按照《文氏家谱》大胆分析：以文球为始祖，传至天桢、天祥为25世。在这支以文球为始祖的世系中，第20世孙中有"良辅"的名字。而比较《文氏家谱》和《闻氏宗谱》，"良辅"的名字相同，籍贯吻合，世系衔接，历史背景一致。

朱兴中还查阅了有关文献资料，发现自元至清，江西、湖北两省除浠水闻氏外再没发现其他闻姓。按照传统宗族观念，闻氏后裔决不会随便出卖祖宗而承认是文姓后代。

因此，朱兴中认为：闻一多的确与文天祥同根同祖，是文天祥家族的旁系后裔，如果以文球为始祖，文天祥为25世，闻一多为39世。

21世纪初，关于闻一多及文天祥谱系关系的研究又出现了新的成果，湖北当阳文氏子孙文光福曾经撰文论证了这一发现。2006年夏和2007年春，文光福先后在当阳市慈化寺文家河村和玉阳办事处窑湾村发现了两册清末以来就已难见的《文氏家谱》，此书均为八开本，宣纸线

---

[1] 引自中华文氏宗亲网。

装楷书手抄而成。透过尘封多年的墨迹,我们清楚地看到当阳文氏同属于江西吉州江右文氏,所载始祖文球与江西《文氏家谱》完全相同。文球是文党翁的后裔,文党翁又名文翁,字仲翁,西汉庐陵县(今安徽庐江西)人,生于西汉高祖吕氏摄位元年八月初五(公元前187年),卒于西汉元封元年(公元前110年),享年77岁。文党翁任蜀郡太守,兴教育、修水利、选贤能,在成都功绩卓著。其后人文球世居成都朝阳门兴庆坊,文球于南朝陈武帝(约557—559)时,奉旨到江西吉州江右担任吉州教谕,在此兴家立业,繁衍生息,形成了江西吉州的"江右文氏",世代传承,于12世时生玉英、玉霄、玉简三兄弟。其中,玉英传至13世,生春元(名文时);玉霄传至13世,生春魁;玉简传至13世,生春志(号元鼎)。春元下传12世生文天祥;春志下传7世而生鹏高,"鹏高生三子:长子良恭、次子良彦、三子良辅"。说来也巧,此处的"次子良彦、三子良辅"名字的后面都加注了一个"○"表示其后世"终止",这就与武穴市《文氏家谱》所载"世系未详"相吻合,同时当阳《文氏家谱》中,又多了一个"长子良恭",这就填补了武穴《文氏家谱》中只有"次子"和"三子"的记载,使谱牒更加完善。

连年不断的战争,使田地荒芜,生灵涂炭,为了生存,人们不得不背井离乡,四处流亡。谱载:

> 盖未来,先已与父兄计议,恐迁徙之后,关山难越,年湮代远,不知木之本、水之源,使子孙废坠而失传。吾先祖辅德公,则曰:"吾已虑之深,而计之熟矣。俟尔迁徙时赐之,以为后世据。"于是吾祖济公治行装,载妻子,望北楚而遄征。父兄送之道旁,携手涕泣而言曰:"父兄等不才,不能体祖宗之德,使尔父子不相见,兄弟妻子离散。尔至北楚,或州或县,须择地而居,所索凭据,为尔后世信守,我已将饭锅倾破五块,给与弟兄各执为证,但尔之

锅铁，左弓右弦，上尖下缺，长五寸三分。尔宝藏之，永世弗替。"[1]

由于闻氏迁徙四方，以五块破锅作为子孙源流之证，因此后世称文姓为"破锅文"。良辅既已逃蕲，良恭后人只得随四散江南八省（湘、鄂、苏、浙、粤、桂、滇、黔）的江右各房文氏浪迹天涯。至30世福三郎来到当阳，在西里湾冈子上挽草为业。尔后的34世完用也于明朝正统六年（1441年）携带弟弟完德来到湖广安陆府当阳县（今当阳市）垦莲坪沙溪河（现文家河村）。此后的26年，完用的堂侄泰常也于明朝成化二年（1466年），带领其弟泰清、泰安（住夷陵）、泰升落籍当阳文家河村，至今已繁衍到第57世。

纵观史实，闻一多为文良辅后裔，当阳文氏为文良恭后裔，共同的祖宗为鹏高，因此当阳文氏与闻一多同宗共祖，一脉相承。

从上文我们可以发现，闻氏家族或者说文氏家族有着"破锅文"的比喻，是由于历史、战争、政治等原因，文氏苗裔分散于四方，那么在其他地方，有没有文天祥的后裔呢？

1277年，文天祥领兵抗元，于江西永丰县境内被元军击败，其妻子和两个女儿被俘虏，押送至元大都（今北京市）囚禁。这次兵败中，文天祥的次子佛生和文天祥的表弟文天祐（南宋度宗朝中贡生），随军在兵败战乱中走失，更姓易名，流落他乡。1278年，文天祥在广东五坡岭被元将张弘范所俘，张弘范不是南宋汉人（南人），而是北方汉族（汉人），金灭后出仕蒙古。文天祥被押送至大都，宁死不降，在被拘狱中三年后，写下名垂千古的《正气歌》后慷慨赴死，时年47岁。

在狱中，文天祥留下遗言，让其胞弟文壁的次子文陞出继为嗣。文陞有两个儿子：添八公和添四公。添八公当时为躲避元朝统治者的追杀，由江西庐陵（今吉安县）流亡出走，途中改"文"为"闻"，沿途经

---

[1] 引自中华文氏宗亲网。

过湖南、湖北、安徽（绩溪），后到浙江吴兴，最后在江苏落脚。

靖江闻姓的第一始祖为用庄公。用庄公之父闻天锡，字元奎（这在下文会介绍到）。闻天锡兄弟三人，其二弟闻申锡迁如皋，三弟闻永锡迁扬中。闻天锡在江阴为官任满，卸任后回英山太夫人处，所以用庄之父闻天锡在靖江族谱上注有"葬址无考"。2009年，靖江在续辑闻氏家谱中，通过外查，查明闻天锡葬在湖北英山县林家冲掌形山上，有石刻碑竖在那里。

绍德堂宗谱见证，靖江闻姓是从江阴虞东分支迁来的，靖江闻姓又分南支和北支。南支住在靖江柏木桥（今为靖城镇辖区）西北方的常家埭。当时此地并无一户常姓的，均为闻姓。闻氏族人住在此地，为纪念祖籍之地常熟，便把居住地起名叫常家埭。

闻姓的北支，居住在孤山镇西面的戏渔墩（今杨太村）。靖江族谱的第一世始祖用庄公居住于此，是靖江闻姓向外发展的根基，故起名闻家老埭。此后，闻姓人员从这里走向四面八方。

关于"闻出于文"，在闻氏绍德堂家谱中，认为闻姓是文天祥家族成员的后裔，这是由文天祥之孙明孝廉征甫公在文天祥的招文袋中，发现遗有文天祥"闻出于文"的手稿。

2009年，靖江闻家人在撰修闻氏家谱中，为了求证闻姓是否是文天祥后裔，或者是文天祥家族成员的后人，根据家谱中的线索，去江西吉安文天祥纪念馆和文天祥家乡吉安富田镇文家村的祠堂，阅看文天祥的资料和文天祥家族的历史；去湖北省英山县和浠水县查找，浠水闻氏700多年来，闻氏之宗谱都采纳"闻出于文"之说。闻姓研究界也大多承认这一说法。

靖江族谱的前身——常熟族谱的修撰要早于浠水县闻姓修辑的族谱。常熟谱，是1567年至1573年明穆宗朱载垕隆庆年间修撰的，也认定"闻出于文"。

江西庐陵文氏在到常熟的途中，将"文"改"闻"，常熟列谱11

世。 常熟（含江阴）闻氏迁往靖江，靖江闻氏列谱22世，前后闻氏列谱33世。 靖江闻氏子孙，没有完全用老祖宗传袭的56个字取名排辈。

第三节　闻氏家族的先辈

一、川蜀汉贤——文翁

文翁，又名文党翁，字仲翁，西汉庐陵县（今安徽庐江西）人，年少喜好学习，通晓《春秋》，以庐江县吏的身份被提拔。 汉景帝末年，担任蜀郡太守，他为人仁爱，喜欢用道德与文化教育子民。 文翁看见蜀地地处偏远，文教落后，并且有蛮夷的风气，便想诱导他们，促使百姓归化。 于是他挑选了辖下各郡县官吏中机敏有才能的张叔等十多人，文翁亲自劝勉告诫，并派遣他们到京城，跟随博士学习大义，有的学习中央的法律条令。 同时，文翁减少政府开支，用节余购买刀、布等蜀地物品，由计吏带着送给博士。 几年后，蜀郡的学生都学成归来，文翁起用他们担任高职，并依次考核选拔，后来这些人有的官至郡守、刺史。

不仅如此，文翁还在成都街市创建学校，招来郊县的子弟作为学生，为他们免除更赋徭役，提拔成绩优异的人担任郡县官吏，其次担任劝课农桑的乡官。 每次出巡各县，他都从学校的学生中挑选通晓经

文翁，文氏家族的祖辈，他兴学于巴蜀，为古代四川的教育做出了卓越贡献

书、行为端正的人与他一起前往,让他们宣传教令,出入百姓之家。县邑的官吏和百姓见到他们都以之为荣。几年后,人们争相成为学校的学生,富人甚至拿出钱来求取。于是,蜀地大大开化。蜀郡在京城学习的人数,可以与文化繁荣的山东学子比肩。汉武帝根据文翁的经验,命令天下郡国都设立学校。可以说,郡国设立学校的传统,是自文翁开始的。

文翁在蜀郡逝世,当地的百姓为他建立祠堂,每逢节日祭祀不断。至今,巴、蜀之人喜欢学习文学,都是文翁教化的成果。

不过,文翁之所以广为人所知,乃是由于清代的一个笑话。乾隆年间,有一翰林把"翁仲"[1]误写成"仲翁",乾隆作诗"翁仲如何作仲翁?十年窗下少夫功。如今不许为林翰,罚去江南作判通"进行挖苦。乾隆通过颠倒"通判"这一官职,揶揄了笔误的翰林。

上文已经叙述,浠水闻氏与湖北、当阳文氏同属于文氏后人,当阳文氏的总谱里把"文球"作为自己的始祖,文球是文党翁的后裔。因此,文翁可以说是闻氏家族的祖辈。

二、言传身教——闻天锡

闻天锡,字元奎,明朝人,以孝顺父母、友爱兄弟而出名。在通过科举成为贡生后,他被授予江阴训导的职务。不久,被任命为上海教谕。他教授学生十分严谨,并且以身作则,培养了许多的人才。

三、才德兼备——闻良辅[2]

闻良辅,浙江德清人,是明朝的大臣,他的才干与品行都出类拔萃。明太祖朱元璋洪武年间,闻良辅任监察御史,后历任大理少卿、广

---

[1] 传说是秦始皇收缴天下的兵器铸成的铜人之一。
[2] 应当不是《文氏家谱》和《闻氏家谱》中记载的"良辅公"。

东按察使。 明朱棣永乐二年(1404年)，闻良辅与宁善出使暹罗(今泰国)，代表明皇赐暹罗王织金文绮、绒锦纱罗，暹罗国王参烈昭昆牙派遣使节入明朝贡，进金叶表文，朱棣赐予参烈昭昆牙《大统历》作为回礼。 曾有人撰闻姓宗祠通用联："权操虎节；化洽象山。"上联指的就是明代闻良辅出使暹罗，下联指的是宋代人闻韶，官象山县知事，对百姓普及教化，贤能称第一。

四、淡泊一生——闻龙

闻龙，字隐鳞，一字仲连，晚号飞遁翁，明代文人。 闻龙祖籍浙江四明，擅长写诗，崇祯年间，因为才能杰出、品德高尚被推举做官，但坚决辞谢，卒年八十一岁。 他的事迹主要见之于《鄞县志》及《宁波府志》。

五、西湖留香——闻启祥

闻启祥，字子将，明朝钱塘人。 他自幼聪慧，喜欢读书，以文章闻名。 闻启祥没有中过举，居住在家乡，一生都没有做官。 有人几次推荐他，但他坚辞不赴，以布衣之身终老。

闻启祥留下的传世名句就是："雷峰如老衲，宝石如美人。"这句名言经闻启祥的好友、明代画家李流芳传播，最终广为流传。 李流芳在《雷峰暝色图》题画中说："吾友子将尝言，湖上两浮屠，'雷峰如老衲，宝石如美人'，予极赏之……盖余在湖上山楼，朝夕与雷峰相对，而暮山紫气，此翁颓然其间，尤为醉心……癸丑十月醉后题。"这句诗如今很多写西湖的作家都会引用，也让后人记住了闻启祥。

六、庄简夫子——闻渊

闻渊(1480—1563)，字静中，别号石塘，鄞县(今浙江宁波市鄞州区)人，明朝大臣。 闻渊十分聪明，品德端庄，六岁便能诵读诗文，八九岁体格不凡,高大俊朗。

明孝宗朱佑樘弘治十八年(1505年)闻渊中进士,被授予礼部主事的官职。明武宗朱厚照正德年间,刘瑾等"八虎"乱政,撤掉了闻渊的礼部主事,改任刑部广东司主事,很快又改任湖广清吏司主事、官署本部的员外郎(郎官的次官)。此时,正好遇到官署不慎有囚犯越狱逃出,刑部的官员们都到刘瑾那儿下跪请罪,只有闻渊一人不畏惧刘瑾权势,拒不谢罪。刘瑾说:"闻渊貌似夫子,遇辱不惊,一定是个明贤之人。"以后各个官员都称闻渊为闻夫子。

正德五年(1510年)四月,宁夏发生了安化王朱寘鐇反叛事件。朱寘鐇以反刘瑾为名起兵,因而得到将士们的拥戴。朝廷以吏部尚书杨一清为统帅,"八虎"之一的权宦张永为监军出兵讨伐,结果还未出师,杨一清镇守宁夏的老部下仇钺已经把朱寘鐇和其六百多手下擒获。闻渊根据他们罪行分别处置,轻罪轻罚,重罪重罚,没有一人不服罪。杨一清给闻渊记功,升任考功郎中,负责主管兵器、弓弩等武器制造,后改掌文选。

后来,杨廷和、杨一清利用刘瑾与张永之间的矛盾,扳倒了刘瑾,刘瑾结党营私、镇压异己的罪行也随即败露。在朝廷上,刘瑾对这些罪状一点也不服,在廷的官员们过去出于自保,大多与刘瑾有往来,因此一个也不敢站出来指责,只有闻渊当面列数了刘瑾的几条罪状:"刘瑾窃取权力,颠倒黑白,利用权威,搬弄是非,提拔奸党,陷害忠良。刘瑾以他接受贿赂的多少来决定买卖官位的大小,以他的高兴与否来决定奖赏和惩罚的多少。刘瑾受贿财物堆积如山,草菅人命。他篡权乱政了六年,祸国殃民,恶贯满盈,毒流中外,罪贯古今。刘瑾造成国家纲纪混乱,国库损失殆尽,一百年都难以恢复元气。刘瑾以往的劣行已经罪恶滔天,他不仅对别人给予的警诫不思改悔,还暗暗图谋不轨。他不仅伪造皇印,还私藏兵器密谋逆反,像他这样的大逆不道之徒应该快速处置,施以极刑才行。"刘瑾听后也无话可说,在闻渊的引领下,各部官员最终拟定了刘瑾的罪状，刘瑾被施以极刑，凌迟三千多刀处死。

正德十二年（1517年），朝廷决定对两个贪污的官吏进行处罚，这两人想用重金来贿赂明武宗朱厚照的宠臣钱宁企图免罪，尚书陆完害怕钱宁的淫威不敢直言抗争，此时闻渊挺身而出，当着大家的面予以斥责。

正德十三年（1518年），闻渊进入南京通政司任右主事，凡是臣民有陈情、建言、申诉及军情、灾情等，都送交通政司办理，有重大情况的，得请谕旨裁决。在此期间故乡鄞县儒仕杨钦上奏湖田折银一事，闻渊在朝据理力争，促成广德湖田以米折贷。湖民受益，深深牢记闻渊的恩德，在鄞西集仕港建立惠民祠用以祭祀闻渊，讳曰湖酾祭。[1]

明武宗死后，明世宗朱厚熜即位，年号嘉靖。嘉靖帝宠信严嵩，严嵩在害死夏言后掌握了内阁的大权，并排挤时任吏部尚书的闻渊，借故剥夺了闻渊的俸禄。此时，历经弘治、正德、嘉靖三朝的闻渊已经七十多岁了，他不得不请求告老还乡，在家乡生活了十四年后病逝。明朝统治者追赠他为太子太保，谥号庄简。曾有人撰闻姓宗祠通用联："兄弟两进士；父子皆仁君。"上联指的就是明代闻泽、闻渊兄弟二人，皆举进士。下联指的是明代名人闻璋，秉承其父可信之风，宽厚坦夷，时人称为"笃行君子"。

七、爱书成痴——闻琵

闻琵，字种怀，号书岩，清代藏书家，镇洋（今江苏太仓）人。乾隆壬申年（1752年）举人，在江宁府当教谕。闻琵一生最大的爱好就是读书，手抄的书装满了箱子。闻琵如果得善本，必定亲自阅读校验。有一次，闻琵得到了王损仲的宋代《史记》的旧书稿，可以说是海内稀有的珍宝，但谋求印刷的刻版没有成功，当时引以为憾。

---

[1] 引自闻氏家族家谱网。

八、桃李满园——闻立慎

闻立慎，字修元，安徽人，清代学者。通过恩科考试[1]成为贡生，任定元县教谕。闻立慎教导读书六十余年，门下的学生不下一百多人。一生之中，闻立慎亲手抄录、校阅批点之书共有四百余部。他著有《经解集证》《子史辑要》《童蒙益智》《谷诒集编》《警省箴规》《四书发蒙》《真意斋诗草》《论世知人辑略》《春秋左传要略》《四书五经会通》及《同声集》等，这些书没有正式刻印。

九、著作等身——闻礼祜

闻礼祜，字笃卿，安徽人，清代学者，是岁贡生[2]。他的著作有《忠孝录》十五种、《思亲哀录语》、《家范》三十册、《存真堂诗集》五十卷等。

十、姊妹齐芳——闻秀玉、闻芝玉

闻秀玉，字餐霞，清代女诗人、画家，江苏太仓人，太学老师闻谨然的四女、熊炳的妻子。闻秀玉非常擅长绘画，与姐姐闻芝玉一样长于作诗。她写有《蕉窗闲咏》，流传当世。

十一、诗才秀丽——闻璞

闻璞，字楚璜，近代女诗人，约清咸丰三年（1853年）前后在世，石门（今浙江桐乡西南）人。云南库大使闻誉彦的女儿。她性格极为孝顺，始终不渝地奉养父母。为了学习，她曾女扮男装从师授经，她长于写诗，并精通时艺，著有《闻孝女诗抄》。

---

1 恩科开始于宋代，与定期举办的正科相区别，主要是在朝廷节日由皇帝下令特别增加的开科考试。
2 科举考试贡入国子监的生员的一种。明清时期，每年或两三年从府、州、县学选送廪生升入国子监肄业。

第二章 文坛斗士闻一多

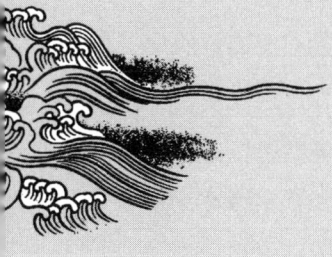

第一节　闻家骅骝崭头角

巴河镇，位于湖北省黄冈市浠水县西南部，长江中游北岸，属历史名镇，文化底蕴深厚，除闻一多外，历史上曾出现了阁老姚明恭、状元陈沆、"京城四少"之一的钟鹏荣等名人。波澜宽阔的望天湖就位于巴河镇东北部，南接长江，西连巴水河，与远处的青山相互辉映，蓝天白云，碧水青山，青砖黑瓦的房屋，构成了一幅悦目祥和的水墨画。

清光绪二十五年（1899年）十月二十二日，闻一多出生在望天湖边的闻家铺。之所以称"铺"不称"村"，大概是闻氏家族里有人做生意，开了商铺之类的缘故。闻一多原名亦多，属"家"字辈，族名家骅，字益善，号友山、友三。传统书香世家的孩子名号都讲究出处，出身名门望族的闻一多也不另外，他的字、号皆出自《论语·季氏篇》："益者三友"，"友直、友谅、友多闻"。考入清华大学后，改名为多，五四运动后在其同学潘光旦的建议下，加"一"字，改名为一多。

闻一多生活在一个四世同堂的大家庭里，祖父佐漋公对他的启蒙教育有着重要影响。佐漋公名子淦，字禧凝，号香泉、丽生，清道光十三年（1833年）出生，不久就爆发了鸦片战争。佐漋公小时候身体不好，又年幼丧母，虽好读书却不善考试，科举上一直未取得功名，而他的堂兄弟们却相反，各个高中，对他无形中产生了不小的刺激，这也使他特别注重子孙们的教育，先建了"诱善斋学舍"，又在望天湖边新建绵葛轩书房，后仿照流行的学堂，改名为绵葛轩小学。闻一多的启蒙教育就是在这里完成的。

闻一多出生后身体一直虚弱。清光绪二十六年（1900年）夏天，闻一多得了"热症",一直高烧不退,大夫都束手无策,他的母亲开始准备装殓用的衣、鞋,结果高烧居然退了,病也神奇般地好了。

清光绪三十年(1904年),闻一多不到5岁,开始入家塾接受启蒙教育,读的多是《三字经》《幼学琼林》之类旧时常用的开蒙书,教书的先生特别严厉,采用的也是老学究的教学方法,脾气虽然古怪,却教得很认真。

湖北浠水闻一多纪念馆

就这样过了一年,到了清光绪三十一年(1905年)闻一多六岁的时候,他和其他子弟们一起搬到新屋的"绵葛轩小学"学习,王梅甫做他们的老师。王老师毕业于师范学堂,接受过新式教育,思想也比原来的先生开明许多,"旧学"的根底不错,又多少学过一些"新学",颇有见解和抱负。但他像那时代许多没有什么后台的文人一样,在外面消磨了不少时光,也难找到栖身之所,更谈不上施展什么抱负了,只好回到乡间帮人课读,把希望寄托在孩子们的身上。他教书十分严格,要求学生们除了熟读《三字经》《朱子家训》等,还要读洋学堂新编的修身课本;除了背诵《幼学琼林》和"四书""五经",还要学新的国文、历史、博物等[1]。

闻一多从小读书就很用功,其他的孩子对着枯燥的"四书""五经"总是坐不住的,每当门外响起热闹的声音,就要迫不及待地跑出去一看究竟,唯有闻一多"两耳不闻窗外事,一心只读圣贤书"。这可能跟家教严格有关,祖父对子孙的教育相当重视自然不用说,闻一多的母亲也

---

[1] 引自《闻一多传》第8页,王康著,湖北人民出版社,1979年版。

出身书香世家,从小接受过中国传统文化教育,孩子们自然被教导得比较守规矩。另外,也可能是闻一多自身爱读书的天性决定的。闻一多读书时的认真劲儿在家族里也是出了名的,甚至还得了个"书呆子"的称号。据说,有一次他在外面看书入迷,地上有只蜈蚣爬到脚上都没察觉,幸亏他的一个侄儿看到,把蜈蚣一脚踩死才使他免受被咬之苦。结果反被他责备打断了他看书的兴味。当大家告诉他,要不是侄儿,他的脚就要被咬肿了时,他才恍然大悟,嘴上嘟囔着"一条虫子有什么好大惊小怪的",又进屋接着看书去了……

闻一多白天在家塾读书,晚上则在父亲的指导下读《汉书》。他的父亲名叫闻邦本,又名廷政,字固臣、固城,号道甫,排行老二,生于清同治四年(1866年)十二月四日,秀才出身,对国学颇有研究,治学严谨,由于性格过于耿直,不擅官场的圆滑周旋,从政一段时间后,归隐家园,开办家塾,专注于子孙们的教育。他在指导闻一多读《汉书》的时候,经常会选择一些名人故事,从中引申出做人做事的道理来教育闻一多。闻一多不仅能全部记住,还把白天在家塾里听到的类似的故事,与《汉书》中的故事做比较,讲给父亲听,父亲看到闻一多懂得举一反三、触类旁通,非常高兴。而这种教育方法也为闻一多满怀爱国热情投身革命的人生观、价值观奠定了基础。

闻一多不仅嗜好读书,对画画也充满兴趣,家里的长工韦奇是他绘画启蒙的关键人物。巴河镇自古文化发达,被称为"戏剧之乡"。经常被韦奇带去看戏的闻一多,非常喜欢演员们形式各样的古代服饰,韦奇还从旧书里找来插图给闻一多临摹,有时也带他去青山或望天湖边写生,时间一长,他画的花草、虫鸟、山水、人物还都有板有眼的,连家里的长辈们都夸赞呢。少时的绘画启蒙,也为日后闻一多在清华时酷爱绘画、在美国留学期间专攻绘画奠定了基础。

就这样,闻一多在故乡家塾读了五年书,年纪虽然不大,收获却颇多。他十二岁这年,也就是清宣统二年(1910年),他的父亲认为乡村家塾始终存在信息闭塞的弊端，难以与省城的正规学校教育相比，于是便把闻一多还有他的堂兄弟们一起送到武昌的新式学校。当时进入新式学校是要通过考试才能录取的，于是闻家人便在武昌芝麻岭三佛阁庙内租下半边小楼，从家里带来油和米，自己开火做饭，伯父闻廷炬负责照料孩子们的饮食起居，准备考取新式学校。

19世纪60—90年代，在中国的大地上，以恭亲王奕䜣为首的洋务派在慈禧太后的支持下开始推行"自强""求富"的洋务运动，开展运动的目的主要是通过引进西方军事装备、机器和科学技术以维护封建统治。清光绪二十年（1894年），中日甲午战争爆发，北洋海军全军覆没，标志着清朝海军实力的完全丧失，也标志着洋务运动宣告破产。洋务运动虽然失败了，洋务派所开办的新式学堂却开创了中国近代化教育的先河。与传统官学相比，新式学堂的教学内容不再局限于中国的传统文化，开始教授西文、西艺等西学，采用了新的教学组织形式、实施分年课程和班级授课制等，为国家培养了一批新式人才。

当时的湖北在洋务派张之洞的支持下，开设了大量的新式学堂，甚至一年的开办量就达到200所以上，学生的数量也越来越多。两湖师范学堂便是那个时候创办最早、规模最大的一所完全师范学堂，是武昌知府梁鼎芬在湖广总督张之洞的指导下，改建两湖高等学堂而成，它的附属小学——两湖师范学堂附属小学也是当时公认办得较好的一所学校，在当时大多数农民孩子还处于无学可上的情况下，能进入这所学校读书，可想而知是一件多么值得羡慕的事情！

这年秋天，闻一多和其他兄弟考入了两湖师范学堂附属小学，开始了他们新的学习生活。在这里，他们不再局限于死记硬背"四书""五经"的老传统，开始接触与以往截然不同的新教材，老师也不再是以往的老学究了，新的教学方法和班级授课制让闻一多觉得一切都是新奇的。除了上课认真学习课本知识外，身在繁华武昌的闻一多很少出去闲逛，有空余时间，不是看书，就是画画。因为勤奋用功，这个时候的闻一多已经会作旧体诗，绘画的水平也有所提高，还能写出有模有样的文章来。在学校学习之余，闻一多又"在叔父丹臣（廷治）先生主持的改良私塾里补习，中文之外，并有英文、算学"[1]。

当时的武昌活跃着各种思潮，以恭亲王奕䜣为首的洋务派，以康有为、梁启超为首的维新派，各自宣传着自己的主张，同时还有以孙中山为首秘密展开活动的革命派。知识分子和青年学生自然是各派进行思想传播的首选对象。其实，早在来省城武昌求学之前，因为大哥闻展民的缘故，闻一多已经接触到新潮流的书刊了。大哥闻展民是闻家第一个外出求学、工作的人，也是最早参加社会活动的人，在求学和任职过程中，接触过不少思想比较进步的政界人士，常常会带回一些传播新思想的书刊，《新民丛刊》《东方杂志》在新屋都能看到，这就使得闻一多等较早地接触到了各种社会新思想。但是在长辈和家塾教师的潜移默化下，梁启超的维新思想无疑影响最大。而这种影响在日后闻一多考入清华大学听过梁启超讲学后更加深入，也导致了闻一多在革命道路上注定要走上一段弯路。

清宣统三年（1911年），闻一多来武昌求学已经是第二个年头了。这一年，在武昌发生了一件中国历史上划时代的大事——辛亥革命，它结束了中国长达两千年之久的封建君主专制制度，在政治上、思想上给中国人民带来了不可低估的解放作用。这次革命被列宁称赞为"亚洲的觉醒"，也受到了武昌当地新知识分子的热烈支持。青年学生们革命热情高涨，纷纷走上街头，有的对着人群发表革命的演讲，有的跟随起义的队伍高喊着口号，街头熙熙攘攘，大家都在谈论着关于起义的各种消息。

"两耳不闻窗外事，一心只读圣贤书"的闻一多也被这次革命热情所感染，他放下手中的课本，走上武昌街头，看到人们在相互交谈着起义

---

[1] 引自《闻朱年谱》第3页，季镇淮著，清华大学出版社，1986年版。

的发展情况，有的人对革命充满了期待，脸上洋溢着对革命党的崇敬；有的人则不以为然，对革命党未来的命运表示担忧。街的这边则是一群青年学生，站在高台上的是一位戴着黑边眼镜、慷慨激昂宣扬革命的瘦瘦高高的男青年，他正在向围观的市民们讲述革命的好处，鼓励人们积极投身参加革命，一起推翻腐朽的封建统治。闻一多看到这一切，既觉得新奇，又很兴奋。

突然前面传来一阵哀号，闻一多随着人群赶上前去，只见好几个人剪掉了拖在后脑勺上的辫子，一头散发披在肩上，这些人围在一起，中间站着个一手拿着辫子、另外一只手摸着后脑勺哭丧着脸的年轻人，质问着手拿剪刀的人："你为什么剪掉我的辫子？辫子没了，我还怎么有脸见老祖宗啊？"拿剪刀的安慰道："武昌起义都胜利了，以后就共和了，皇帝早晚要被赶出紫禁城，还留着辫子干吗！"旁边其他已经剪掉辫子的人也纷纷附和，大肆宣扬革命的好处。闻一多听完，又想起父亲曾对他讲过的话，还有大哥带回来的报纸上的内容，越发觉得自己与革命的距离如此靠近。街上走来游行的队伍，闻一多悄悄地跟随在后面，在心里默默跟着他们喊口号，走了足足几条街才不舍地返回了住处。

武昌的局势并不十分稳定，各种势力盘踞在这座城市。武昌起义胜利了，革命党正在积极策划着更多的行动。清王朝尽管已是千疮百孔，但是势力仍然庞大，再加上日本在武昌起义之后，全力帮助清政府围剿革命党，使得革命党陷入了巨大的困境，虽然在争夺汉口的战斗中获得了胜利，但形势并不乐观，很快清政府开始了新一轮的围攻。此时的武昌战火频发，民众纷纷外出避难，学校也不再正常上课，闻家考虑到孩子们的安全，决定先回浠水老家避一避。于是闻一多和兄弟们在伯父闻廷炬的带领下坐船回了巴河镇。

老乡们惊奇地发现，闻一多的辫子没了！原来，闻一多那次上街游行后，受到革命党的鼓动，经过几天的慎重考虑，最后决定把自己的辫子剪了。这下可在闭塞的巴河镇炸开了锅，大家都很惊讶，这个年纪不大的孩子还真是有胆识，敢把老祖宗留下来的辫子剪掉；也有人表示担忧，不知道革命党还能坚持多久，现在就把辫子剪掉以后可该如何是好。好在闻家的长辈并非愚昧顽固之人，对于辛亥革命也有所了解，反而对闻一多剪掉辫子这件事颇为赞许。闻一多才不管街坊邻居怎么议论呢，满心的自豪和满足，一回到家，把自己关进书房，又沉浸在书海中去了。

到了第二年，武昌的局势逐渐平稳，闻一多和兄弟们又一起回到学校读书。这个时候正赶上清华大学在湖北招生，这成为他命运中的一个重要转折点。那个时候的巴河镇还是相当闭塞的，一般的家庭根本不会也不可能有这种远见让自己的孩子去考取大学，更何况那年的招生名额整个湖北省仅有4个。而闻一多出身乡绅家族，经济实力雄厚，长辈们接受过新思想的熏陶，当然不是普通家庭可比的。闻一多的父亲特别赞成他去考清华，闻一多多年勤奋努力学习的付出，也终于有了回报。据说当时笔试题目是"多闻阙疑"，这不正好就是他名字的来历吗？因为之前他在大哥的影响下曾经接触过梁启超的文章，所以在考试的时候就大胆模仿，没想到正好符合主考官的文风爱好，尽管其他科目的成绩并不理想，闻一多凭借这一手的好文章，仍然顺利通过了笔试，还获得了第一名的好成绩。

当时的清华大学，其实是一所留美预备学校。清光绪二十六年（1900年），八国联军攻陷北京，清朝政府打了败仗，给各国巨额赔款，历史上称为"庚子赔款"。清华大学便是美国拿赔款所建。所以清华大学在录取考试时，除了笔试，还要进行英语复试。英语一向不好的闻一多这下可愁坏了，毕竟已经考了第一的名次，如果因为外语不过关，那不是白费功夫了吗？于是，他决定"临时抱佛脚"，突击集中学习应付考试。没想到这次考试并不是很难，闻一多居然顺利通过了。接下来还有最后一关，要去北京接受面试，也就相当于科举考试中的"殿试"，闻一多在家人的陪同下来到北京参加考试，最终以全省第二的成绩被清华录取。

闻一多考取清华，对整个闻氏家族有极其重大的影响。受他的影响，堂兄弟闻亦传、闻亦齐也纷纷考入清华大学，他们兄弟三人在清华被称为"闻氏三兄弟"，这种光耀门楣的事儿，在他们家乡也引起了不小的轰动。[1]

第二节　从清华园到美国

一、水木清华

1912年的冬天，闻一多从巴河镇来到清华大学。当时的清华大学学制比较特殊，分为中等科和高等科，各4年，一共要上8年学，毕业之后直接送到美国留学。初入清华的闻一多还是一身农家子弟打扮，脚穿布鞋，身着长衫，剃了个小平头，面对清华巍峨的大门、挺拔的校卫警察、浓重凝厚的"清华园"三个字，这个刻苦勤奋的孩子心里只想着要发愤读书，吸取更多书本中的知识。

当时的清华要求非常严格，特别是正课都抓得特别紧，学生如果不是特别勤奋，就有留级的可能，据说8年下来，有一半的学生都毕不了业，只能留级再学一年。闻一多刚入学时英语跟不上，留了一级，后来在高等科毕业前夕，因为罢考参加北京高校教师索薪运动被推迟一年送往美国，所以他一共在清华待了10年。清华的10年，闻一多在科学文化知识方面打下了坚实的基础，这与他自身的刻苦勤奋是分不开的。闻

---

[1] 引自《血性的斗士——闻一多》第10页，黄超著，中华工商联合会出版社，2015年版。

一多自幼就比同龄人更喜欢读书，酷热的夏天其他兄弟们都跟着家里的大人去望天湖边乘凉，只有他守着一盏枯灯，一边用蒲扇驱赶着成群的蚊虫，一边流着豆大的汗珠津津有味地沉浸在书海里。进入清华之后，闻一多的思想比幼年时更加成熟，自然知道该怎么安排自己的大学生活。经常天刚蒙蒙亮，他就起床开始读书；等到太阳下山了，又恨不得用一根绳子把太阳拉住，这样可以继续读书，他用功的程度可想而知。

闻一多虽然刻苦学习，但是并不是对每个科目都喜爱，对于如何学习他有自己的一套方法。他认为，中国的学生首先应该把语文的基础打好，然后才能学好其他课程，而且一个人的精力有限，做事情不可能每个方面都照顾得到，只需要选择自己擅长并且喜欢的东西，集中精神把它做好，才是重要的。可能是受这种想法的影响，闻一多在学习上更偏爱文学，在班级里，他的中国文学课和画画课成绩是最好的，这显然跟他幼年时喜爱阅读和画画是分不开的。英语课因为之前接触较少，思想上也不是特别重视，只是在考取清华时突击学习了一段时间，所以基础不稳，成绩不突出也就不奇怪了，甚至还被留了一级。除了英语课，闻一多对物理和数学的兴趣也不是很浓，他曾经在自传中也说自己："好文学及美术，独拙于科学，亦未尝强求之；人或责之，多叹曰：'吁！物有所适，性有所近，必欲强物以背性，几何不至抑郁而发狂疾哉？'"所幸的是，虽然成绩不突出，但也能及格，不至于影响升学。

清华每年的夏天都放两个月的暑假，大部分学生都会选择回家，不回去的学生学校会组织去西山消暑。但闻一多从来不去西山消暑，每逢暑假必然千里迢迢赶回湖北老家。大家都知道，湖北武汉一带的夏天是非常炎热的，闻一多不去西山消暑非要赶回家乡，自然不会是为了看望父母这么简单。原来，当时的清华从老师到学生都是重英语而不重国学，闻一多酷爱古诗文，课堂上老师讲得少，他就利用课余和寒暑假自学[1]。闻一多一回到家中,就把自己关在书房里苦读两个月的书,还给自己的书房起名"二月庐",所记的读书笔记就叫《二月庐漫记》。炎热的夏天,即使什么都不做也会汗流不止,把自己关在书房里,简直就像蒸桑拿一般,更何况一天到晚待在里面,还要看这么多不容易看懂的经史书籍,这该是一件多么痛苦的事情!而闻一多却不这么认为,他非常珍惜暑假这两个月的时间,按照自己制订的读书计划,从早到晚待在书房里,废寝忘食,家里来客人的时候,他到处躲藏,怕别人打扰了他读书的兴致。

"书山有路勤为径,学海无涯苦作舟。"正是闻一多的这股钻劲,才使他后来在诸多方面取得成就。清华当时新开设了演讲课,学生们都对这个新课程非常感兴趣,闻一多也不例外。那个时候学校流行在班级之间开展辩论,既可以练习口才,又可以增加学习演讲的兴趣,学生都很积极参加。在一次班级辩论赛中闻一多作为主辩,凭借自幼积累的国学知识,把对方说得哑口无言。后来又一次与这个班级辩论,又获胜。这极大地激发了他对学演讲的兴趣,愈发勤奋练习。刘烜在《闻一多》里说,他嫌"清华学校宿舍区人多喧闹,一里之外的工字厅后面,有一个长方形的荷花池,周围土山环绕,苍劲的松柏郁郁葱葱,土山上还有钟亭、凉亭,点缀在一片松林之中。闻一多喜欢这个幽雅的环境,写诗,作画,练演说,这是理想的场所。冬天的深夜他到这里练演说八遍,有时达十二遍才回宿舍。北京的一月份,滴水成冰,他却面对呼啸的北风高声演说"[2]。

在清华的10年里,闻一多不仅学习刻苦,兴趣也很广泛,特别是在文艺方面。

1913年,闻一多编写话剧《革命军》,并在剧中饰演革命党的角

---

1 引自《红烛:我的父亲闻一多》第4页,闻立雕著,新华出版社,2009年版。
2 引自《闻一多》第11页,刘烜著,人民出版社,1986年版。

色。这是他第一次编写剧本和参加演出,当时的剧本只有大概的故事情节,全靠演员在舞台上自由发挥。《革命党》讲的是武昌起义的事情:清王朝的一个都督听到了武昌起义的风声正准备逃跑,碰巧有两个在武昌策划起义的革命党人被清朝政府抓到了,于是,这个都督立马趾高气扬地跑去审问,用尽各种手段,革命党人誓死不屈,昏官决定把他们斩首示众。这个时候革命开始了,都督吓得屁滚尿流。闻一多对当时的革命场景有所经历,所以在编剧时对人物的形象刻画贴合历史实际,表演时的表情和语气非常到位,获得了第二名的好成绩,在学校一炮而红,这也激发了他在话剧方面更浓的兴趣。

1916年国庆的时候,他参演喜剧《蓬莱会》。故事讲述的是一个能呼风唤雨的牛鼻子老道士,为了庆祝国庆把8个怪物唤来进行赛跑。8个怪物里面有茶碗人、有长胡须的女人、半男半女的人、前脸是狼后脑勺是狈的人、侏儒等,最后一个是闻一多演的长耳朵毛驴。毛驴一出场就先伸长了脖子"哦昂——哦昂——"地叫了起来,惹得观众哄堂大笑。这出戏获全校最优奖,得锦旗一面。[1] 闻一多经常能编写出好的话剧,这次演出中的一声驴叫,更让他在学校里名声大震,为以后他在美国和西南联大开展话剧活动奠定了基础。

除了话剧,闻一多还喜欢画画,进入清华以后,开始有目标地进行正规学习。

闻一多觉得自己没有经过系统的绘画学习,基本功不扎实,一直在努力提高自己的绘画水平。1914年,在他进入清华的第二个年头,学校的美术教员组织了一个写生团,指导爱好绘画的学生利用业余时间进行基本功练习。与一般的学生相比,闻一多原本绘画基础就好,再加上写生团的系统训练,他的绘画水平迅速提升。1915年6月,清华举行"三育"成绩评比,其中就有绘画这一科目,闻一多的画被评为全年级

---

[1] 引自《红烛:我的父亲闻一多》第8页,闻立雕著,新华出版社,2009年版。

第一名，学校为了表示奖励，特地送了一幅风景画给他。从此，闻一多绘画水平高在学校也成了众所周知的事情。同学们说他"习书画，不拘泥于陈法"，最擅长"水彩景画，善露阳光，有灿烂晴日之景象"。甚至有一次，他的画还被老师拿去参加巴拿马博览会了呢！此外，他还负责学校的《年刊》和《周刊》的美术设计和插画创作，继续学习绘画的信心也更加坚定。

学校的美术课1916年暑假就结束了，闻一多找到学校的美术教员，参加了每周一次的"特别图画班"继续学习绘画。1919年，闻一多升入高等科学习，受一位老师的启发，他联合梁思成、高士其等几位同学，在学校组织成立了美术社。参加美术社的同学都是爱好美术之人，他们一起练习写生，交流对美术的心得体会。闻一多在参加美术社的过程中，收获颇多。原本绘画只是他的业余爱好，在经历了清华校园10年的学习和研究后，美术成了他赴美留学三年的专业选择，他还提出"美术救国"的主张。

如果说话剧和美术只是闻一多的业余爱好，那文学就是他最钟爱的领域了。闻一多对中国古代的经史典籍特别感兴趣，尤其是古诗文。升入高等科后，虽然功课繁忙，他还是为自己制订了一个两年的读书计划，他在日记中是这样说的："近决志学诗，读诗自清、明以上，溯魏、汉、先秦。读《别裁》毕，读《明诗综》，次《元诗选》、《宋诗选》，次《全唐诗》，次《八代诗选》，期于二年内读毕。"每逢暑假回到故乡，在"二月庐"里闭门苦读的也大多是这些国学经典。

闻一多在进入清华之前，文学基础就已经很扎实；进入清华之后，他开始文学方面的创作、研究。五四运动以前，闻一多在写文章、作诗时仍然遵循当时的惯例，采用文言文和旧体诗。1921年7月他把这个时期自己所作的诗文精选成册，取名《古瓦集》，"一则可以供摩挲，二则也是一个纪念品"。

闻一多所作的古诗文中最著名的一首当属《提灯会》。1918年第一次世界大战结束,德奥联盟以失败告终,中国的北洋军阀政府以"战胜国"自居,高调庆祝,放假三天,当天还举行了提灯会。北京有一万多名学生参加,大部分的清华学子也都沉浸在胜利的喜悦中,闻一多却默默地留在了学校。"一战"结束,人们不用再经历战争的摧残固然值得兴奋,然而当时的中国仍然处于外有列强虎视眈眈,内有军阀混战、天灾人祸不断的状况,北洋政府此时举行提灯会不过是转移国内人民的视线,以达到掩盖国内外矛盾的目的。于是他奋笔疾书,从打败德国取得战争胜利,大家提灯庆祝,到日本帝国主义势力乘机侵入,军阀混战,内忧外患的民族现状,创作出诗作《提灯会》。整首诗都闪烁着爱国主义思想,言真情切地期望参加灯会的人们都能看清中华民族内忧外患的社会现实。

1918年1月18日,战胜国在巴黎召开"和平会议"。中国代表团提出取消列强在华的各项特权,取消日本帝国主义与袁世凯订立的"二十一条"等不平等条约,归还大战期间日本从德国手中夺去的山东各项权利等要求。巴黎和会在帝国主义列强操纵下,不但拒绝了中国的要求,而且在对德合约上,明文规定把德国在山东的特权全部转让给日本。北洋政府竟准备在对德和约上签字,这激起了中国人民的强烈反对。

1919年5月4日,北京三所高校的3000多名学生代表冲破军警阻挠,云集天安门,他们高喊"收回山东权利""拒绝在巴黎和约上签字""废除二十一条""外争国权,内惩国贼"等口号,并且要求惩办交通总长曹汝霖、币制局总裁陆宗舆、驻日公使章宗祥,学生游行队伍移至曹宅,痛打了章宗祥,北京高等师范学校(今北京师范大学前身)数理部的匡互生第一个冲进曹宅,并带头火烧曹宅,引发"火烧赵家楼"事件。随后,军警给予镇压,并逮捕了学生代表32人。这就是历史上著名的五四运动。

五四运动当天是周末,清华大学地处京郊,很多学生并不知道白天发生的事情,直到晚上外出的同学回到学校告知大家,闻一多才知道其他高校学生参加游行的情况。知道消息的闻一多倍感兴奋,在他看来只有青年学生敢于起身参与运动,才能惊醒北洋政府,改变中国的命运。于是,他连夜抄了一份岳飞的《满江红》,还特意选择了一张大红纸,贴在学校食堂门口的宣传栏里,借这首词来抒发自己满腔的爱国之情,激励同学们团结一致,积极投身爱国运动。第二天一早,受昨天游行感染而情绪激动的同学们,再次被岳飞的悲情豪壮所鼓舞,一时间热血沸腾,投身爱国运动的消息瞬间传遍全校。

为了商谈维护我国主权的对策、营救被北洋政府逮捕的学生,学校各科科长、各级级长和学校社团负责人聚在一起,就如何开展学生运动进行了讨论。闻一多作为《清华学报》的编辑,被推选为会议的书记员。当天晚上,全体清华学生在体育馆召开大会,决定成立学生代表团来领导全校爱国学生运动。闻一多被选进代表团,主要负责文书工作。那个时候的学生运动主要是宣传工作,所以文书的工作非常忙碌,闻一多负责大量的文书起草和宣传材料的制作工作,这些本来就是闻一多所擅长的领域,国难当头,他更是干劲十足,把所有的爱国热情倾注到文字中去。校园内到处都是"勿忘国耻""严惩卖国贼"等标语,清华学生与其他学校的广大学生一起投入"五四"爱国运动中去。

"五四"以来,北京的学生一直以罢课的形式与北洋政府进行斗争。当时正值暑假期间,暑假一向要在"二月庐"苦读两个月的闻一多这次没有回去,他写信向家里这样说道:"清华学生代表团留校办事,男厮要职不能离身又新剧社拟于假期中编辑新剧。"当时清华是不负责留校学生的伙食费的,新剧社给每人每天10元的补贴,但是并不足以付伙食费,闻一多后来是自己想的办法把这个问题解决的。他自称这次暑期不回家,完全是出于爱国热情。

随着学生运动的推进,北洋政府下达了镇压学生运动的命令,越来越多的学生被捕。然而北洋政府的镇压并没有吓倒参加运动的学生,反而激发了他们满腔的怒火。6月3日，清华学生进城开展宣传，进行演讲，被捕百余人。6月4日，为了对政府逮捕学生表示抗议，清华再次出动学生160多名进城宣传。这一次，自参加运动以来一直从事校内工作的闻一多，也和其他同学一起，带着水壶、干粮和洗漱用品，走上街头，做好了被捕的准备。果然，北洋政府逮捕了全部学生，可能是因为人数太多，仅在太和殿关了一天就放回来了。

北京学生被捕的消息传到上海，为了声援被捕学生，上海开展了工厂罢工、商店罢市、学生罢课的"六三运动"。此后，全国爱国运动的核心也转移到了上海。6月16日，全国学生联合会在上海成立，闻一多作为清华的学生代表到上海参加会议。会议期间，闻一多仍然从事文字工作，负责学联刊物的编辑。此时的闻一多碰巧患了很严重的牙痛，因为不能咀嚼，已经有四五天都吃不下饭，饿的时候只能把面包泡在牛奶里面，强迫自己吞咽下去，却仍然带病继续工作。闻一多的三哥当时正好从上海准备回家，就打算带他一起回去。闻一多考虑到自己的牙痛问题，也想回家休养一段时间，可是想到《日刊》仍须出版，就毅然决然地留下来继续工作。

8月5日，全国学联大会闭幕式上，闻一多见到了中国近代革命先驱孙中山先生，内心无比激动。孙中山认为，中国目前的政治局面是因为国内不统一造成的，中国革命的不彻底也是因为不统一的缘故，他希望广大青年学生能够为促进民族团结而奋斗。对此闻一多并不十分赞成，他认为反帝比统一更重要，但是不可否认，这次见面对闻一多来说是终生难忘的。

五四运动对于闻一多来说，既是一场教育又是一次锻炼，他的爱国之情更加高涨。自此之后，他尝试作新诗、写白话文，也做了一些其他的探索和尝试，思考更多的是如何团结一致救国。他认为应该把爱国精神付诸行动，只有发现社会中不好的事情，改良它朝正确的方向发展，才能改变社会的现状，挽救国家的命运。

五四运动以后,新诗也逐渐兴起。新诗相比于旧体诗,形式上更加自由,对仗、押韵的要求不再那么严格,字数也不受限制。这样一来,写诗的人写起来便容易得多,只需有感而发,不用再纠结于押韵和对仗;读诗的人理解起来也不再费神,更能从思想上与诗人产生共鸣。闻一多作为新青年,逐渐开始新诗的创作和研究,并在是否应该作新诗问题上与国文老师发生了争论。当时国文课的老师是赵瑞侯,古文课自然是要作古诗的,他一直对闻一多作的古诗文很推崇。五四运动之后,有一次上国文课,闻一多写了一首新诗《黄昏》,顾老师以为闻一多是在胡闹,心中不免有失望之感,当时给诗的评语是"生本风骚中后起之秀,似不必趋附潮流"。闻一多当然不赞同老师的观点,于是在下次国文课的时候,用古文翻译了一首诗,还特地在序中说明文言文翻译的不准确性,白话文取代文言文是时代发展的需要,以此来反驳老师对新诗的评语。

闻一多对于作新诗并非头脑发热、一时兴起,他在创作新诗的同时,还就新诗有关的理论展开研究和探讨。他曾就俞平伯的诗集《冬夜》写过一篇《〈冬夜〉评论》,篇幅多达两万多字,批评诗歌过于松泛,缺乏想象,在打破旧诗枷锁的同时,也丢失了诗的灵魂。闻一多在美国留学期间,把这篇诗评与梁实秋的《〈草儿〉评论》合在一起,自费出版,取名为《〈冬夜〉〈草儿〉评论》。郭沫若大加赞赏,称读他的文章"如在沉黑的夜里得见两颗明星,如在蒸热的炎天得饮两杯清水",闻一多当时面对的几乎都是反对的声音,对于郭沫若的称赞,自然欣喜若狂,还特地写信告知二老,表示"只要郭沫若赞成我,我就心满意足了"。

1921年11月,清华文学社成立,分为诗、小说和戏剧三个小组,闻一多被推选为诗组的负责人。这一年,闻一多这一届学生本该赴美留学了,但是因为他和其他几位同学参加了北京高校教师索薪斗争,拒不参加大考,受到推迟一年留美的处分,所以又在清华多待了一年。这一年不用上课，闻一多大部分的时间都花在了新诗的创作和研究上。文学社的活动主要以分享读书心得体会、邀请名家做讲座等形式为主，也讨论"文学可以职业化么""诗是什么？""诗的音节问题"等理论问题，还曾邀请梁启超就"中国韵文里所表现出来的情感"做过报告。

闻一多当时年纪较长，心理、思想都比较成熟，文学修养也高，在学校属于"老大哥"。梁实秋因为文学社的缘故，与闻一多相识、相知，成了惺惺相惜的知己。梁实秋在《谈闻一多》中是这样描述闻一多的："五四"以后，一多最活跃的是在文学方面，尤其是新诗。在清华园里，他是大家公认的文艺方面的老大哥。一多独占高等科单人房一间，满屋堆的是中西文学的书，喜欢文学的同学们每天络绎而来，每人有新的诗作拿来给他看，他也毫不客气地批评。

闻一多创作的新诗不少，但真正发表的却不多，《左岸》是他发表的第一篇新诗，诗中透露出他在赴美留学前夕的疑虑。他早期创作的新诗被收录在诗集《真我集》中，后来的大部分作品，经过精心挑选之后，收录到他在美国留学期间出版的诗集《红烛》中。

1920年3月中旬，闻一多联合潘光旦、吴泽霖、闻亦传三人，交流读书心得，讨论大家都关心的社会问题，后来又有两位同学孔繁祁、刘聪强加入进来，于是干脆成立一个社团，取名"⊥社"，"⊥"是"上"的古字，闻一多之所以取这个名字，也是有一番用意的，一来象征着社团成员积极进取、奋勇向上的精神状态；二来"⊥"字有"六"的意思，正好代表着社团成立时的六位社员。社团成立之初，谈论的大多是学术问题，一般在每周六下午四点半到六点半开会讨论，先做读书报告，后面进行讨论，读书报告的内容范围很广，涉及历史、美术、文学、经济、哲学甚至还有娼妓等社会问题。

随着社团活动的开展，他们越来越觉得纯理论知识的探讨对于改良社会的作用不大，便开始把注意力转移到当前比较热门的社会问题上来。当时中国社会处于军阀混战、天灾人祸不断的状况，尤其是山东的农村受灾特别严重，闻一多决定去山东灾区救灾，做一些改良社会的实践工作。走之前有同学告诉他，清华如果是人间天堂的话，灾区就相当于地狱。闻一多做好了充分的心理准备，结果到了山东一看，现实的情况比地狱更糟糕，他着实吓了一跳，但是他仍觉得自己的选择是对的，因为在清华的校园里是不可能知道灾区的真实情况的，政府当局更不会如实在报纸上告知民众。灾区的生活给闻一多留下了深刻的印象，回到清华之后，看到种种腐败现象，他满腔怒火，抨击得更加猛烈了。这在后来他所作的新诗中，都有所体现。

当时的清华因为离市区较远，学生的娱乐休闲方式比较单一，周末学校放电影几乎是唯一方式。当时有两个同学在经过校方同意的情况下，从市区租来外国影片，周末在学校礼堂放映，供同学们娱乐消遣。租来的片子大多是《黑手盗》《毒手盗》之类充满暴力、凶杀情节的影片。因为每周都会放映，学校里一位老师的孩子居然跟着影片学会了盗窃的手法，结果被抓个正着。而学校居然对此事坐视不管，这件事激起了闻一多等上社成员的愤慨，决定展开电影问题的讨论。他们先从研究电影理论入手，然后对学校放电影的事情进行了彻底调查。

1920年11月12日，闻一多在《清华周刊》上发表了《黄纸条告》，用反问和讽刺的手法，向人们阐释了这种电影的不良影响。接着又发表了《电影是不是艺术》一文，认为人追求娱乐并没有错，但是人的快乐与禽兽的快乐是有区别的，只有真正的艺术才能带给人快乐的感受，而电影并不是真正的艺术。同时，他们还广泛宣传，发动同学们一起抵制这种题材的电影。一时间，整个清华校园里掀起了反对放电影的热潮。学校当局不得不出面解决此事，暂停电影放映，给出的理由是：一方面大考将近，学生应该集中精力准备考试；另一方面多看电影影响视力，并向全校公开征集方案。闻一多等上社成员经过反复商谈和广泛征求意见，向学校提出了三点改良意见：①减少放映场次；②改换较好的片子；③引进其他有益的娱乐方式。这样就解决了学生们要看电影的娱乐需要，又不至于受不良电影的影响，学校当然同意这个新的办法了。此次抵制坏电影的改良运动最终以学校妥协□社而圆满结束，闻一多也从这次斗争中获得了改良学校更大的勇气。

之后，闻一多又抨击学校的不良校风，揭露清华校长躺在床上管理学校的腐败行为。当时的清华是留美预备学校，很多学生之所以选择考取清华，就是为了能够跨出国门，赴美留学，把学校当成了留美之前的过渡旅馆暂居几年，有的甚至带着书童上学，生活中诸如洗衣、叠被等琐事皆由书童负责，仍然是一副少爷式的做派；也有一些学生完全就如书虫一般，只关注书本知识，对政治局势和国家命运漠不关心，没有青年进步学生应该有的朝气蓬勃、奋进向上、追求进步的觉悟。看到学校充斥着这种不良校风，闻一多专门写了一篇文章《旅客式的学生》大加批判，倡导学生不应该把学校当作"旅馆"，而是应该把它看作自己的家一样，做学校的主人，对于学校不好的地方应该积极提出，帮助学校改良。闻一多研究问题特别善于透过现象看本质，对学生身上存在问题，清华在教育上也有不可推卸的责任，对清华把学生当成旅客的做法也进行了严厉的谴责。

闻一多在改良清华时，不畏权威，敢于直言。当时清华的校长叫张煜全，官僚主义作风严重，思想落后，人也冥顽不灵，尤其反感学生运动。五四运动时期，清华学子自发成立了"清华学生代表团"，领导当时的学生运动。之后想跟随其他学校改名为"清华学生自治会"，学生代表便去找张煜全商量此事，结果张煜全不同意，还张口便骂，引起了学生代表的极大愤慨，他们决定当晚开会成立自治会。张煜全知道此事后，在会议进行一半的时候拉闸断电，一下子激怒了开会的学生代表们，他们一致认为张煜全是学校最不受欢迎的人，决定在全校开展"去张"运动。闻一多在"清华学生代表团"从事文书工作，除了发文谴责，他还利用自己的美术特长，画了一幅漫画《垂床听政》，画上的张煜全一脸蛮相，悠闲地躺在床上，两眼无光，以此来讽刺他经常称病躺在床上理事的丑态。经过广大学生代表的不懈努力，终于把张煜全赶跑了。

1921年夏天本该是闻一多在清华的最后一个学期，这个时候已经没有课程安排，仅有一次大考，赴美留学的专业也已确定，所有的学生都在集中学习准备参加考试。这个时候突然传来城里发生惨案的消息。原来，由于北洋政府长期拖欠教师工资，北京院校的教师便组织了索薪罢课斗争，结果受到了北洋军警的殴打。这次惨案发生后，北京学联决定罢课声援，抗议政府的暴力行为。当时的清华因为有美国退还的款项做后备，经费上不存在危机问题，所以清华的师生并没有参加当时的讨薪活动，此举也受到北京学联的指责，说清华不应该置身事外，坐视不管。清华学生会经过会议讨论，决定响应北京学联的号召，开始罢课。

而此时的清华为了阻止学生运动，明确规定：不参加大考者，按退学处理。这可是给清华学生特别是闻一多这个年级出了个大难题。赴美留学应该是每个清华学子的梦想，辛辛苦苦考入清华，不就是为了这一天吗？如果去参加大考，就能顺利毕业，之后赴美留学；如果不参加大考，就会被退学，连学籍都没有，更不用说去留学了。面对着人生命运的抉择，很多学生开始打了退堂鼓。闻一多态度却很坚决，他还是一如既往地走上街头做宣传、参加游行，虽然有些教师过来善意劝导，但闻一多始终没有退缩。

果然大考那天，无人参加，学校迫于压力，又把大考改期，以此来分化学生。尽管有很大一部分学生怕错过最后的机会，选择参加考试，闻一多和其他29名学生始终坚持罢考，最终遭受了学校的处分。与同学们挥泪告别后，回到家中的闻一多免不了要受家长的责怪，但是闻一多坦然面对，觉得自己坚持正义的做法并没有错。

清华在开除学生之后，也面临着巨大的压力。一方面，按照学校的规定，学分修满就算毕业，闻一多在大考之前早已拿够学分，满足了毕业的条件，参加不参加大考都没有影响，但学校无视规定，仍然拿毕业和留学进行威胁；另一方面，处分学生的事情在社会上也引起了很大反响，报纸上接二连三地出现抗议和指责的文章，同时，学校也有人认为开除学生从经济上不合算。于是，学校让闻一多他们每人写份悔过书，便可次年留洋。闻一多和其他同学一致认为自己并没有做错，更谈不上悔过。于是，学校又做出让步，个人悔过书不愿意写，写一张集体悔过书也行，闻一多等人并不回应。眼看着到了留洋的日子，外交部为了自圆其说，挽回颜面，发出批示，称学生们已经发表声明，表示悔过，请求取消留级。闻一多看到声明之后，发文反驳，严厉谴责政府当局是在侮辱他们的人格，利用政权与学校勾结以达到破坏学生运动的目的，言辞中难掩激愤之情。

1922年，闻一多和留级的其他同学即将离开清华，赴美留学。待了10年的清华园，充满着他青春最美好的记忆，离别之际，本应该是留恋不舍的。可是，闻一多早已在心中积攒了太多对清华校风的不满，尤其是对清华美国化的倾向颇有微词。终于，在毕业之际，他把满腔的批判倾注于笔端，汇成一篇《美国化的清华》，发表在《清华周刊》上，这也是他在清华发表的最后一篇文章。闻一多知道自己这样做，学校当局脸面上肯定不好看，于是文章一开头便说"我这意见讲出来，恐怕有点骇人，也有点得罪人"，但是以一个在清华生活了10年的人来说，他确信自己的感受是对的，非说不可。当时清华的学生毕业都是要留洋的，学生自然对美国的生活方式十分向往，而闻一多却认为过分追求物质生活是不对的，特别是在祖国当下还处于内忧外患的境地，他说："清华太美国化了！清华不应该美国化，因为所谓美国文化者实不值得我们去领受！美国文化到底是什么？据我个人观察清华所代表的一点美国化所得的结果是：笼统地讲，物质主义，零碎地数，经济，实验，平庸，肤浅，虚荣，浮躁，奢华，——物质的昌盛，个人的发达……或者清华不能代表美国，清华里的美国人是不是真正的美国人，我不知道。不过清华里的事事物物（我又拿我那十年的经验的招牌来讲话），我是知道得清清楚楚的。"

他对这种美国化培养出来的学生也并不看好，认为他们出洋回来以后，也不过戴上几个硕士、博士、经理、工程师的头衔而已；那时这些特色只会变本加厉的。闻一多当时就敏感地观察到资本主义暴露出来的一些问题，他把这些问题都归结为物质文明导致的结果，虽然观点有些偏颇，但也反映出他的政治敏锐性，还有那颗火辣辣的爱国之心。他的同学们评价他"所见独不与人同，而强于自信。每以意行事，利与钝不之顾也。性简易出慷爽，历落自喜，不与人较短长，然待人以诚，有以缓急告者，虽无资，必称贷以应"，颇符合他敢于探索、直言面对的性格特征。

对清华美国化的批判，并不能否定清华在闻一多人生历程中的重要作用。进入清华，是他人生重要的转折点，在清华校园里10年的生活和学习，使他初步认识了社会，开始接受民主的思想，也正是得益于这种美国化的教育，多年之后的闻一多才能在中国的民主运动中走在前列。

闻一多虽然思想很进步，努力去接受新的思潮，但骨子里却又是个大孝子，这从他每个暑假都要长途跋涉从北京赶回"火炉"一般的湖北老家就能看得出来。当时湖北农村还流行着父母包办婚姻的习俗，闻一多虽然接受了新式教育，但是仍逃不过封建世俗，加之不想让父母担忧，所以最终还是顺从了家里的安排，接受了他们为自己安排的婚事。

事情还要从他刚考上清华说起。1912年闻一多顺利考入清华，这在当时的湖北浠水可是天大的喜事儿，方圆几十里的人都知道闻家出了个大秀才，可了不起了，亲朋好友纷纷登门道贺，络绎不绝。这个时候，闻家有个高姓远房亲戚，住在黄冈，曾经做过清朝的道台、绥远盐务局局长，民国初年时做过广东饶平县知事，可以说是官宦之家。高家有个女儿，起名高孝贞，视作掌上明珠，万般宠爱，当时的高孝贞也就9岁，她的父亲看到闻一多居然考上了清华，认为这个孩子将来肯定有大出息，前途不可限量，于是便提出要将女儿许配给闻一多。闻一多和高孝贞是表兄妹，高家又是官宦人家，如果能跟高家结亲，自然是门当户对、亲上加亲，于是，闻一多的父母便为他定下了这桩娃娃亲。

转眼到了1921年，闻一多已经在清华待了近10年，眼瞅着要去美国留学，闻一多的父母开始担忧起他的婚事来。一方面，等闻一多留洋回国已经二十六七岁了，这个年纪成婚也晚了些，何况让女方在深闺苦等这么多年，也没法向女方父母交代；另一方面，闻一多的性格他们也是了解的，如果现在不把婚事办了，保不准他留洋回来，追求自由婚姻，把这桩婚事给毁了，到那时可就更不好办了，倒不如趁现在先把婚事办了，一切尘埃落定，还能早日抱上孙子。于是，这年的冬天，从浠水到清华校园，一封接着一封的催婚家书传到了闻一多的手上。这可愁坏了闻一多，进入清华以来，他除了学习，热心文艺活动，对于男女感情之事从来没有想过，甚至与女生接触的机会都很少，父母口中的那个远房表妹，也只是幼年时见过一面，早已没有什么印象，现在却要跟她结婚，一时真是无法接受。

逃避不成干脆不理，闻一多面对一封又一封的家书，直接告诉家里人，觉得现在结婚还有些早，他只想集中精力完成学业，不想分心。家里人知道他的想法之后，觉得光写书信还不行，一定要派个人去做做他的思想工作，这个重任就落在了闻一多的堂兄闻亦传身上。闻亦传晓之以理，动之以情，多次苦口婆心地劝说，闻一多为了不让二老伤心，决定服从家里的安排，寒假就回老家完婚，但是提出了几个条件：不拜天地、不磕头、不闹洞房。闻一多的父母也并非封建顽固之人，当即就同意他的要求，接着家里开始置办婚礼要用的物品，装修新房，到处张灯结彩，喜气洋洋的，好不热闹！

到了大婚这天，闻一多一大早又钻到书房看书，既不换新郎衣服，也不梳洗。家里人又拖又拽地才把他拉出来，理发、刮面、换装，一切收拾停当，接新娘的轿子已经到了家门口，在众人的簇拥下，新郎、新娘在堂前行了鞠躬礼,完成了结婚的仪式。这种以鞠躬代替跪拜的婚礼形式在浠水可是头一次,这次改革,也造福了后来结婚的人。自此之后,闻一多的其他兄弟结婚时皆采取这种方式。好容易熬到宾客散尽,夜幕降临,小两口总算可以喘口气了,可是闻一多的父母还是不太放心,悄悄叮嘱儿媳妇趴到新房窗户底下听听动静,殊不知,小两口说说笑笑的,已经熟络了。原来,闻一多在鞠躬的时候,看到新娘子的一双大脚,就知道了原来对方家庭也是开明、接受新思潮的人家,对婚姻的抵触又少了一些。

新人结婚,在闻家那样的大家族里,免不了要有人登门道贺,即使是蜜月期间,家里的客人也是络绎不绝,闻一多很反感这种应酬,干脆在新房里看起书来。当时闻一多也有自己的考虑,他一直想写一篇关于中国古代诗学的文章,自己即将留洋,出国之后查找资料肯定不如国内方便,如果不趁现在寒假在家的时间抓紧写作,只怕很难在出国前完成。于是,便把新房当作书房,潜心做起自己的研究来了,高孝贞毕竟也是大户小姐出身,通情达理,看到闻一多忙于读书,便在边上帮忙整理,并不抱怨,对于前来道贺的客人也尽力接待着。就这样,蜜月期间,闻一多完成了《律诗的研究》长达两万多字的初稿。为了表示庆祝,闻一多还特意写了一首诗《蜜月著〈律诗的研究〉稿脱赋感》。

按照当地的风俗,结婚之后新娘要回娘家住一段时间,叫作回门,但高孝贞一直没能成行。1922年3月,闻一多要回清华处理学校的事情,就顺路先送妻子回娘家,再去北京。分别的时候,闻一多特地交代高孝贞,住一段时间之后就回浠水上学。原来,闻一多还跟父母提了一个要求,那就是一定要送高孝贞上学。闻一多怕他走后,妻子在娘家耽搁太久,上学的事情有变化,接连写信催促妻子,结果高孝贞非但没有回婆家,连信也不回了。闻一多本来就是奉父母之命才结婚,现在婚后的事情又没有朝自己期望的那样发展,顿时倍感抑郁,他曾在给弟弟闻家驷的信中说道:"大家庭之外,我现在又将有了一个小家庭。我一想起，我便为之切齿发指！我不肯结婚，逼迫我结婚，不肯养子，逼迫我养子……宋诗人林和靖以梅为妻，以鹤为子，我将以诗为妻，以画为子……家庭是一把铁链，捆着我的手，捆着我的脚，捆着我的喉咙，还捆着我的脑筋；我不把它摆脱了，撞碎了，我将永远没有自由，永远没有生命！"

  高孝贞当时一直拖着不回浠水也有自己的苦衷。据闻立雕在《红烛：我的父亲闻一多》中描述，之所以没有按时回去，"客观上，军阀混战连年不断，交通时时受阻，路上很不安全。主观上，则是受不了浠水闻家各种清规戒律的束缚。母亲自小在开放、比较自由的外公家长大，又是外公外婆的掌上明珠，唯一的千金，怎能过得惯那种天天受约束的日子！加之新过门，上上下下人都不熟，父亲又不在，连个说话的人也没有。所以，她实在是打心眼里不想回去。这些情况父亲当时并不知道，所以，说实话，父亲发脾气也有些冤枉了母亲。"[1]

  又过了一段时间，高孝贞终于回到了浠水。在闻一多的强烈要求下，高孝贞被送入武昌女子职业学校读书，在学校接受了新知识、新思想，之后受到闻一多的熏陶和感染，逐渐从闻一多生活上的伴侣变成事业上的支持者。虽然他们是父母包办婚姻，却在日后伉俪情深，甜蜜恩爱。可以说闻一多对婚姻最开始的抗拒，随着时间的推移早已烟消云散。

二、负笈美国

  1922年7月16日，闻一多在上海登上了无比豪华的"Key Stone State"号轮船，开始了远赴美国的留学之旅。登船之前，闻一多对船上的生活充满了期待，脑海中想象的是一幅"八仙过海"的浪漫画面，但是现实的情形却让他大失所望，无聊的人们大多通过打麻将或者扑克来

---

[1] 引自《红烛：我的父亲闻一多》，第25页，闻立雕著，新华出版社，2009年版。

消磨时间，导致船上处处充斥着聒噪的搓牌声，不好此道的闻一多自然觉得无比烦躁和厌恶。好在轮船为了招揽清华每年一批留美学生的生意，对他们还算殷勤客气。

轮船在经过日本时停留了几日，闻一多随大家一起下船参观，可是连日的郁闷心情让他即使面对着"神户布引瀑布"壮观的美景也提不起兴致来。但是日本别致的建筑，精美的服饰，怡人的自然风光，踏在陆地上的平稳，却让他倍感踏实和舒心。恰巧那几日正值和平博览会举办期间，闻一多自然要去观赏美术展览，可惜时间仓促，未能仔细观看。本想着第二日再来，却被向导带至他处参观西洋式的商店，闻一多向来不喜欢太过物质化的东西，自然不感兴趣。这也成为闻一多一直以来的遗憾，当时的他自然也不会想到，这个岛国几年之后给中国带来那么大的灾难。

出国留学前的闻一多

在日本的这几日，闻一多结识了一位志同道合的朋友井上思外雄。井上思外雄是帝国大学二年级学生，学习英国文学，他与闻一多有很多共同的爱好，都非常喜欢诗歌。他还向闻一多要了几首诗，说要翻译成日文，发表在杂志上。为了能有更多的时间与这位远道而来的朋友交谈，井上思外雄还登上闻一多的轮船，直到船要起航了，才依依不舍地离去。

听着船外的海浪声，闻一多又恢复了寂寞的旅行生活。初次旅行的失落感涌上心头，闻一多觉得自己就像是迷失的大雁，孤单而落寞。

不幸的失群的孤客！
谁教你抛弃了旧侣，
拆散了阵字，
流落到这水国的绝塞，
拼着寸磔的愁肠，

泣诉那无边的酸楚？[1]

这年的8月1日，轮船抵达美国西雅图。例行检查之后，有人提出要合影留念，于是29位同学一起拍了张照片之后便各奔东西了。闻一多跟随南下旧金山的同伴，离开了西雅图，一路上茂密的松树林，随着山势绵延起伏，幽静的小溪掩映其中，非常静谧优雅。到达落基山之后，电车沿着山路盘旋而上，傍晚时的夕阳洒在山上，美不胜收。下了落基山之后，又变成平原的景色，满眼的绿草，黄花点缀其中。一路走来，美国的广阔与活力给闻一多留下深刻的印象。7日，闻一多终于抵达芝加哥，开始他的求学生活。

虽然当时的芝加哥是美国第二大城市，交通发达，工业化程度非常高，但是闻一多并不是很喜欢这个城市。芝加哥到处林立着冒着黑烟的工厂烟囱，给人一种压抑的感觉，闻一多要读的芝加哥美术学院就在密歇根大街上，学校的房屋都被工厂排出的烟气熏成了黑色，闻一多仅去学校报到了一趟，衣服领子都变黑了，可见城市的空气污染有多严重。

闻一多在美国芝加哥美术学院

留学在外的日子并不像外表看起来那么光鲜，离家的乡愁，初到国外的陌生感，孤独而无助。虽然离开学还有一个多月的时间，但是闻一多并不出去游玩，每天都把自己关在寓所里研究从国内带来的古典文学作品。虽然他来美国之前就已定下学习美术专业，但是好像并未想好以后以美术为职业的规划，反而对文学还是一如既往地兴趣浓厚，觉得自己来学美术也不过是为了更好地研究文学做铺垫而已。

---

[1] 引自《红烛·死水》，第93页，闻一多著，万卷出版公司，2015年版。

就这样，日子到了9月25日，芝加哥美术学院开学了。这届留学生有十几个人，比往年多，加上学院在美国颇有盛名，新生也尤其多，所以开学的时候甚是热闹。清华大学的学历在整个美国都是承认的，留学生到了美国之后，一般的专业可以直接进入大学的二年级或者三年级开始读，唯有美术专业例外，必须从一年级开始上。所以闻一多进入芝加哥美术学院的时候，只能进入一年级开始上课，好在他对这些都不是很在乎，更在意的是课程的内容，能学到多少有用的知识。

闻一多不愿意独处，与刘聪强、钱宗堡一起住在离学校有40公里远的芝加哥大学附近，每天需要赶火车去上课。第一学期一共开了7门课程，基本都是比较基础的课程，因为学起来比较得心应手，仅开学两个星期的时间，闻一多的成绩便在班里名列前茅，还经常受到老师的称赞。闻一多对此非常开心，还写信给家里聊起过此事，这也大大增加了他学习美术的信心。两个月后，七门功课中有六门都得了"超等"，到了寒假前夕，就已经是清一色的"超等"了。当时美国的评分制度，"超等"是最高的一等。清一色的"超等"，代表着他的功课全部都拿到了最高分，获得了最高的成绩。闻一多还被学校称为全年级成绩最优秀者之一，获得了最优等名誉奖。

课余时间，闻一多经常去芝加哥美术馆参观，有时也会去电影院和公司。刚到芝加哥的时候，闻一多对美国电影非常排斥，因为在清华大学时，同学放映的美国电影大多是诲淫诲盗的类型，给他留下了不好的印象。来到美国之后，同学经常会邀请他一同去看电影。想着一来可以了解美国文化，更好地融入，二来还能练习口语，盛情难却之下，他便去了。看完电影之后，他对美国电影产生了非常好的印象，认为美国电影艺术水平很高，美国人具有很高的审美能力。从此，他便喜欢上了美国电影，但他更喜欢的是芝加哥的公园。公园里碧绿的草地、生趣盎然的异国情调，与城市里车马喧嚣的花花世界形成了鲜明的对比，充满了诗意。深秋的杰克逊公园景色宜人，熊掌大的橡叶铺满草地，松鼠在上面翻来翻去寻找橡子，有时候还会爬到人的身上，四处张望，甚是可爱。这种与国内迥然不同的环境，让闻一多感觉特别舒心，他经常邀同住的朋友一起到公园或散步或躺在草地上念书，这成了他在美国读诗、写诗的最理想的地方。

异国的生活虽然寂寞，但是若能结交一些志趣相投的朋友也不失为一大乐事。闻一多是幸运的，他赴美之时正值美国新诗运动的巅峰时期，芝加哥的文艺复兴运动生机勃勃，一大批著名的新诗诗人如德莱赛、安德森、桑德堡等在诗坛大放异彩。这种客观环境，对于身在美术专业、心却念念不忘文学的闻一多来说，简直是如鱼得水。芝加哥的文艺复兴运动，对闻一多诗歌的诗风和创作影响非常深刻。

在闻一多抵达美国两个月的时候，一个偶然的机会，他认识了浦西夫人。不过两人并非因诗而是通过中国的文物结缘。浦西夫人对中国艺术非常感兴趣，家里收藏有一些中国古代的画卷和瓷器，因为想鉴别它们的年代，她便邀请了闻一多。浦西夫人虽然对诗的兴趣不大，但仍然与当时的美国文学界名流保持着联系。她从交谈中得知，闻一多对新诗兴趣浓厚，当即写下两封介绍信给当时美国新诗坛最著名的两位诗人：卡尔·桑德堡和蒙罗。

桑德堡所作的自由体诗歌《烟与钢》，对勤劳的工人进行了热情的歌颂，受到了下层劳动人民的热爱。蒙罗则主编当时美国诗坛最具声望、最具权威的杂志《诗》。能够与他们相识，对于闻一多来说真是天赐的机遇。那段时间闻一多创作的诗歌，大多受到他们二人的影响。

通过浦西夫人的引荐，闻一多开始活跃于美国诗坛的社交界。1922年的一次聚会中，闻一多结识了著名女诗人海德夫人，她曾经出任杂志《诗》的编辑，自己出版过两部诗集，对中国文化也很有兴趣。对于酷爱新诗的闻一多来说，能够得到海德夫人的指点，是件多么令人兴奋的事情啊！闻一多挑选了几首自己创作的新诗，这些诗歌受桑德堡等人的影响很大，思想深奥，海德夫人仔细品读之后，觉得这几首诗各具特色，都很不错，准备推荐给蒙罗先生，发表在《诗》上。闻一多惊喜万分，也备受鼓励。之后他更加努力去学习新诗，通过接触大量的美国新诗作品，闻一多不仅开阔了眼界，也加深了对西方文学的理解。

另一位与闻一多结交甚好的便是温特先生了，他是芝加哥大学法文副教授，年轻时曾经写过不少的浪漫主义诗歌，后来也翻译过不少诗文。当他得知闻一多也喜欢诗歌时，就想让闻一多翻译一些中国的古诗，一来二去，两人便熟悉起来。两人只要在一起，便有说不完的话题，经常谈到深夜。以至于闻一多去隔壁房间拿个外套，出了门站在门槛边上、走在楼梯间时，两人都能接着聊个不停，很多时候都是闻一多实在困得受不了了，两人才分手告别。

温特是一个对中国文化痴迷的美国人，闻一多叫他"中国热"。他有一个中国大铁盘，爱不释手，每当晚上睡不着的时候，便抱着它在床边敲打。温特虽然没学过画，却画了一幅老子画像挂在家里，闻一多第一次去他家的时候，便被他拉着去猜，闻一多一下就猜出来了。闻一多从来没有见过对中国文化如此痴迷的美国人。

温特虽然有欧洲血统，却没有民族歧视，相反他很同情黑人的遭遇，为此还跟学校闹过矛盾。他一直觉得美国待不下去了，想去中国。闻一多知道他的想法后，与同是清华毕业、正在芝加哥读法文的张景钺一起写信给当时的清华校长曹云祥，但是没有成功。后来，闻一多离开芝加哥的时候，温特终于去了中国，先是在东南大学任职，1925年转到清华大学。待闻一多回国后，两人仍一直保持着联系。

在芝加哥的这一年，闻一多得益于同道中人的关照，在新诗创作和评论方面取得了阶段性的收获和成就。1923年9月，闻一多的诗集《红烛》在好友梁实秋的帮助下，经过郭沫若的引荐，在上海泰东图书局出版。除了创作新诗和整理编纂诗集外，闻一多对郭沫若的诗集《女神》也非常关注，并且花费了一定的时间和精力加以研究、评论。《女神》出版于1921年，闻一多看到之后很受启发，也产生了一些自己的想法，便开始收集资料，准备着手写评论文章，但是因为时间问题一直未能动笔，直到去了美国之后才有时间写出来，题目定为"《女神》之时代精神和地方色彩"，发表时被《创作周报》分成了两篇文章：《〈女神〉之时代精神》《〈女神〉之地方色彩》。闻一多在文章中肯定了诗集在体现时代精神方面表现充分，但是也存在地方色彩缺失的问题，同时强调了作新诗时，不仅要想着我是中国人，我要作新诗，更主要的要作中西艺术结合后的新诗。

取得诸多成就的同时，闻一多也遭遇到了一些不公平的待遇。1923年6月，闻一多在芝加哥美术学院的第一学年结束了，因为各门课程成绩优秀，他获得了最优等名誉奖，这是学校的一种很高的荣誉，按照当时的惯例，获得最优等名誉奖的学生有被资助送到欧洲留学的机会，学校之前也曾有送学生到罗马、巴黎深造的先例。闻一多一直想开阔眼界，能去欧洲深造当然是好事了，既然现在有这个机会，何乐而不为呢？但是当他向学校咨询留学的事情时，却得到了这个惯例只对美国人适用的回答，闻一多十分气愤。如此明显的歧视，深深地刺激了闻一多那根爱国的神经。作为学校成绩最好的学生，他用努力和成绩证明自己，却得到了如此不公平的待遇，虽然现实无法改变，却在他心里留下很深的阴影。

1923年秋天，又到了开学的日子。这一年，闻一多在清华的好友梁实秋、顾毓琇也来到美国开始了留学生活。对于学校的选择，闻一多一开始建议梁实秋也来芝加哥，以便好友相聚。谁知阴差阳错，最后梁实秋选择了科罗拉多州的科罗拉多大学。梁实秋来到学校，看到这个城市景色秀丽，风景宜人，冬日里还可以泡温泉，便写信给闻一多，还找来12张风景照片一起寄了过去，想调侃一下闻一多一年来的郁闷生活。不曾想，闻一多看到这几张照片之后，深深地被科罗拉多的自然风光所吸引，简单收拾了一下行李，开过转学介绍信便坐着火车直奔科罗拉多去了。要知道，科罗拉多州距离芝加哥有一日多的火车路程，闻一多并没有事先跟梁实秋打招呼，当他拎着小皮箱出现在门前时，梁实秋着实吃了一惊。

科罗拉多大学在珂泉县。珂泉县以温泉而得名，靠近沙漠，所以气候凉爽舒适，山清水秀，跟芝加哥的城市环境截然不同，尤其是巍峨挺拔的派克峰，从科罗拉多大学远远望去，与北京西山十分相像。这里的居民还保持着淳朴的民风，每每在大街上看到中国的留学生，都会主动热情地打招呼，让人倍感亲切。闻一多感觉自己来科罗拉多的决定虽然仓促，却是正确的，更何况这里还有好友相伴。

新学期开学之后，梁实秋学的是英文专业，而闻一多则进入艺术系。最初的时候，他和梁实秋一起租住在一个印刷工人家里，房租包含伙食费用，两人形影不离，白天一起上课，晚上回到住处，仅吃饭时才与房东见面，因为没有多少共同话题，加上房东经常邀请朋友聚会，直到半夜还欢笑歌舞不断，没住多久，两个人便商量着搬到了学校的宿舍。这样一来，节省了不少开支，但是吃饭问题就需要自己解决了。有时候懒得折腾，两人吃几片面包，喝杯咖啡，便是一顿饭了，但是时间一长总是会想念家乡的味道，他们便张罗着买了火炉子，烧开水，沏一壶茶，煮几个鸡蛋，甚至还学着做点白菜炒肉丝、炒鸡蛋之类的中国菜，兴致好的时候，两人还包过水饺，不管口感怎么样，也算是家乡的菜系，又是自己亲手做的，自然吃得非常开心。开心的生活中也会有一些小意外。有一次，闻一多不小心打翻了火炉，差点烧着了窗帘，慌忙整理中不慎烧焦了眉毛和头发，惹得两人哈哈大笑。

在科罗拉多这一年，闻一多的绘画水平有了很大提升。在芝加哥美术学院时，闻一多便接触了西方绘画各派的风格，尤其对印象派和野兽派非常欣赏，因为偏爱丰富的色彩，来到珂泉之后，他便从素描开始转向钻研油画。

在学校，闻一多学习油画非常刻苦，成绩自然不错。系里负责工作的是两位60多岁的利明斯老姐妹，她们认为闻一多是非常有希望的学生，特别赏识他的才华，甚至觉得闻一多自身就是艺术品，给予他很高的评价。两人还很热心，张罗着邀请闻一多和梁实秋一起到家里吃饭，但不善烹饪，搞得满屋子都是油烟，也未做出什么丰盛的大餐。两姐妹还开着女式汽车，带他们一起游玩仙园，欣赏美国版的"石林"。

能够得到老师的认可和赞许，闻一多自然十分开心，学习绘画的劲头十足。纽约每年都会举办一次画展，选择标准也以严格著称。利明斯姐妹认为闻一多如果参加的话，肯定能够得奖，便鼓励他参展。闻一多也觉得不妨一试，于是便开始着手创作。他画起画来，聚精会神，如痴如醉，常常忘记吃饭和睡觉，画衣上不仅东一块西一块搞得满是油彩，还兼具了抹布、毛巾、雨衣的功能。由于太久没有理发，头发太长，只能披在脑后，虽然邋遢，却也充满了十足的艺术家韵味。这两个月的时间里，他把自己反锁在房间内，以防别人打扰，有时候梁实秋喊他吃饭，敲了半天门都没有回应，梁实秋只好从锁眼里观察他的动静，原来他正在全神贯注地作画呢，便没有再去惊扰，结果他饿了一顿自己也没有感觉。功夫不负有心人，他最终赶出了二十幅满意的作品，装裱之后用木箱寄往纽约，可是最后却只有一幅画获得了提名，得了一个金星。这对学习绘画热情正高的闻一多来说，是个不小的打击，也注定了日后他放弃学美术的选择。

除了学习美术外，闻一多对英美诗也有一些研究。闻一多跟随梁实秋选修了"丁尼生与伯朗宁""现代英美诗"两门课程。教这两门课的老师是迪勒副教授，虽然他本人名不见经传，但是对诗歌却很有学识，闻一多从他那里受到很多启发。丁尼克的细腻、霍斯曼的简练、吉伯林的激昂，都多多少少影响了闻一多的创作风格，后来的诗歌《死水》更是兼具了各家的特点。

在珂泉的生活虽然多了不少欢愉，但歧视的情况仍然存在。曾有一位美国学生写了一首诗，以埃及神话中的狮身人面像暗喻中国人的脸。闻一多挺身而出，当即写下一首诗作为回击，诗中赞颂了中国悠久的历史和深远的文化,艺术性很高,以绝对的优势压倒了那首挑衅诗。通过这件事,闻一多不仅反击了美国学生的挑衅,还在全校师生面前展示了自己的诗歌才华。

在科罗拉多大学,数学是必修课,如果考试不合格,便无法获得毕业文凭。闻一多向来不肯在自己不喜欢的科目上浪费时间,反正他也不在乎文凭这些外在的东西,没有通过考试便没有拿到学位证书。梁实秋虽然也不喜欢数学,但坚持通过了考试,顺利拿到了毕业证书。学校的毕业典礼本应该是一男一女并排去讲台领取毕业证书,可是等到上台时,没有一个美国女生愿意和中国留学生站在一排,但是仪式又不能改变,最后学校只能让中国的男生自己排成两行走在队伍的最前面,闻一多虽然没有毕业,却参加了这次毕业典礼,看着台上并成两排的同胞,听着身边的同学交头接耳、窃窃私语,他感到非常愤慨,这种充满民族歧视的环境实在是不能再待了!

从珂泉毕业之后,梁实秋准备去哈佛大学研究院继续攻读硕士学位,而闻一多则选择了纽约艺术学院。两人先到了芝加哥,在这里他们遇到了同是清华毕业的校友。其实这次聚会是有计划的,早在刚到美国的时候,中国的留学生就认识到了国家积贫积弱就会处处受欺负,想要国家强盛必须改革才能行得通。因此,近三年来毕业的清华留学生相约在芝加哥,共同商讨成立"大江会"的相关事宜。参加这次会议的学生,除了闻一多、梁实秋,还有罗隆基、潘光旦、顾毓琇等人。为了倡导国家主义,会议最终决定成立"大江会",同时还起草了《大江宣言》。虽然宣言以反对列强侵略,实行改造运动,促进中国政治、经济和文化的发展为中心思想,但却明确声明不赞成阶级斗争,有着一定的局限性。

闻一多的思想转变便是从加入"大江会"开始的。一直以来,他希望能通过美术改变国人的精神和思想,以此来改变民族的命运,但从不参与政治活动。而这次却与往常截然不同,他不仅在思想层面上认识到政治改良才是挽救国家命运的有效途径，还从行动上付诸实施，极力宣扬国家主义为革命的基础，所以，这是闻一多政治思想上的一次重大转变。然而，闻一多毕竟是爱好文艺之人，视继承和发扬中华民族的文化传统为己任，终究免不了在实际行动中选择侧重于文化路线的国家主义。

芝加哥会议结束之后，梁实秋便去了哈佛大学，闻一多则来到纽约艺术学院，住在万国公寓，这是位于江滨大道的一栋十几层大楼，由煤油大王洛克菲勒出资捐助建成，内部设施完备，因为多是各个国家的留学生聚集在这里，所以被称为"万国公寓"。就这样，闻一多开始了美国留学第三年的生活。此时的闻一多对于未来的人生方向并不是十分明确，本来应该继续深造美术专业，可是来美国之后的所见所闻，加上参加纽约画展的失落感，已经让他逐渐丧失了对美术的热情。当时同住在万国公寓的还有余上沅、熊佛西、张嘉铸、赵太侔等人，他们都是热爱新剧之人，闻一多与他们结识后，又重新点燃了创作戏剧的热情。

余上沅与闻一多同是湖北人，比闻一多大两岁，在国内的时候已经在清华大学任职。与闻一多他们不同，余上沅是通过半自费的形式来到美国留学，先是在匹斯堡卡内基大学学习戏剧，后来又转到哥伦比亚大学。熊佛西毕业于燕京大学，曾任《戏剧》杂志的编辑，这个时候刚来到哥伦比亚大学学习戏剧与文学。张嘉铸出身名望之家，在清华读了两年书之后，通过自费的方式来到美国学习美术批评，闻一多对他评价很高，说他"文学美术鉴赏力甚高，孜孜好学，思想亦超凡俗"，觉得能够与他做朋友非常幸运。赵太侔是山东人，来美之前在北京大学读书，曾经编辑过《新潮》，是无政府主义者，已经在美国待了几年，当时正就读于戏剧专业。

闻一多对戏剧也有着浓厚的兴趣，早在清华大学的时候，他就曾创作、出演过话剧《革命军》，后来又参与创作及演出多部话剧，如《蓬莱会》《打城隍》等，在清华校园里产生了很大的反响。现在有接触西方戏剧艺术的机会,闻一多自然是热情高涨,很快便把生活的重心转移到了戏剧上来,至于学校的课程,则是一个星期接着一个星期的缺席,画笔丢在一边自不必说,就连作诗的时间也挤不出来了。

  几个喜爱戏剧的人聚在一起,决定推出洪深编写的《牛郎织女》,经过一段时间的排练,演出得到了观众的认可,也增加了他们坚持下去的信心。于是他们开始筹备着另一场演出《杨贵妃》(又名《长恨绵绵》),学习美术出身的闻一多,负责演出时的布景、演员服装等工作。因为工作量很大,那段时间他忙得不可开交,布景的图案全要靠他一个人一笔一笔地画,然后再用手工缝制,他从白天画到黑夜,从台前忙到幕后。他们也曾请来外援帮忙,当时邀请的是中国英美烟草公司画广告的中国人,没曾想此人态度傲慢之极,说自己的画一笔都不许改动,闻一多实在无法忍受,便辞退了他,结果任务便落在了闻一多一个人身上。忙碌的工作把时间全部都占用了,他甚至连理发的时间都挤不出来,只好留着长长的头发,颇具艺术家的模样。大家常常为了一句台词、一个动作的修改而争论不休,直到面红耳赤之时,有人喊道"天气不错""开窗子"时,才肯罢休。

  辛苦的付出总是能够得到相应的回报。1924年12月,经过精心策划的英文古装剧《杨贵妃》在纽约举行公演,演出大获成功,受到许多华侨和美国人士的交口称赞,当地报刊更是不吝溢美之词,给予这部戏剧很高的评价。演出中尤其值得称赞的是,闻一多精心绘制的布景、舞台服装在灯光的照耀下,尽显富丽堂皇之感。

  《杨贵妃》的成功演出在纽约和美国其他地区产生了很大的影响。消息很快便传到了波士顿,在波士顿的梁实秋和其他同学跃跃欲试,顾毓琇开始着手编写戏剧《琵琶记》,梁实秋负责翻译成英文,剧本确定之后,他们便开始着手排练。至于布景和服装,自然要求助于闻一多,由于当时他忙于他事,脱不开身,只好由余上沅、赵太侔出马。但闻一多一忙完手头的事情,便赶往波士顿,好在赶上了3月份的公演,还亲手为冰心化了妆。这场公演在美术剧院举行,前来观看的有上千人,演出自然受到了观众们的认可,在波士顿当地反响巨大。

《杨贵妃》和《琵琶记》两场演出,第一次用英文的形式把中国的传统文化展示在美国人民面前,这一切要归功于闻一多和余上沅、赵太侔、张嘉铸、熊佛西等人的共同努力,他们用实际行动,在传播民族文化方面贡献了自己的力量。

演出结束的第二天,闻一多和朋友们一起去看望冰心,之所以这么做,主要是为了劝说冰心加入"大江会"。闻一多对"大江会"的热情是所有成员中最高的,他一直在用诗人的身份践行国家主义。戏剧在美国演出的成功,让他和其他同学开始构想国剧运动的计划,他们想通过创办刊物、开办"北京艺术剧院"、创建演员培训学校、戏剧博物馆等方式在国内推行新式的戏剧改革。在选择改革阵地时,他们不约而同地选定了新文化运动的发源地——北京大学,随即余上沅便写信给胡适,希望他能在北大成立戏剧研究会。当时的胡适可能在忙于参加段祺瑞政府举行的全国善后会议,无心留意此事,所以闻一多等人始终未得到回信。

在等待回复的这段时间,闻一多最敬仰的革命领袖——孙中山先生病逝了。这个消息对闻一多刺激很大,他一直很佩服孙中山的革命精神,之前在珂泉时,就曾有人传言孙中山病逝,闻一多听到之后,激动地涨红着脸,拉着梁实秋反复追问:"这个人如何可以死?这个人如何可以死?"还特地发电报到纽约核实消息,知道是误传时,才放下心来。遗憾的是,这次消息确凿:1925年3月12日,孙中山在北京逝世。22日在纽约的华侨召开孙中山追悼会,会场设置在"万国公寓"正厅,孙中山的遗像是闻一多特地赶绘的,这也是他最喜爱的绘画之一,还拍成照片留念。

戏剧的演出虽然很成功,但是国剧运动的推行还有很长的路要走。寄希望于胡适无疾而终,敬仰之人又突然离世,接连的打击并未打消闻一多践行国家主义的念头,反而让他更加坚定自己的选择,经过一番踟蹰之后,他做出了一个惊人的决定——回国! 虽然未来的道路并不明朗,但他还是要回到祖国的怀抱,因为他知道,祖国需要他!

第三节 执教名校扬美名

一、初登杏坛

根据学校的规定,从清华毕业赴美留学的学生,可以在美国学习5年的时间。但是闻一多一心想着国家主义的事业,决心在祖国推行国剧运动,加上他已无心继续攻读美术专业,便提前离开美国了。1925年5月14日,闻一多与余上沅、赵太侔三人登上游轮,踏上了回国的旅程。熊佛西和张嘉铸并没有同行,两个人一个继续留在纽约,另一个则做了"赴欧考察专使"。闻一多一行满怀激情,商议着回到中国以后如何有计划地推行国剧运动,他们知道首先需要解决的便是经费问题,为了节省开支,这次船票只买了三等舱,这样每人可以省下100美元,足够维持国内三个月的生活了。

6月1日,海轮抵达上海,他们终于回到了日夜思念的祖国。激动而又兴奋的他们没有想到,迎接他们的却是帝国主义制造的流血事件——"五卅惨案"。在国外因为种族歧视,中国留学生就遭遇到了种种不公平待遇:考试得了最优却不能去欧洲深造,毕业典礼时没有美国女生愿意与中国男留学生并排站在一起,甚至去理发也被拒之门外。现在回到自己的国家,帝国主义侵略者却在肆意残害中国人民,残酷的现实给了他们火热的心沉重一击。

当时闻一多的朋友洪深也在上海，知道他要去北京的想法后，就告诉他北京的政治形势十分复杂，也不安全，劝他还是留在上海跟自己一起搞戏剧，但闻一多认为北京的文化氛围更浓，执意要去。在去北京之前，闻一多决定先回家一趟，从上海逆流而上，看着长江两岸的秀美景色，闻一多倍感亲切，便作了一首新诗《回来了》表达当时的心情：

　　这真是说不出的悲喜交集——
　　滚滚的江涛向我迎来，
　　然后这里是青山，那里是绿水……
　　我又投入了祖国的慈怀！
　　你莫告诉我这里是遍体疮痍，
　　你没听见麦浪翻得沙沙响？
　　这才是我的家乡我的祖国：
　　打盹的雀儿钉在牛背上。
　　祖国呀！今天我分外的爱你……
　　风呀你莫吹，浪呀你莫涌，
　　让我镇定一会儿，镇定一会儿；
　　我的心儿他如此的怔忡！

闻一多回到家中，第一次见到了自己的女儿立瑛。这个时候的立瑛已经两岁多了，看着眼前这个陌生的男人，她既好奇又有些畏惧。女儿出生时，闻一多远在美国，父亲因为嫌弃是个女孩迟迟没有告诉他。现在看到可爱的女儿，自然是十分喜欢，又是教她背诗，又是给她洗手的，不多久父女俩就熟络起来，听着女儿的欢声笑语，闻一多体会到一种从未有过的感觉，暖暖的幸福感油然而生，在天伦之乐面前，在美国的诸多烦恼抑郁早已烟消云散。

受"五卅运动"的影响，这个时候的上海已经发展至全民大罢工，很快反帝国主义的运动便蔓延全国，各地纷纷响应，游行、罢工的斗争浪潮此起彼伏。闻一多深知"国家兴亡，匹夫有责"，在家仅待了半个月，便匆匆赶往北京，与余上沅、赵太侔两人会合。一到北京，三人便开始张罗建立艺术剧院的事情，他们先是把拟订好的《北京艺术剧院大纲》送到《晨报》副刊发表，接着便四处奔走，寻求经费资助。

当时北京有个新月社，成员大多是高级知识分子，对戏剧有一定的热情，其中最活跃的便是徐志摩。闻一多便想到寻求新月社的帮助，为此还在徐志摩的引荐下加入了新月社。但是由于新月社主要以理论探讨为主，并不能为剧院的创立提供资金上的援助，所以，闻一多这次拉赞助的计划算是以失败而告终，但是也不能说是没有收获，在徐志摩的介绍下，闻一多找到了回国之后的第一份工作。

就在闻一多他们四处寻求经费支持无果的时候，因为学潮停办了半年之久的北京美术专门学校决定重新开始招生，并更名为艺术专门学校。闻一多在徐志摩的推荐下，被任命为教务处处长兼任油画系主任，余上沅、赵太侔都被安排在戏剧系。建立艺术剧院的梦想虽然实现不了，但是如果能在学校为中国的文化事业做出点贡献也不失为一桩好事。

于是，从9月初开始，闻一多便紧张而又有序地忙碌着艺专的筹备工作，他不仅要负责起草大纲、确定预算，还要管理戏剧系的招生工作。11月16日，艺术专门学校终于开课了，闻一多对戏剧系的工作投入了极大的热情和精力，除了做好平时的教学工作，他还注重戏剧人才的培养，为将来创建剧院做准备。但是动荡的政局并没有给他实现计划的机会。军阀混战下，政权的交替是再自然不过的事情，政府人员的变更必然导致学校的混乱，教育部决定委派新的人员担任校长。对于新校长的问题，学校分为几派，有的希望维持现状，有的则欢迎新校长的到来。闻一多则主张蔡元培做校长，还联合其他职员一起去教育部请愿，要求教育独立，反对政界干涉学校的事情，结果一回来便听到传言，说他想做校长。性子直爽的闻一多本来就不擅长行政工作，更不屑于周旋在这些庸俗小人中间，整日忙于校务已经令他没有精力创作新诗，现在自己刚想好好为戏剧做点事情，却身陷谣言的泥潭中，沮丧之余，他毅然辞去了艺术专门学校教务处长的职务。

　　1926年年初，闻一多从老家浠水把妻女接到了北京，租住在西京畿道34号。那是座旗人的四合院，院子虽然不是很大，却栽种着两棵枣树，很有北方的风味。这是他第一次搬出来自立门户，过自己的小家生活。为了营造温馨的气氛，闻一多可是花费了不少心思。他寻遍店铺，才辛苦找到一种黑色无光纸，他把房间的屋顶和四壁全部都用黑纸贴满，然后在壁楣上画上金圈，在金圈中亲手画上汉代石刻浮雕一类的图案，整个房间看起来犹如一个脚踝上套有细金环的裸体黑女郎。自搬来北京之后，闻一多与高孝贞的感情也逐渐亲密起来，从结婚以来两人便聚少离多，现在终于可以聚在一起，再加上女儿立瑛伶俐可爱，为夫妻俩的生活增添了不少乐趣。闻一多在外奔波一天，回到家中，充满家乡风味的可口饭菜已经做好放在桌上；休息时，教教妻子读书，听听女儿背唐诗，日子过得甜蜜舒心。

　　闻一多这处装饰得别出心裁的新家很快也成了那些诗人朋友们的聚集地。他的那些朋友大多还没成家，来得最频繁的有徐志摩、朱湘、刘梦苇、杨子惠、朱大楠等人，他们都是新诗爱好者，大家聚在这里谈诗、切磋、讨论、交流，或朗诵他人的诗歌，或朗诵自己的，通过朗诵，逐渐悟出了一些关于格律的门道，形成了注重格律的作诗风格。当时新诗的发展已经进入一个与之前完全不同的阶段，早期创作新诗的人大多已离开诗坛，从事其他行业的工作，如今活跃在新诗诗坛的都是一些接受过西方文化影响的新秀，他们有着自己的新诗风格，尤其对修辞特别讲究，注重对一字一句的推敲，在诗歌的韵律上最为严格，这些新诗人后来被称为"格律派"。

　　"格律派"之所以能够在中国新诗发展过程中占据一席地位，《晨报》的副刊《诗镌》可以说是功不可没。《晨报》在当时的社会影响很大，在学术界也颇具影响力，它的副刊与《京报》《时事新报》的副刊被称为国内三大副刊。"格律派"诗人一直想创办属于自己的刊物，但是经费有限,加上登记手续繁杂,政府当局也不支持,一时很难实现。于是,有人想出一个折中的办法,找一个报纸的副刊作为他们发表诗作和评论新诗的阵地,可以省却许多周折。徐志摩当时正好在《晨报》负责编辑工作,闻一多、蹇先艾与他相熟,便找他商议此事,没想到徐志摩当场就答应了,他还邀请闻一多他们参与编辑工作,经过众人的商议,确定《诗镌》每周出刊一次,各人轮流负责编辑,由徐志摩先编辑一、二期,闻一多编辑三、四期。刊头是由闻一多设计的,画中的一匹飞马伸展着翅膀,后蹄蹬月,前蹄扬起,正欲腾空翱翔,寓意中国的新诗犹如这飞马一般,必将蓬勃发展、欣欣向荣。

1926年4月1日是《诗镌》创刊的日子。创办《诗镌》的目的本就是为了倡导新诗的格律,因此,副刊上发表的大多是讲究格律的新诗和评论、研究新诗格律的文章。创作的新诗中,以闻一多的《死水》《春光》和朱湘的《采莲》成就最高。文章则如闻一多的《诗的格律》、饶孟侃的《新诗与音节》等,从诗歌理论入手,对诗歌应该讲究格律、如何才能做好格律化等问题进行研究和讨论。闻一多作为《诗镌》的中坚力量,编辑刊物时,态度严谨,非常认真,经常会为了一个字、一句话而与作者反复推敲,力求最好。他对年轻诗人尤其关注,鼓励他们要敢于创作,遇到好的作品更是由衷赞叹,周围的人多多少少都受到过他的影响。他的《诗的格律》一文发表在《诗镌》第七号,他把诗的格律比喻成人身上的镣铐,认为真正的诗人应该戴着镣铐跳舞,非但不觉得镣铐是一种束缚,戴着镣铐反而能跳得更好。不会作诗的人才把格律当作束缚,会作诗的人却能把格律当成表现的利器。

《诗镌》前后一共出了11期,6月11日便停刊了,虽然只有短短70多天,却有不小的影响。受《诗镌》的倡导,那阵子的诗人创作开始注重格律,即使是之前作诗自由惯了的人,也开始讲究形式了。表面看来,倡导新诗格律的严谨,是自由体诗在发展过程中的倒退,其实不然,自由体诗经过几年的发展,人们已经慢慢发觉它存在单讲内容的缺点。 新诗的格律与旧体诗不同,它是由诗人根据诗的内容用精神创造出来的,是由人的思想来决定,而且形式多种多样。 新诗具有建筑美感、音乐美感和绘画美感,能够给人以视觉和听觉上的享受,已经成为新诗评论、审美的标准之一。

回国之后的闻一多,虽然接连遭受打击,满腔的热情无处释放,但是时刻没有忘记自己在美国加入"大江会"时的誓言,始终在为倡导国家主义积极努力。 闻一多回国之后的第二个月,《大江季刊》便创刊了,刊物以在国内宣传和实施国家主义为宗旨,宣扬国家政治的自由发展、国家经济的自由抉择、国家文化的自由演进。"大江会"所倡导的国家主义逐渐从文化方面向政治领域发展,闻一多与政治接触不多,反而在文化圈子特别是新诗领域有一定的辐射和影响力,所以从事得较多的还是文化的国家主义。

闻一多一直想与其他主张国家主义的社会团体加强联系,共同致力于民族振兴的大计。 1925年12月中旬,他和余上沅在报纸上看到醒狮社发表的关于成立国家主义团体联合会的通告时,误以为是推行国家主义的好时机,没有多想便跑到醒狮社负责人李璜的住处,要求代表"大江社"报名参加。

李璜曾经是"少年中国学会"的成员,在欧洲留学时便与共产主义小组的代表周恩来、邓小平等人处处作对,并联合其他成员建立"中国青年党"。"青年党"虽然也以国家主义为宗旨,但是由于受到资产阶级的影响,具有一定的反动性。 他们非但不反对帝国主义,还投靠军阀政权,不仅与共产党处处作对,而且反对苏联社会主义。 在国共合作时期,他们极力破坏合作,以达到反苏反共的目的。 李璜之所以回到国内建立醒狮社,组建"国家主义青年团",是为了与中共争夺进步青年,这次关于国家主义团体联合会的发起,便是其在国家主义的号召下进行的反苏反共活动之一。

由于闻一多长期待在国外,对国内形势认识不够深入,不清楚各个党派、社会团体的政治立场，对共产主义的研究不足，误以为只要是推行国家主义者便是同道中人，可以一起共商大计。此时正是第一次国共合作时期，苏联虽然影响着国内革命的发展形势，却始终不肯放弃在中国的特权，闻一多觉得这是打着"红色主义"的旗帜变相侵略。受这种思想的影响，加上《大江季刊》出版前几期的时候，李璜让醒狮社的成员帮忙售卖，闻一多非常信任他们，自然而然就与"青年党"走到了一起。12月13日，"国家主义各团体联合会筹备会"成立。20日，联合会正式成立，除了以闻一多、余上沅、罗隆基为代表的"大江会"和李璜、张杰民代表的醒狮社、大神州社外，国家主义青年团、国魂社等亦参与其中。

这个时候，郭松龄正联合冯玉祥代表的国民军与奉军张作霖激战，一路杀到了锦州，张作霖眼看就要失败。日本害怕自己在东三省的利益受损，便决定出兵阻拦，并攻占了营口。12月23日，郭松龄与奉军在巨流河决一死战，却被日军切断了与指挥部的联系，导致郭松龄夫妇战败身亡。而苏联则暗中支持郭松龄和冯玉祥，在半路拦截张作霖的支援部队。一时间，局势紧张，甚至传言苏联有对日本出兵的可能，若真的打起来，饱受战争摧残的东北人民将苦不堪言，而且在中国境内交战也侵犯了中国的主权，必然引起国内很多同胞的愤慨和不满。

李璜等青年党人便抓住这个机会，大肆宣扬苏联的错误。闻一多早已被频繁的警报搅得心神不宁，悲愤不已，便去找李璜等人商议，决定发起"反对日俄进兵东三省大会"。相比闻一多的单纯正直，李璜则城府较深，考虑事情更为复杂，他知道反对日本出兵干涉，自然是没有人反对的，但是若要反对苏联，必然引起共产党的阻挠。于是他跟闻一多说，不要过于声张，先暗中筹备此事。满腔热血的闻一多当然不会想到他暗中的打算，只是觉得这个人做事太书生气，一点都不果敢。他按捺不住心中的焦虑之情，当下便起草了"反日俄进兵东三省大会筹备会"的启事，贴在艺术专门学校的宣传栏里。

"国家主义各团体联合会"中的各个团体背后的动机各不相同，情况十分复杂。 闻一多当时的立场主要是反对帝国主义对中国的侵略，他认为，正是帝国主义的支持才导致了中国的军阀混战，日本和苏联的交战必将导致中国人民生灵涂炭。 12月29日，"大江会"、醒狮社、国魂社、国家主义青年团等40多个社会团体聚集在北大二院宴会厅商议反对日、俄出兵之事。 会议提议在全国范围内通告日、俄在东北的行径，对日、俄和张作霖发出警告，并广泛宣传反对日、俄出兵的主张。 在提议表决的环节，与会的共产党人表示反对提议的内容，接着便发生了争吵，甚至对骂，最后竟拿起桌椅动起手来。 当时在场的闻一多亲历了这场群斗事件，他对共产党人的反对非常不满，觉得自己才是站在正义的一方，从此对共产党的成见也就更深了。

这次冲突发生后不久，国家主义各团体与中国共产党人又发生了一次争执。 1926年2月，苏联处理外蒙古和中东路以及国内实行城乡资本主义改革等问题时出现了一些偏差，造成许多在苏华侨的生命财产遭受损失。 当时在苏联的华侨有300万之多，苏联为了消灭城乡资本主义，实行了严苛的税赋制度，很多华侨的财产直接被没收，甚至被驱逐出境，但是政府当局却并不提供护照给他们，导致他们经常被抓。 有个华侨叫杨寿镛，他曾写信给国内的好友彭昭贤，控诉苏联的种种恶劣行径。 彭昭贤便想把这些消息发表在报纸上，可是鉴于当时苏联与中国的关系，没有一家报纸愿意刊登，他听闻国家主义团体联合会的存在，便找到李璜。

几日后，闻一多在李璜的邀请下，来到他的住处，同时被邀请的还有余上沅、罗隆基、常燕生等人。 听完李璜诉说华侨在苏联的遭遇，大家气愤不已，当下便决定以李璜为主席，闻一多等人为主席团，召开国家主义各团体联合会反苏援侨大会筹备会。 闻一多对于苏联残害华侨的行径极度愤慨，在会上慷慨激昂地号召大家要团结起来抵制苏联。 会议结束之后，他还画了一幅漫画讽刺苏联，画中的人裸体跪在地上，正在被一个恶魔用长长的鞭子拷打，在暗无天日中苦苦哀求，悲惨至极。 这个特殊的时期,绘画比文字更能激起人们心中的波浪,这幅画后来还被翻印,甚至还登上了《晨报》的版面。

信仰的不同必然导致冲突的发生。于是,不可避免地在反苏援侨大会上再次发生了一场混战。3月10日,国家主义各团体联合会在北大三院召开反苏援侨大会,一共有400多人参加。李璜先向大家陈述了召开会议的原因,接着由旅苏华侨王会卿控诉苏联对华侨的种种虐待,彭昭贤讲述苏联国内的一些情况,并指出苏联对中国的狼子野心。青年党人利用这些言论猛烈攻击了苏联。这个时候,台下便出现了一些骚乱,顿时现场的气氛紧张起来。

第二天,日军把军舰开入了大沽口,要求撤销大炮台等国防工程。引起了中国人民的极大愤慨,北京的民众决定在18日那天去天安门前举行国民大会以示抗议。闻一多知道后,也准备参加集会。可是却被李璜拦了下来,闻一多很是不解,李璜称这次集会是共产党特意组织的,目的就是为了组织革命运动,他们闹革命却事先不通知我们,明显是怕我们参与,如果去了反而被共产党当了枪使,混乱之中若是伤了死了的,可报不了账。李璜颇具城府的一段话,让闻一多觉得也有一些道理,便打消了参加集会的念头,但仍觉得国家主义各团体也应该组织一次示威,来表明自己的立场。

最终,在闻一多的极力促成下,国家主义各团体经过会议讨论,决定在18日单独游行示威。18日上午,国家主义各团体在北大集合后,一行200余人便直奔外交部,提出坚决不能接受日本如此无理的要求。之后,北京天安门集合的民众也来到了政府门口,没想到却被政府警卫队开枪镇压,死伤300多人,酿成了惨绝人寰的"三·一八"惨案。惨案发生后,李璜没有谴责军阀肆意残害生命,反倒责怪共产党人不珍惜群众的性命。闻一多作为诗人,有着满腔的爱国之情,他反对帝国主义的侵略,谴责政府的残暴冷漠,在他看来,无论是哪个党派的群众,为了国家利益而牺牲都是伟大且值得尊敬的。

这次惨案发生以后,他也逐渐认清了李璜的国家主义反苏反共的真实面目,便不再参加国家主义各团体的集会,而是把国家主义的实践转移到了新诗方面。惨案中牺牲的有一些思想激进的学生,还有一些是艺术专门学校的学生,闻一多化悲愤为力量,25日,在《国魂周刊》发表了《唁词——纪念三月十八日的惨剧》,以纪念他们的牺牲精神:

没有什么!父母们都不要号咷!

兄弟们,姊妹们也都用不着悲恸!

这青春的赤血再宝贵没有了,

盛着他固然是好,泼掉了更有用。

要血是要他红,要血是要他热;

那脏完了,冷透了的东西谁要他?

不要愤嫉,父母、兄弟和姊妹们!

等着看着红热的血开成绚烂的花!

27日,在《诗镌》上发表诗歌《天安门》,控诉执政党的血腥:

好家伙!今日可吓坏了我!

两条腿到这会儿还哆嗦。

瞧着,瞧着,都要追上来了,

要不,我为什么要那么跑?

先生,让我喘口气,那东西,

你没瞧见那黑漆漆的,

没脑袋的,蹶脚的,多可怕,

还摇着白旗儿说着话……

这年头真没办法,你问谁?

真是人都办不了,别说鬼。

还开会啦,还不老实点!

你瞧,都是谁家的小孩儿,

不才十来岁儿吗?干吗的?

脑袋瓜上不是使枪轧的？

先生，听说昨日又死了人，

管包死的又是傻学生们。[1]

4月1日，闻一多在《诗镌》上又发表了《文艺与爱国——纪念三月十八日》《欺负着了》两首新诗。闻一多的这些诗歌，以"三·一八"惨案为背景，从新颖的角度切入，用精练的语言，表达了深刻的寓意，发人深省。

就在闻一多准备在诗歌上有所作为的时候，北京的政局却发生了动荡。冯玉祥为了缓和与张作霖、吴佩孚的关系，发动了政变，推翻了段祺瑞政府。不承想，张、吴二人并不领情，于4月15日一举攻下了北京城，冯玉祥被迫撤离。奉军一入北京城，便大肆逮捕进步人士，搞得人心惶惶，许多文人为了避难纷纷南下去了上海。

闻一多此时已经辞去了艺术专门学校的教务长职务，但仍然是戏剧系的教授，好容易熬到了这个学期结束，把《诗镌》的事情安排妥当，7月初便携着家眷一起回到故乡。但是，湖北的政局也不稳定，国民革命军发动了北伐战争，战事进展顺利，很快就占领了武昌，吴佩孚被迫逃往汉口。10月，吴佩孚调动剩余部队试图反击，整个浠水的人民都生活于动荡不安中。闻一多回到家乡，回想自己回国这一年来所经历的种种，有挫折也有收获，因为刚刚走出校园步入社会，社会经验不足，导致满腔热血遭遇了不少的打击，此时的心情甚是失落。值得安慰的是，他在新诗特别是倡导格律诗方面颇有建树，在新诗发展史上也有重要影响。

为了寻找合适的职位，闻一多便独自来到上海。上海有所自治学院，1925年11月改名为吴淞国立政治大学，担任校长的是张嘉铸的哥哥张君劢，他也是国家主义倡导者，在学校任教的还有很多都是闻一多相熟的人，就连刚从美国回来的潘光旦也受聘于这所学校。于是，通过

---

[1] 引自《红烛·死水》，第194-195页，闻一多著，万卷出版公司，2015年版。

他们，闻一多也进入学校成为主管学生思想品德教育的训导长。其实这个职位并不是很适合他，但一时没有其他更好的选择，加上这里有诸多好友都是国家主义倾向者，便留了下来。

不久之后，闻一多便收到家里的来信，说女儿立瑛久病不治已经夭折了。闻一多看完信后，悲伤不已，眼泪瞬间模糊了双眼，当即向学校告假，匆匆赶往浠水。他怎么也没有想到几个月前还活泼可爱的女儿就这样离他而去。一路上，女儿昔日的身影不断在眼前浮现：刚回国时羞涩胆怯，躲在妈妈身后；在北京时，那个嘴巴像抹了蜜似的叫着爸爸，摇头晃脑地背诵唐诗；不想让父亲出门，偷偷把帽子藏起来。种种场景，犹如昨日一般，历历在目。其实，在从北京回老家浠水之前，立瑛就已经生病，再加上一路舟车劳顿，回到家中便有些严重了，农村条件有限，医疗水平不高，最后竟病重至此。闻一多未等她病好便赶去上海，本来打算安定下来之后，便接她们母女过去，没想到这次离开竟成了永别。

回到家中，闻一多没进家门就先询问立瑛的坟墓在哪儿。看着女儿坟头上的黄土和青草，闻一多再也控制不住自己的情绪，竟失声痛哭起来。他从家人口中得知，立瑛在病中还一直在喊爸爸，家里写信到上海，闻一多那时候正忙于学校的事情，一时抽不开身，便拍了张照片寄回来，以解女儿的相思之苦。结果，立瑛看到照片，反而更加思念父亲，病情愈发严重了。高孝贞因为女儿的去世，加上对闻一多迟迟没有回来特别生气，竟一病不起了。闻一多回来之后，便在床边陪着她，一来方便照顾，二来也好安慰安慰她。忍着悲痛的心情，闻一多把女儿用过的书本、画笔都包了起来，写上"这是立瑛的"。他还写了一首诗《忘掉她》，以表达自己对女儿的无限思念。

国民革命军占领武昌之后，把九江、汉口的英国租界全部收回，革命形势一片大好。闻一多受到这种氛围的感染，便决定留在武昌。适逢邓演达在筹备武汉中山大学的事情，闻一多本想去中山大学任教，但学校没去成，却被邓演达邀请到了政治部做艺术股股长兼英文秘书。闻一多觉得这样既能照顾家里,又能继续从事革命事业,便留了下来。但是没过多久,闻一多便发现自己适应不了那种军事化的生活,便又回到了上海吴淞政治大学。

1927年4月,就在北伐取得节节胜利的时候,蒋介石发动了"四一二"反革命事变,企图分裂国民革命的队伍。闻一多此时的心情是比较压抑的。5月,他在上海《时事新报》上发表新诗《我要回海上去》《心跳》,来表达自己对现状的无奈和对军阀混战的痛恨之情。7月,汪精卫在武汉发动政变,国民党开始肆意镇压共产党,也不容许国家主义的存在,大批革命志士与共产党人被逮捕、暗杀,作为国家主义根据地的吴淞政治大学也被查封,闻一多再一次陷入了失业的状态。

这个时候他寄住在好友潘光旦的家中。长期处于压力之下,加上对中国政府腐败的痛恨、军阀混战的强烈不满,闻一多的身体也出现了一些问题,咳嗽越来越严重,痰中还出现了血丝。身为好友的潘光旦知道他的压力沉重,便带他一起同游西湖,以放松一下紧绷的神经。

二、留影中大

1927年7月20日,南京土地局挂牌成立,出任局长的是桂崇基。桂崇基是江西人,也曾赴美国留学,在纽约举办孙中山先生追悼会时,他也前去参加,便是这时与闻一多相识。1925年回国声援"五卅"运动之后,历任广东大学教授、国民党中央执行委员会秘书长、宣传部部长等职。这次到南京上任以后,听说闻一多赋闲在家,便邀请他来

1927年蒋介石发动"四一二"政变后,上海政治大学被查封,闻一多(左)闲居在潘光旦(右)家中,与顾毓琇(中)饮茶聊天

土地局共事。其实，这份政府机关的工作并不是很适合闻一多，当时南京国民政府政局混乱，国民党内部各种势力错综复杂，人事更替也非常频繁。不多久桂崇基便调往他处，闻一多不得不另谋他职。

没过多久，南京国民政府决定把东南大学与河海工科大学、江苏法政大学、江苏医科大学等学校合并，改称为南京第四中山大学，地址仍在东南大学。南京政府对第四中山大学非常重视，准备把它打造为中国最高等的学府，对教师选聘自然就很严格。闻一多被聘为副教授，仍在外文系任职。原本同在东南大学任教的好友梁实秋、余上沅不知道为什么原因，没有留下来。

闻一多曾在给饶孟侃的信中描述来南京之后的变故："老桂撤差，我的官运当然也告一段落了……第四中大虽然接洽好了，可是开学没有希望。昨日写信给杨金甫想上广东。实秋讲我到处云游，索性游远一点，不知能如愿否。"杨金甫，名振声，字金甫，在北京大学读书时曾参加五四运动，带领同学火烧赵家楼，后赴美留学，归国之后，先在武昌大学、北京大学，后在广东中山大学中文系任教授。闻一多当时准备要是南京待不了的话便去广东中山大学求职，所以才写信给杨金甫。信中对于自己近来颇迷篆刻也有所述："绘画本是我的元配夫人，海外归来，逡巡两载，发妻背世，诗升正室。最近又置了一个妙龄的姬人——篆刻是也。似玉精神，如花面貌，竟能宠擅专房，遂使诗夫人顿兴弃扇之悲……近来摹印，稍有进步。"

第四中山大学的外文系规模颇大，开设了英语、日语、拉丁语、法语、意大利语等专业，目的是为了从宏观上对西方文学进行研究，把握中西文化特别是中国与亚洲其他国家在文化方面的内在联系。9月1日，经过短暂的筹备，学校终于要开学了。闻一多不仅要教授英美诗歌，还要负责戏剧、散文的课程。值得欣慰的是，漂泊多日的他总算安定了下来，在学校附近的单牌楼租了一处房子，一切安排妥当之后，便从老家把妻儿父母接到了南京。不过因为两位老人不太习惯南京的生活,没过多久又回到了浠水老家。

闻一多在南京第四中山大学的时候,发现和培养了几位后来特别有作为的青年学生,其中的一位便是陈梦家。陈梦家,又名漫哉,出生于南京,祖籍浙江上虞。因为父亲在神学院的缘故,他自幼受到西方文学的熏陶,加上本身天资过人,还没高中毕业他便考入第四中山大学学习法律专业。那时候闻一多在外文系教授英美新诗和戏剧的课程,他便来旁听,课后还跑到闻一多的住处上门请教。

闻一多看了陈梦家的作品之后,觉得他颇有才华,悉心加以培养。不久之后,他还把陈梦家创作的剧本《金丝笼》和《药》推荐发表在《新月》月刊上,这对于一个尚未毕业走出校门的学生来说,是极大的鼓励和荣誉。陈梦家作诗注重音韵的和谐和格律的整齐,20岁时便出版了自己的诗集《梦家诗集》,之后把新月派诗人的作品精选编辑,出版了《新月诗选》,可以称得上年轻有为。闻一多对他的器重和培养不止于此,去青岛大学赴教的时候甚至还邀请他做自己的助教。陈梦家在闻一多的熏陶和培养下,在新诗方面的成绩很高,成为与闻一多、徐志摩等齐名的新月派代表诗人。

另一个新月派后起之秀是方玮德。方玮德,安徽桐城人,在其父亲的培养下,古文基底非常扎实,中学毕业考入南京第四中山大学之后开始学习英国文学专业。在学校时,受到闻一多的影响,开始创作格律新诗。他曾与陈梦家等诗坛新秀一起,组建了一个小型文会,经常在一起讨论新诗,相互切磋。他写的长诗《悔与回》,表达了自己对社会现状的不满,颇具社会意义,在当时引起了青年一代的热烈反响。因为身体虚弱,饱受肺病的困扰,1935年,年仅28岁的他因病去世。闻一多写了一篇《悼玮德》,称赞他在大部分人都忙着跟风追随潮流的时候,却坚守中国传统文化,足以开拓中国新诗发展的新局面。

费鉴照也是闻一多当时颇为看重的学生,起初他在东南大学,后来随着学校的合并进入第四中山大学读二年级。闻一多最初是教费鉴照作新诗,后来便指导他作新诗评论。后期他写了很多英美诗人评传,每篇都会请闻一多做指导。费鉴照与梁实秋关系也很好,他的很多诗作均在《新月诗刊》上发表,费鉴照要出版《浪漫运动》一书,梁实秋还特地写信给中华书局编辑所所长舒新城拜托此事。

与闻一多一同赴美留学的同学们回国后,除了发表诗文之外,很想把自己在国外学到的知识通过出版的方式加以宣传。他们说干就干,找了朋友中比较善于做生意之人负责管理,又通过关系筹到了不少资金。1927年7月,他们的书店正式开张了,取名"新月",象征着月亮虽小,却有不断变大、照耀四方的希望。闻一多特地为纪念册设计了封面,一个女人骑在一轮新月上看书,虽然只有寥寥几笔,却充满了诗意。新月书店的编辑所设在麦赛尔蒂罗路,总发行所最早设在望平街,之后迁至四马路。胡适担任书店的董事长,余上沅任经理兼编辑主任,闻一多、徐志摩和梁实秋等人皆为董事。之所以成为董事,因为在筹建过程中,书店把两千元的股本,分为五十元的小股和一百元的大股,闻一多认领了一份一百元的大股,便成为董事之一。

新月书店最初出版的多是同人的文艺作品,如徐志摩的散文集《巴黎的鳞爪》、诗集《翡冷翠的一夜》,余上沅的戏剧论文集《国剧运动》等。当时的闻一多远在南京,仅参与过一些编辑工作,更多的是为书店出版的书籍设计封面。闻一多作诗喜欢敷陈奇意,不屑于浅显,绘画设计更是如此。他在设计徐志摩的散文集《巴黎的鳞爪》的封面时,以黑色的背景为底,画满了凝目、侧耳、正鼻、纤细的手指、长腿、懒足等,来表达书里从各种角度反映的巴黎都市生活。梁实秋邀请他为自己的论文集《浪漫的和古典的》绘制封面时,他正好在精心钻研篆刻技术,便刻了两枚印章,一枚阴文"浪漫",一枚朱文"古典",然后整整齐齐地盖满整个封面,很好地突出了书的主题。他还为潘光旦的《冯小青》画了一幅插图,背对着画面的冯小青端坐在窗边的镜子前,从镜子中可以看出她脸上疲倦与惊恐的表情,整个画面耐人寻味。此外,徐志摩与沈性仁合译的爱尔兰小说《玛丽·玛丽》、梁实秋的小品文集《骂人的艺术》的封面也是由闻一多设计的。

3月,《新月》杂志在上海创办,闻一多亦在编辑名列里,当时的他仍在南京,之所以名列其中,多是出于朋友间的信任。同任编辑的还有徐志摩和饶孟侃,闻一多的编辑署名一直持续到第二卷的第二号才结束。虽然不怎么参与编辑,闻一多却发表了不少诗文在《新月》杂志上。这个时候的他翻译了不少外国诗歌,如《白朗宁夫人的情诗》、《幽舍的麋鹿》(哈代作)、《情愿》(郝斯曼作)等,都在《新月》杂志上发表。朱自清的《译诗》对闻一多翻译外国新诗有过描述:"北平《晨报·诗刊》出现以后,一般创作转向格律诗。所谓格律,指的是新的格律,而创造这种新的格律,得从参考并实验外国诗的格律下手。译诗正是试验外国格律的一条大路,于是就努力地保存原作的格律甚至韵脚。这里得特别提出闻一多先生翻译的白朗宁夫人的商籁二三十首。他尽量保存原诗的格律,有时不免牺牲了意义的明白。但这个试验是值得的;现在商籁体可算是成立了,闻先生是有他的贡献的。"[1] 对他力求保持原诗的格律,创立了"商籁体"的译诗形式做出了肯定。

闻一多为潘光旦的《冯小青》一书绘制的插图

1928年,南京第四中山大学改名为中央大学。当时的北伐军一路北上,军阀的统治很快将被推翻,南京被定为新的政治中心,对中央大学的发展非常有利。此时的闻一多对自己当前的安定状态也是比较满意的,生活在风光秀丽的金陵城里,闲暇时约上好友,或漫步于中山陵的林荫夹道上,释放心中的抑郁,或登上灵谷寺眺望远处,欣赏那傍晚的

---

1 引自《朱自清全集》第二卷,第373页,朱乔森编,江苏教育出版社,1988年版。

霞光，或攀登雄伟的紫金山感受那开阔的美景，加上立燕、立鹤和妻子都在身边，一家人已经从立瑛过世的悲伤中慢慢恢复。就在闻一多打算就这样在南京一直待下去的时候，一个人的到来打乱了他平静的生活。

来找闻一多的不是别人，正是湖北省教育厅厅长刘树杞，他当时还兼任武汉大学的校长一职。为了学校的发展，他很希望能有一批知名教授、学者到武汉大学工作，于是便亲自跑到南京，邀请自己的老乡闻一多回家乡从事教育事业，聘请他出任武汉大学的文学院院长一职。闻一多思索再三，最终决定去武汉大学。

三、执鞭武大

1928年8月，闻一多只身从南京前往武昌，准备就任武汉大学教授兼文学院院长。武汉大学当时正在筹建，他一到武昌，便投入武汉大学紧张的筹备工作中。9月10日，闻一多与胡其炳、梁明致等人组成的武汉大学新生审查委员会开始评阅上海考生的入学试卷。9月13日，又出席武汉大学第一次临时校务会议，与刘树杞、皮宗石、王星拱、梁明致等人商议增设本科、编级试验、教授聘任、预算编制、筹备开学等诸多事项。9月17日，闻一多的二儿子闻立雕在南京出生，因为忙于学校筹备之事，闻一多甚至都顾不上回去看望。

当时的武汉大学共开设了三个学院，分别为文学院、社会科学院、理工学院。文学院分设中文、外文、哲学三个系。作为文学院院长，闻一多不仅要负责院里的事情，学校筹建图书馆、创办校刊、拟定试卷等也要参与，另外，还要频繁参加学校的校务会议、评议会议，身上的工作非常繁重。10月31日，武汉大学终于开课了。闻一多主要负责文学院共同选修课"西洋美术史"、外文系选修课"现代英美诗"两门课程。"西洋美术史"他在北京艺术专门学校时曾经讲授过，"现代英美诗"则是在南京时讲授的课程，所以，这学年的课程对他来说，没有太大的压力，教起来得心应手。

开学不久，武大便开始着手勘定新校址的事情。经过讨论，国民政府批准了武昌城东门外洪山至落驾山一带为武大新校址，也就是现在东湖风景区附近的武大校区。落驾山，又称罗家山，闻一多觉得这个旧时代祖传下来的名字难登大雅之堂，便取谐音改称为充满诗意的"珞珈山"，这个提议得到了众人的一致赞同，从此"珞珈山"这个名字一直沿用至今。

当时的武汉大学文学院，有很多之前在武昌大学的桐城派教授，他们认为只有传统国学才能称之为文学，新诗算不上文学的范畴，这种自恃清高的态度，加上国学讲究师承家传，他们抱团在一起，势力很大，使得学院里面派别分裂严重，氛围并不是很和谐。闻一多作为文学院的院长，一直想改变这种状况，于是便邀请一些外国留学生来武大任教，方重便是在他的推荐下进入武汉大学的外文系教授之一。

另外一位便是闻一多的旧友朱湘。朱湘是个性格直爽、感情外露的人，与闻一多一起编辑《晨报·诗镌》，因为看不惯徐志摩的有些做法，两个人的关系闹得很僵。闻一多便想从中调解，没想到反遭朱湘误会，以为闻一多跟徐志摩是一伙的。不久之后，朱湘发表了《评闻君一多的诗》，文章虽然是评诗，但不免有个人怨气，话语也很刻薄。闻一多最不喜欢别人背后搞个人攻击，便发表了一篇《诗人的蛮横》作为回击。至此，两人关系彻底决裂。1926年，朱湘赴美留学，目睹了中国留学生在国外遭受的种族歧视，便想像闻一多那样提前回国，但是又担心回国之后一时之间找不到合适的工作。他的好友彭基相曾与他一起在北京适存中学教书，现在在武汉大学与闻一多共事。知道朱湘的顾虑之后，彭基相便告诉了闻一多，闻一多对朱湘的才华和能力十分了解，便让彭基相写信邀请他到武汉大学任教。朱湘在美国收到信后，非常开心，还曾写信告诉自己的妻子、朋友们，对闻一多这种不计前嫌的胸怀也由衷佩服。虽然后来朱湘回国后没有来到武汉大学，而是被自己家乡的安徽大学聘请为外国文学系主任，但是闻一多这种不拘一格降人才的做事态度非常令人敬佩。

而闻一多也只是对真正的人才才持热烈欢迎的态度，对那些想浑水摸鱼的人则坚决拒之门外。闻一多在清华时有个同窗叫吴国桢，这个人脑子非常灵活，颇有些心机。当年为了声援北京教师的讨薪运动，闻一多和其他进步青年一起罢考，吴国桢也在其列，而且言辞激烈，态度坚决，没想到临到考试的那天，他却第一个走进考场，出尔反尔。这件事情让闻一多觉得他的人品极差，内心是鄙视此人的。吴国桢是有些能力的，再加上这种人前一种态度、人后另一种态度的做事风格，反而是闻一多那一级同学里晋升最快的。吴国桢赴美留学归国之后，便投身外交界，因为提出一个湖北改革计划受到武汉政治分会主席李宗仁的赏识，被任命为湖北省税务局局长。他上任后九个月的时间，湖北全省的年税收由20万元增加到90万元。当时的社会对教育比较重视，普遍认为大学教授的社会地位比官僚要高，因此，吴国桢虽然拥有普林斯顿大学政治学博士的文凭，还是想在大学混个兼职教授的头衔。知道闻一多在武汉大学任文学院院长，他便向闻一多提出了自己的想法。闻一多自"清华罢考"事件之后，便对此人非常厌恶，现在他又想通过自己捞取社会地位，自然是不可能让他如愿的。吴国桢虽然吃了闭门羹，但自知心里有愧，也不能张扬，反倒对闻一多更加尊敬。后来，吴国桢调任上海市市长，闻一多牺牲后，他还组织发起了上海的追悼会。

闻一多非常善于发现人才并加以培养，朱润东便是被他发现的青年教师，后来成为我国著名的文学批评家。当时朱润东在中文系做讲师，闻一多知道他对文学批评史很感兴趣，便鼓励他发挥特长，邀请他开设"中国文学批评史"课程，还给了他一年的准备时间，他那本颇有影响力的《中国文学批评史纲》便是此时写成的。

虽然此时闻一多仍然在讲授外国文学，但他的兴趣已经开始转移到了中国古典文学方面。当时中国的学术界对于传统文化态度分歧很大，一些人对传统文化持否定的态度，主张搞"全盘西化"，另一些人则食古不化，誓死捍卫，不肯接受西方思潮的影响。武汉大学有一帮老学究，自称"国学大师"，不管时代如何变化，对新文学一概持鄙视的态度。闻一多觉得自己有必要对古典文学进行研究，好知道这些老学究们整天都在研究些什么，为何至于狂妄到如此地步。

从哪里开始着手呢？青年时期的闻一多对李白甚是喜欢，随着年龄的增长，阅历的累积，他开始对忧国忧民、悲愁沉郁的诗圣杜甫产生了共鸣。于是，便决定从研究他的诗歌开始，步入研究中国古典文学的旅程。研究古典诗歌与创作新诗因为对象都是诗，有相通之处。闻一多并不咬文嚼字，而是把诗人的气质融入杜甫的诗词中去，感受作者强烈的爱国热情，这也是他研究中的独到之处。要想更好地研究诗词，必须对诗歌作者的人生经历和当时的社会背景有所了解，闻一多对杜甫的生平和年代做了详细的研究，写成了《少陵先生年谱会笺》，发表在武汉大学《文哲季刊》第一卷的第一至第四期。这是闻一多研究古典文学的第一项成果。

对艺术造诣如此之高而又忧国忧民的诗圣这般地崇敬与同情，难道不是因为在个人经历和时代背景上产生了强烈的共鸣吗？闻一多早在自己的诗歌《红烛》中，便引用了李商隐的"蜡炬成灰泪始干"放在诗前，此时对杜甫在"鸱鸟鸣黄桑，野鼠拱乱穴，夜深经战场，寒月照白骨"诗文中对劳动人民充满同情、控诉对现实的不满的强烈共鸣，不正是闻一多本人一直以来的真实写照吗？

从研究杜甫开始，闻一多逐渐深入整个唐诗的世界，并且花费了很大的精力。他在研究的过程中特别关注诗人的年代和诗的年代，并利用自己的绘画功底，把唐代诗人生卒年可考者绘制在一幅图上，一目了然，查阅起来非常方便。闻一多考证出了很多关于唐诗和诗人年代的错讹，先后写出了《唐代文学年表》《初唐大事表》《全唐诗人补传》《唐诗人生卒年考》《全唐诗校勘记》《全唐诗拾遗》《唐诗统笺》《全唐诗选》《见存唐人著述目录》《唐代遗书撰人考》《唐两京城坊考续补》《长安风俗志》《唐器物著录考》《唐代研究用书举要》《全唐文选》《唐人小说疏证》等一系列手稿。[1] 曾经有一位自称"国学大师"的人嘲笑闻一多,说自己在搞古籍时,闻一多还不知道在哪儿吃奶呢! 闻一多的学生都为他打抱不平,闻一多则不以为然,只是淡淡地说:"人都是从吃奶长大的嘛!"而"一个吃奶的人"却肯下功夫,做出了如此多的研究成果。

闻一多于1929年11月在《新月》第二卷第九号发表了一篇风格非常别致的文章《庄子》。 他对这个向来以清高旷达姿态示人的庄子,表示出了极大的敬意。 闻一多认为,"贫困了一生寂寞了一生"的庄子,确实是个潇洒豁达的"诗人"。 他"会使你陶醉,正因为那里边充满了和煦的、郁蒸的、焚灼的各种温度的情绪。 他那婴儿哭着要捉月亮似的天真,那神秘的怅惘,圣睿的憧憬,无边际的企慕,无涯岸的艳羡,便使他成为最真实的诗人"。

庄子追求齐生死、忘物我的思想,实际上是要无差别地看待是非善恶,忘却个人的生死祸福来寻求精神上的解脱,与天地万物比寿,与造物者同游。 闻一多当时对现实充满失望的心情,大抵可以通过在庄子的世界里遨游得到一丝慰藉。

闻一多来到武昌后,一开始住在磨石街,后来搬到黄土上坡31号锦园。 锦园原是外国传教士的花园,房子非常漂亮。 跟在中山大学一样,他本来打算好好地干下去,还特地买了栋房子,准备把家也安在武汉,没想到仅仅待了两年便辞职离开了武大。

闻黎明在《闻一多传》中对闻一多辞职的原因做了详细的记录:"1930年春,学校筹办校刊《文哲季刊》,收到一篇刘华瑞写的《江汉文化》,这位新聘来的教授,据说会飞檐走壁,因此文中讲的均是太极之道,并未谈到古今文化。 性格直来直去的闻一多不赞成发表是文,引起刘的不满。 恰在同时,学生中有人反对中文系讲师谭戒甫教授庄子,谭

---

[1] 引自《闻一多传》,第127页,王康著,湖北人民出版社,1979年版。

是研究墨子的，不知为何得罪了学生。闻一多以师长身份劝说学生不该这样对待教师，刘华瑞则怂恿挑拨，让一些跟着他学拳术的人起来攻击闻一多。武大内部的桐城派与现代评论派都觊觎文学院院长的位置，他们不是在旁一言不发，便是心中暗喜。一腔怒火冲了上来，闻一多提笔写了辞职书，说自己对院长职务毫不留恋，还说有人对它则为'鹓雏之视腐鼠'。"[1]

四、海滨青岛

闻一多从武汉大学辞职后，赋闲在家，便决定前往上海寻找合适的工作机会。适逢梁实秋的朋友杨振声来上海为青岛大学招揽人才，便邀请闻一多到青岛大学主持中文系的工作。经过武汉大学的事情，闻一多颇有顾虑，但又对青岛的美景向往已久，正好梁实秋要去北京探亲，便一同前往。

梁实秋在《谈闻一多》中谈道："青岛的天气冬暖夏凉，风光旖旎，而人情尤为淳厚，我们立刻就认定这地方在天时、地利、人和三方面都够标准，宜于定居。所以我们访金甫之后，就一言而决，决定在青岛大学任教。"[2]

其实那个时候清华大学也聘请闻一多做文学系的主任，但是当时的北京处于阎锡山的控制之下，清华校长罗家伦因为政局的缘故已经辞职，闻一多觉得如果去北京，政治环境稍微动荡学校便会受到影响，加上这次旅行之后，闻一多充分领略到了青岛的宜居环境，便放弃了回母校清华执教的机会，决定与好友梁实秋一起留在青岛大学任教。

1930年8月，闻一多带着家人一起来到青岛。青岛大学坐落在万山的山坡上，原本是德国的兵营，背山面海，一栋栋别致的建筑掩映在苍翠的树丛中。9月21日，国立青岛大学正式开学，文学院设立中文、外文、教育学三个系别，闻一多被聘为文学院院长兼任中文系主任，梁

---

[1] 引自《闻一多传》，第128页，闻黎明著，人民出版社，1992年版。
[2] 引自《谈闻一多》，第81-82页，梁实秋著，传记文学出版社，1967年版。

闻一多在青岛居住过的地方

实秋担任外文系主任兼图书馆馆长。

  最初,闻一多住在学校旁边的一栋红色小楼里,站在家里,便能眺望到大海,听着海浪的声音,呼吸着夹杂着海的味道的空气,好不惬意。后来迁到汇泉浴场附近的房子,离海边更近,出了家门便是海滩,涨潮时海水甚至都快淹到了家门口。闻一多有时会约上友人一起漫步沙滩,有时会带上妻儿,像个欢快的孩子一般,在落潮的海滩上弯腰捡漂亮的贝壳、螃蟹和淡菜,心情好时,还会回去下厨给家人们做上一锅海鲜汤解解馋。

  青岛大学选定青岛、济南、北平三地招收一年级的学生,闻一多也参加了阅卷工作。他还破例录取了一位数学考卷为零分的学生——臧克家。根据闻黎明在《闻一多年谱长编》中的叙述,臧克家的数学考试虽然得了零分,但是语文却得了九十八分,获得了第一名!当年的语文考试一共有两道题目,一个是《你为什么投考青岛大学?》,另一个是《杂感》,考生任选一题。臧克家两题都做了。闻一多那年批改卷子是非常严格的,很多学生都只得了五分或者十分。臧克家能得如此高分,大概是因为他在《杂感》里面的"人生永远追逐着幻光,但谁把幻光看作幻光,谁便沉入了无底的苦海"打动了闻一多的心。进入青岛大学之后,臧克家最开始在梁实秋所在的外文系,因为他的记忆力较差,一时跟不上课程,便想转到闻一多任主任的中文系。当时有很多的学生都想往中文系转,围在闻一多的办公室外,大部分学生都被闻一多拒绝了,看到臧克家的名字,闻一多抬头看了他一眼,便说道:"你进来!"臧克家当时也颇感意外,从此他变成了闻一多门下的又一得意门生。

闻一多在中文系主要讲授"中国文学史""唐诗""名著选读"等课程,后来又在外文系开设了"英国新诗"的科目。这些课程对他来说已经不算陌生,教授起来自然有自己的一套方法。"唐诗"自在武汉大学开始研究杜甫之后,已经渐入佳境,这次开课也主要是根据时代的先后,选取有代表的唐诗,结合作品的时代背景和作者生平,向学生们展示唐诗、唐代文化的风格和特点。

闻一多对《楚辞》也有所涉猎。在武汉大学时,游国恩被聘为文学系讲师,讲授《楚辞》课程。那个时候,他便建议闻一多也进行《楚辞》研究。闻一多到青岛大学后便开始研究《楚辞》,不久后,游国恩也被青岛大学聘请为文学院的讲师,后来还与闻一多住在一栋楼里,闻一多住在楼上,游国恩住在楼下,两人经常在一起讨论《楚辞》,随着研究的不断深入,闻一多慢慢发现《楚辞》的魅力所在,最后也成了研究《楚辞》的专家了。

闻一多虽然自武汉大学以来便不断进行中国古典文学的研究,但新诗创作的数量屈指可数,他作为学者的名气仍然抵不过诗人的名气。1930年9月,徐志摩在上海创办《诗刊》,特地写信给梁实秋,向闻一多约稿。闻一多虽然当时已经很少写诗,但在新诗坛的地位仍无人可比。新刊创刊号能发表闻一多的作品自然是再好不过了。闻一多在徐志摩的催促下,旷了两节课,花了四天时间写成新诗《奇迹》,徐志摩知道后，非常兴奋，连忙写信给梁实秋表达自己的谢意，他还以为闻一多之所以写出这首诗，肯定与自己的催促有关。

这首诗也是闻一多在青岛大学所做的唯一的一首新诗，之后虽然他没有写过诗了，但却仍然读诗。有一次他在青岛大学礼堂里，朗诵自己的诗集《死水》里的《罪过》和《天安门》，几个字一个音步，抑扬顿挫，诗歌以劳苦大众的口吻拉近了与听众的距离，即使是平时不喜欢新诗的同学也都听得津津有味。

闻一多还写过一篇散文《青岛》。大概是第一次来青岛观光考察时留下了深刻的印象，便写了这篇文章来抒发自己的喜爱之情，这也是他唯一的一篇散文。

闻一多重视情感多于形式，从他的教学中也可以窥见一二。他教的学生，提交的作业只要充满感情便会得到高分。有一次写作文，有个学生的作文《海》写的是一个穷人家的孩子，爸爸因为要赚钱养家，便乘船去了很远的地方，孩子想念爸爸，便经常到海边去等爸爸。闻一多看后很感动，便给了他八十分，这对于作文来说可是很高的分数。

闻一多在青岛大学时期应该是他人生中比较舒适的阶段。家庭方面，虽然继立瑛之后，立燕、立鸿接连夭折，但好在还有长子立鹤、次子立雕的陪伴，1931年10月三子立鹏也出生了。妻子高孝贞回家生产后，便回到青岛，一家人在海滨城市青岛其乐融融地生活着；工作上，闻一多不仅能教授自己喜欢的科目，还在不断地推进中国古典文化的研究，身边好友相伴，兴致所至时，开怀畅饮，也不失为一桩美事。

闻一多喜欢结交朋友，性格直爽的他，对朋友自然也是有什么就说什么。有一次，他去探望新婚的冰心夫妇，一进门便嚷着说："好热好热！"冰心赶紧倒上两杯凉水，让他们消消暑。喝完水，闻一多在房间里面四处转着看了一圈，然后站在客厅中间，忽然笑着说要出去一下，立刻便回。冰心还以为他要去附近看什么朋友，结果不一会儿就回来了。闻一多掏出一包香烟，放到了茶几上，笑着告诉冰心："你们这新家什么都好,就是没有茶烟招待客人,以后可要准备好哦!"几句话说得在场的人哈哈大笑。原来冰心他们平时没有喝茶的习惯,家里的人也不吸烟,所以就没想起准备这些东西,闻一多的这次造访,反而给他们的小家立了一条新规矩。

闻一多喜欢古籍,遇到好的版本更是不会放过,但有时候也会看走眼。梁实秋曾记述过他有一次买到赝品的事情:"青岛虽然是一个摩登都市,究竟是个海陬小邑,这里没有南京的夫子庙,更没有北平的琉璃厂,一多形容之为'没有文化'。有一书贾来兜售旧书,颇多善本,宋刊监本麻沙无不具备,自言出于长沙王氏,一多问他莫非是'复壁藏书'以身殉书之王某,彼连声称诺,一多大喜,想与盘桓数日。后来听人说起,其中多是赝品。一多闻之嗒然。"[1]

在那个动荡的年代,平静的生活总是持续不了太久。闻一多在青岛大学的两年中,一共经历了三次学潮。虽然他对学生们的行动表示理解,但是现在毕竟是学校的领导,考虑问题自然也会站在学校的角度,如此一来,不可避免地与学生产生一些摩擦。

第一次学潮发生在1930年11月,学校发现有部分同学报考时用的是假文凭,便决定开除他们的学籍。这一举动引起学生的强烈不满,他们认为既然能够考取,就证明他们有入学的资格,随后便组织大罢课来反对学校的决定。闻一多虽然认为用假文凭并不是什么大罪,但对学生的罢课示威却非常反感,于是站在学校的立场上,要求学生们尽快恢复上课。没想到,教务长张道藩却打电话叫来了警察保安队包围了校舍,学生的罢课行动最终以失败告终,将近一半的学生被学校开除了学籍。因为张道藩从中作梗,学生将怨气全部撒在了闻一多身上,直接导致了日后的"驱闻运动"。

1931年9月18日,日本在东北制造了"九一八"事变,随后青岛大

---

[1] 引自《谈闻一多》,第97页,梁实秋著,传记文学出版社,1967年版。

学爆发了第二次学潮。蒋介石采取不抵抗政策，引起了全国人民的极大愤慨，各地纷纷掀起了抗日救国的浪潮。日本人在青岛也不断制造事端，先是放火烧了刊登"九一八"事变以来日本罪行的《青岛民报》，后来连国民党青岛市党部也一并烧毁。这一举动彻底激怒了青岛市民，纷纷起来抵抗日本的暴行。

其实早在这次事变发生之前，日本人在青岛就气焰嚣张，还发生过一次中国学生被日本人暴打的事情。当时一个中国学生在沙滩上游玩，不知道什么原因与一个日本小孩发生了冲突，结果被日本人围起来打得半死，还被送到了警察局。没想到警察局长崇洋媚外，不仅向日本人点头哈腰地道歉，还把这个学生关了起来，更可气的是，居然打电话质问学校管教不严。闻一多当时正在给学生们上课，听说这件事后，愤怒得脸色都变了，他放下课本，咬牙切齿地质问："中国，你是亡国了吗？！"对日本的野蛮侵略愤慨不已。

10月1日，青岛大学学生也成立反日救国会。闻一多不仅对学生们的行为积极支持，在校务会议上，他还提出增加军训时间、组织青岛大学学生义勇军，并提出学校从学生缴纳的学费和住宿费中拨款作为援助义勇军的费用等一系列支持学生运动的建议。后来，有13名家住东北的学生提出要离开学校投身抗日部队时，他不但批准了学生们的请求，还保留了他们的学籍。

11月22日，日本对锦州发动进攻。国民党为了自保，居然提出要将锦州划为中立区。此举遭到了全国民众的强烈反对。各地学生纷纷要求去南京请愿，坚决抵抗日本的侵略。南京当局害怕发生暴乱，赶紧下达紧急命令，要求各地学校阻拦学生南下。青岛大学坚决执行了这条命令，发布公告，劝阻学生的南下行动。11月30日，青岛大学反日救国会召开大会，校长杨振声告诉学生，青岛政治环境特殊，开展爱国运动不应超过学校的范围。梁实秋也说国际联盟定会对强权做出合理的仲裁。已经对国际联盟不抱希望的青年学生自然不会听从学校的要求，12

月2日，179名青大学生登上开往济南的火车，第二天便到达了南京，与全国各地的学生一起向南京政府请愿。最终，国民党政府迫于压力，取消了把锦州划分为中立区的提议。

学生南下之后，学校恢复了短暂的平静。青大校长杨振声自认未能成功拦截学生南下，决定引咎辞职。闻一多对朋友的遭遇深感同情，便在校务会议上提议开除为首的几名学生。尽管最后开除变为处分，但是事情至此仍未结束，学生心中积攒的怨气，终于在1932年夏天爆发，直接导致了青岛大学第三次学潮的发生。

1932年4月4日，根据南京政府教育部的指示，青岛大学颁布了最新的《青岛大学学则》，其中有一条是"学生全年学程中有三种不及格或者必修学程二种不及格者，令其退学"，遭到学生们的强烈反对。

青岛大学学生已经自发成立了自治会，还向学校提出减免住宿费、取消新学则中关于学分要求的条款、图书馆买书应该不分派别等建议，还要求三日之内答复。杨振声只同意在本学期内给予答复，学生催促学校召开校务会议，还分头督促闻一多等人，但始终没有如愿，于是全校学生举行罢课。

闻一多在写给饶孟侃的信中提到此事："前次信来，正值我上北平挽留校长去了，等我回来，校中反对我的空气紧张起来，他们造谣说我上北平是逃走的。现在办学校的事，提起来真令人寒心。我现在只求能在这里教书混碗饭吃，院长无论如何不干了。金甫现在已回来，我已向他表示，并得同意，候太侔回来再商量。我与实秋都是遭反对的，我们的罪名是'新月派包办青大'。我把陈梦家找来当个小助教，他们便说我滥用私人，闹得梦家几乎不能安身。情形如是，一言难尽。"[1]

6月22日，青岛大学学生开始罢课。学校当天下午便召开校务会议，决定第二天的大考照常举行，若有学生不参加考试，照校章办理；

---

[1] 引自《闻一多书信选集》，第227页，闻一多著，人民文学出版社，1986年版。

到了 23 日，又决定开除钟朗华等九名学生，同时宣布即日起开始放假，开学后再进行补考。这个决定引起了学生们的极大愤慨，他们认为定是闻一多从中作梗，加上之前张道藩把假文凭事件中喊警察抓人的黑锅推给了闻一多，学生们更坚定了想法。24 日，他们围着杨振声的住处请愿，要求他解决学校的经费问题，废除新学则，沿用旧制，同时还要辞退闻一多。其实闻一多早在 16 日便已经提出了辞职，也得到了杨振声的同意，但是学生们仍不满意。25 日，校园里到处都贴着《驱闻宣言》，指责他启用的都是新月派的人，借助更新学则之名，行克除异党之实，学生们还包围了闻一多的住处，直到青岛市政府派来了四名护卫，他们才散去。更离谱的是，他们还威胁学校如果不取消新学则，就全校休学一年，没想到学校居然同意了。学生的抗议对象从闻一多开始扩展到校长杨振声、教务长赵太侔、图书馆馆长梁实秋，学校到处都是满天飞的传单、标语，一时间，青岛大学成了全国瞩目的学校。一日，闻一多和梁实秋经过上课的教室，无意间发现黑板上画着一只乌龟和一只兔子，旁边还写着他们的大名。看到此，他一脸严肃地问梁实秋："哪一个是我？"得到的答复是："任你选择。"说完两人相视苦笑。

6 月底，杨振声前往南京教育部辞职，闻一多与梁实秋等人陆续离开了青岛大学，青岛大学陷入了无政府状态。闲暇无事，闻一多与陈梦家一起同游泰山，因为下大雨的缘故，还在灵岩寺住了三天。面对美景，两人谈笑风生，却对青岛大学的事情闭口不提。

7 月 3 日，国民党政府决定解散青岛大学，聘请闻一多为青岛大学甄别委员会委员，闻一多去意已决，没有应聘，不久之后就去了北京。可以想象，闻一多此时的心情是多么沮丧。在武大时，因为人事复杂未能有所作为，来到青岛，本想着和几位好友一起齐心协力好好办学校，不料却处处受到政治的牵制，短短两年内，经历三次学潮，最后自己还成了学生攻击的对象。

五、清华大学

1932年8月,从青岛离开的闻一多回到了阔别十年的清华校园,被聘为中文系教授。清华大学本来还准备聘任他为中文系主任,但是闻一多在经历了武汉大学、青岛大学的人事纷争之后,再也不愿涉及学校政务的事情,只想认认真真地做学术研究,坚决推辞不肯应聘。

这个时候的清华大学也刚刚经历震荡走向稳定。教育部任命梅贻琦为校长。梅贻琦,字月涵,天津人,毕业于清华大学,于清宣统元年(1909年)赴美留学,是清华第一批留学生。1914年自美国吴士脱大学学成归国后,便到清华任教,先后任清华大学教务长、代理校长、教育部高等教育司司长等职。他性格比较温和,推行学术自由的思想,1931—1948年国立清华大学在他担任校长期间,学校得到长足发展。因为他对清华大学的成长贡献很大,被誉为清华的"终身校长"。"所谓大学者,非谓有大楼之谓也,有大师之谓也""身教重于言传"等便是他的教育名言,直到今天仍受到世人的推崇。闻一多是他上任之后招揽的第一批人才。他在清华期间曾经教过闻一多物理,所以闻一多一直称他为涵师,以表达对老师的敬意。

刚到清华时,教师的宿舍比较紧张,闻一多被安排暂住在达园,碰巧好友顾毓琇也住在这里。顾毓琇自1928年在麻省理工学院取得博士学位归国后,在浙江大学机电科任主任、教授,这次从浙江回到清华,担任工学院院长。达园距离清华大学西门外约一公里,本是袁世凯时期北京卫戍司令王怀庆的私人花园,景色非常秀美。这个时节,正对着一池盛开的荷花,微风徐来,阵阵荷香扑面而来,两位多年的挚友团聚在此,好不惬意!

当时的清华规定,每位教授至少需要开设三门课。闻一多当时主要讲授"王维及其同派诗人",每周讲两个小时,除教授王维的诗外,还选取孟浩然、王昌龄、崔国辅、储光羲、裴迪、祖咏、常建等数十位诗人的代表作品做比较，来研究盛唐时期诗歌作品的风格。他又开设"先秦汉魏六朝诗"，这门课程是他第一次讲，主要讲《诗经》及《楚辞》中的《九歌》。同时，他还与刘文典、俞平伯、刘盼遂、浦江清等人共同开设"大一国文"。1933年暑假之后，他新开设"楚辞"，1936年暑假后，又开设"中国古代神话研究"，同时也讲授"乐府研究""唐诗"等课程。有时候，他还会在国立北平艺术专门学校做代课教师，教学生英语课程。

闻一多回到清华之后，便想着排除一切杂念，全身心地投入学术研究中去。

他当时大概也是很苦恼、烦躁的，在给好友饶孟侃的信中说："我近来最痛苦的是发现了自己的缺陷，一种最根本的缺憾——不能适应环境。因为这样，向外发展的路既走不通，我就不能不转向内走。在这向内走的路上，我却得着一个大安慰，因为我实证了自己在这内向的路上，很有发展的希望。"[1]

1933年春，清华在西院新建了教授住宅，闻一多从达园搬到这里，把家眷也接到了学校。西院环境幽静，住宅条件在清华算是不错的，基本的生活设施都具备了，闻一多对宿舍也十分满意，还为它取了个文雅的名字"匡斋"。周围住的顾毓琇、陈寅恪等，都是相熟的友人和同事。教授们除了上课的时间，基本都在从事学术研究，因此，西院的学术氛围很是浓郁。除去每周八小时的上课时间，闻一多便回到西院的住处，整日趴在"闻一多的书桌"上埋头苦读，一点一点完成自己制订的宏伟计划。

为了做研究，闻一多每个月收入的一大部分都花费在了买书上。当时清华的教授一般每个月有三四百块的月薪，这可不是一个小数目，足够维持一个家庭舒适的生活，还能有不少节余。对于学者来说，最大的

---

[1] 引自《闻一多书信选集》，第234页，闻一多著，人民文学出版社，1986年版。

爱好当然是买书了，北京的琉璃厂聚集着不少的书铺，这些书铺为了拉拢生意，会按照每个教授的专业爱好，找到好的古籍版本或者中外名著，提供送货上门服务，一般都是先记账，最后按月或者按季来收账，减去了不少麻烦。买的书多了，家里自然就收集了不少古籍善本，再加上清华图书馆丰富的藏书量，为闻一多的学术研究提供了极大的便利。

对《楚辞》的研究，闻一多早有所涉猎，因为要为学生开设主讲"楚辞"的课程，在清华期间他更是加速在进行。他曾写信给自己研究《楚辞》的知己游国恩说道："弟下年讲授《楚辞》，故近来颇致力于此书。间有弋获，而疑难处尤多。屡欲修书奉质，苦于无着手处。今得悉大驾即将北来，曷胜欣忭！惟盼将大著中有关《楚辞》之手稿尽量携带，藉便拜诵。"[1] 后又提到"比来日读骚经数行，咀嚼揣摩，务使字字得解而后止，忽有所悟。自熹发千古以来未发之覆。恨不得行家如吾兄者，相与拍案叫绝也"。[2]

1933 年暑假之后，闻一多开设"楚辞"课程，清华中文系仅有孙作云、王文婉两名学生选修这门课，空旷的教室里，仅有师生三个人，不免显得太过落寞。闻一多看到仅有两名学生，心中自然有些失落，但是他却不想辜负学生的期望，没有气馁反而准备得更加仔细，讲解得愈发详细，几乎每个字每句话都分析到了，一个学期下来才把一篇《天问》讲完。闻一多讲课从来不吝啬自己的研究所得，甚至还把自己的读书笔记交给学生们看，把自己的心得讲给学生们听，其中不乏一些未发表的文章，由此可以看出，他是真的把学问分享给大家，相互切磋，教学相长。

闻一多上课特别讲究意境，他曾再三要求学校把"楚辞"的课程从上午改到黄昏时分。"初夏的黄昏，马樱花正在盛开，那桃花色绒线穗儿

---

[1] 引自《闻一多书信选集》，第 229 页，闻一多著，人民文学出版社，1986 年版。
[2] 引自《闻一多书信选集》，第 230 页，闻一多著，人民文学出版社，1986 年版。

似的小花朵，正发放出轻淡的香味。七点钟，电灯已经来了，闻先生高梳着他那浓厚的黑发，架着银边的眼镜，穿着黑色的长衫，抱着他那数年来钻研所得的大叠大叠的手抄稿本，像一位道士样地昂然走进教室里来。当学生们乱七八糟地起立致敬又复坐下之后，他也坐下了，但并不即刻开讲，却慢条斯理地掏出自己的纸烟匣，打开来，对着学生露出他那洁白的牙齿蔼然地一笑，问道：'哪位吸？'学生们笑了，自然并没有谁坦直地接受这 gentleman 风味的礼让。于是，闻先生自己擦火吸了一枝，使一阵烟雾在电灯光下更浓重了他道士般神秘的面容。于是，像念'坐场诗'一样，他搭着极其迂缓的腔调，念道：'痛——饮——酒——熟读——离——骚——，方得为真——名——士！'这样地，他便开起讲来。"[1]

这个时候的闻一多虽然不再写诗，但是对于年轻的诗人依然非常关心。他的学生臧克家在1933年出版第一部诗集《烙印》时，闻一多不仅为他选诗作序，而且还为他支付了三分之一的版税。闻一多对臧克家的帮助是热情的、无私的，也是持续的，他看着臧克家在新诗领域逐渐成长，深感欣慰。臧克家的新诗大多都是反映那个年代处于社会底层的中国农民的苦难生活，有着现实的意义，闻一多对于这一点非常赞赏。

对于自己的朋友，闻一多也是尽力提供帮助。早在武汉大学时，闻一多便不计前嫌为自己的好友朱湘介绍工作，现在到了清华大学，正巧朱湘也从国立安徽大学离职，便来到北平投靠朋友。当时闻一多和顾毓琇从达园搬回了西院，达园的房子仍然保留作为客房，便安排朱湘住在达园，生活费用由顾毓琇来负责。闻一多四处托人张罗，还写信给在河南大学的饶孟侃，但仍未能寻找到合适的职位。不久，朱湘又去了上海。12月5日，他从上海乘坐轮船去往南京的途中，在大通附近跳水自杀。闻一多听闻这个消息，颇感伤怀，觉得自己能力有限，未能帮助朋

---

[1] 引《混着血丝的记忆》，冯夷《文艺复兴》第2卷第4期，1946年。

友渡过困境。

朱湘的死使他马上想到还有一位朋友需要他们的救济,这个人就是唐亮。唐亮,字仲明,1926年毕业于清华,之后到法国深造美术,回国之后一直没有找到合适的工作。之前他曾写信给闻一多,托他寻找工作机会,闻一多忙着其他的事情,一时也没找到合适的职位,就没有回信。现在过去了大半年的时间,原以为他已经找到工作,不承想从一位朋友那里听说他一直处于失业的状态,生活已经窘迫到连路费都拿不出来的地步。知道这个情况后,闻一多生怕唐亮成为第二个朱湘,急忙写信给饶孟侃商量如何帮助好友。那个时候,闻一多从前工作过的艺术专门学校准备重新开办,严智开任筹备主任,很大可能就是以后的校长,闻一多以前跟他共过事,多少可以说得上话,便准备让唐亮先来北平开个画展,还从自己的工资里面抽出四十元作为唐亮从家到北平的路费,之后更是协同林徽因等人为唐亮筹备画展,可谓把朋友的事情当成自己的事情来做,既出钱又出力,尽职尽责!

闻一多在清华任教时新结识了一位挚友,那就是朱自清,两人往来密切,又都在中国文学研究方面有突出的成就,此后长达14年的深厚友谊被称为中国文学史上的一段佳话。朱自清,字佩弦,号实秋,年纪比闻一多长一岁。1925年清华大学加办大学部,通过俞平伯、胡适的引荐,朱自清来到清华任教,1932年起被聘为中文系主任,他的著名散文《荷塘月色》《背影》便是来到清华之后的作品。当年闻一多是受到清华校长梅贻琦的赏识才回到清华的,进入清华之后长达十几年的时间里,可以说朱自清对他也是有知遇之恩的。朱自清对于闻一多的才华颇为欣赏,尤其是在讨论诗歌的时候,朱自清对他的见解总是给予好评。在工作上,朱自清作为系主任,经常会为闻一多出面解决矛盾。闻一多开设的"先秦汉魏六朝诗"的课程,因为学生不满意讲课效果,就在课堂上提意见,闻一多性子直,不肯接受,便与学生们起了争执,有些学生干脆不来上课了,朱自清知道后出面调解此事,最后还是站在了闻一多的这一边。对于闻一多平时过激的言语和行为，朱自清因为了解他的性格，也多是持包容的态度。此外，朱自清对闻一多的生活也很照顾。清华的教师宿舍非常紧张，闻一多刚开始住在校外的达园，一直想搬回校内，在朱自清的帮助下，新职工宿舍刚建好，闻一多便搬了进去。

　　重返清华校园后的前五年，可以说是闻一多学术研究的高峰期，他取得了很多研究成果。在西院住了将近两年之后，1934 年 11 月，闻一多一家搬到了新南院七十二号居住，这应该是闻一多一生中住过的最好的地方了。新南院是清华专门为学校的教授们新建造的一片西式别墅住宅区，每栋房子都带有草坪，有独立的院子，大大小小十几间房间，卧室、书房、厨房、餐厅、客厅、储藏室、卫生间甚至仆人的卧房一应俱全，还配置了电灯、电话、冷热水管等设备，在当时的年代算是最高标准了。闻一多对这个房子非常满意，他把书房的四壁全部装上到顶的书架，每天都在自己的书桌前面埋头做研究，感到疲劳时，便走出书房，来到院子里，有时候拔拔草坪里的杂草，有时候喂喂金鱼，很快便消除了倦意。闻一多喜欢竹子，特地在书房窗前栽种了几株翠竹，家里人知道他非常喜爱，所以打理得特别精细，竹子生得十分茂盛，闻一多一有时间便会到竹子旁边端详一会儿。后来到昆明避难仍念念不忘，一有朋友要回北平，便嘱咐人家去看看竹子是否还在。

　　闻一多大部分时间都花在了学术研究上，很少陪孩子们嬉戏玩闹，偶尔看电影、听戏等都能给孩子们留下深刻的印象，更不用提有一次亲手为孩子们堆了一个雪人了。闻立雕在《红烛：我的父亲闻一多》中记述："记得当年在北平的时候，有一个冬季里的一天，空中飘起了鹅毛大雪，一夜之间房顶上，树枝上，四周的矮柏围墙上，草坪上，到处都像是厚厚地铺了一层洁白的鹅毛绒毯，非常漂亮。父亲被这神奇的美景感染得雅兴大发，忽然想要堆雪人，把我们喊出来和他一起干。当时我和哥哥只有八九岁，一听说要堆雪人，非常高兴，但我们从来没有堆过雪人，不知道怎么个做法，只是跟在父亲后头瞎忙活。记得先是滚雪球，当雪球越滚越大，大到比我们略高时，就用手或其他工具把它拍实，接下去父亲就开始他那极富想象力的艺术创作了。父亲是这样的人，任何事不做则已要做就特别认真，一丝不苟。堆雪人虽然只不过是领着我们在雪地里玩，可他非常投入，全神贯注、精益求精。他是个专门学过美术的艺术家，因而堆雪人在他手上也就像雕刻家雕刻塑像一样，是在创作一件艺术品，这里拍拍，那里打打，反复精雕细琢，修了又修，改了又改。大约半天的工夫，一个憨态可掬的白雪王子就显现在我们面前了。这时，虽然我们的鞋和手套都湿了，脸蛋冻得通红，可是看着父亲的这个得意作品都高兴得手舞足蹈，又喊又叫。这一天，草坪上格外热闹，连妈妈和弟弟妹妹也不时出来参观、助兴，真是其乐融融，皆大欢喜啊！"[1]

闻一多对孩子们教育就像大多数家长一样，不苟言笑，以保持父亲在一个家庭中的严厉形象，他没有什么治家格言，除了督促孩子们读书，给予正面教育之外，更多的是通过自己的一言一行来言传身教，为孩子们树立一个榜样。虽然他大部分时间在埋头治学，但要是哪个孩子生了病，他可是急坏了，心里一直挂念着。据闻立雕称，闻一多对体育不太重视，平时对体育基本上不参加，但是对孩子喜好踢球、跳高等体育活动还是比较宽容的。同龄人在家里安跳高架，惹得孩子们羡慕，他也会请师傅来做一个；孩子想要溜冰鞋，他也会尽量满足。[2]

当时闻立雕和闻立鹤在清华校园里面的成志小学读书，离新南院有十几分钟的路程，对于小孩子来说这段距离不算远但是也不近。闻一多心疼两个儿子，主动提出给他们俩买自行车，适合大人的自行车肯定是没法骑的，那时候商店里正好有专门为小孩子准备的儿童自行车，后轱辘两边各装了一个小轱辘，可以防止摔倒。有了这种样式的车，兄弟俩

---

1 引自《红烛：我的父亲闻一多》，第91-92页，闻立雕著，新华出版社，2009年版。
2 引自《红烛：我的父亲闻一多》，第93-95页，闻立雕著，新华出版社，2009年版。

一个跟头没摔很快便学会了骑自行车,等到他们稍微大点,把两个防摔的小辅轮卸掉,又可以继续骑。 当时清华校园里面,能拥有这种自行车的小孩子可不多,两人别提多开心了,既不用走路上学,又能锻炼身体,不知道招来了多少同龄人羡慕的目光呢,心里美滋滋的同时也特别感激父亲!

虽说闻一多这几年在清华校园里过着不过问校务、专心埋头搞学术研究的日子,但是国家的安危仍时刻牵动着这位爱国志士的心。

1934年3月1日,日本在长春成立伪"满洲国",提出撤走国民党驻河北的东北军、中央军和宪兵等蛮横无理的要求。 国民党大力推行"攘外必先安内"政策,居然全部都答应了,此举引起了全国人民的极大愤慨。

1935年12月9日,在北平聚集了数千名大、中学校的学生,他们高呼"停止内战、一致对外""打倒日本帝国主义""反对华北五省自治""收复东北失地"等口号,走上街头示威游行,这就是历史上著名的"一二·九"运动。 16日,学生再次上街游行示威,遭受了军警的殴打,还有数十名学生被逮捕。 当时清华学校的态度是,同学们有强烈的爱国热情十分可贵,但是采取罢课、游行示威的方式对缓解国家的苦难并没有多大的作用,反而给了国民党当局加以干涉的理由,这个时期作为学生更应该加倍努力于学业,将来才有能力改变国家的命运。 闻一多虽然对日本侵略者的行径十分愤怒,但是对国民党政府还存在着幻想,所以立场是站在学校这一边的,甚至对于自己的侄儿闻立恕、闻立勋,外甥陈文鉴参加游行示威非常生气,事后还批评他们不该参加这种活动。

1936年12月12日,张学良和杨虎城一起发动"西安事变"。 消息传来,关心国事的清华教授们请求召开教授会议,连一向最不喜欢参加的闻一多也早早地到了会场。 对于这次事变,闻一多是持谴责态度的,大敌当前,国民党内部若出现内乱,岂不是给日本侵略者以可乘之机? 在这次会议上,闻一多参与起草了《清华大学教授会为张学良叛变事宣言》：同人等认为张学良此次之叛变，假抗日之美名，召亡国之实祸，破坏统一，罪恶昭著，凡我国人应共弃之，除电请国民政府迅予讨伐外，尚望全国人士一致主张，国家幸甚。

"西安事变"最终在共产党的协助下得到和平解决，蒋介石同意改变"攘外必先安内"的政策。至此，内战停止，国民党与共产党进行第二次合作，建立了抗日统一战线，此举极大地鼓舞了全国人民的抗日热情。这个结果也是闻一多所没有料到的，多年之后，他曾这样表达过自己的看法："这个事件的结局，实在出乎我的意料，无论从古今中外哪一个时代的政治斗争来说，蒋介石'双十二'夜里不死于兵变，也一定要被判死刑。结果竟然是安然无恙回返南京，依然当他的委员长！这种不念旧恶，以德报怨的事情，历史上也绝无仅有。……像这样大敌当前，能捐前嫌，顾大体，这只有共产党才能做到呵！那时尽管我是不问政治的，但我是一个中国人，总不能不关心它的结局呵，这事情给我的印象是太深刻了！"[1]

六、西南联大

从1932年回到清华校园到1937年，转眼间五年时间过去了。当时的清华有个规定，学校的教授在学校教书的时间满五年之后，可以有一年的休假时间，用来进行进修、调研或者考察，以提高师资水平。闻一多自然也不例外，从这年的暑假他便开始了一年的休假。对于休假的安排，他并不想出去进修，而是打算继续钻研自己的学术，完成早就计划好的《诗经字典》的编纂工作。而妻子自从来北京后，就再也没回过娘家，这次闻一多好不容易可以休假，她终于有时间可以回娘家探望父母，小住一段时间了。可是，闻一多一心想着抓紧时间搞学术，不想把时间花费在探亲上面，而妻子从来没有独自出过远门，何况这次还带着

---

[1] 引自《闻一多传》，第174页，王康著，湖北人民出版社，1979年版。

两个孩子，不能没人护送回家。正在闻一多焦头烂额想办法的时候，碰巧闻家驷在北平辅仁大学找到了工作，准备利用假期回老家接家眷来京。护送的问题迎刃而解，高孝贞带着立鹤和立雕便回到武昌老家。

妻子和孩子们顺利回了老家，闻一多以为终于可以专心从事自己的研究计划了，却没想到日本侵略者的进攻打乱了一切，甚至还把他们一家逼出了北京城。早在这年6月起，日本为了侵占中国，发动全面的侵华战争，一直以军事演习的方式来挑衅中国军队。1937年7月7日，日军在卢沟桥一带制造了震惊中外的"七七事变"。

闻一多听到枪声，最初还以为又是军事演习，然而国民党部队最终未能抵挡住日军的进攻，日军很快占领了天津。局势的转变，也加剧了闻一多内心的焦虑。这个时候正值暑假期间，学校已经不可能有计划地组织师生撤离，师生们都在想办法离开北平，很多家是南方的教授们都选择先回老家避避风头，安置家眷。闻一多此刻也是焦头烂额，妻子在武昌老家已经听说了北平的事情，十分担心闻一多和三个小孩子的安全，一想到万一北平沦陷，一家人将被南北分隔，尤其是小女儿才只有一岁多，心中便痛苦万分。她一天一个电报，催促闻一多赶紧带着孩子们回老家来，只要人能平安回来，其他的都不重要了。

妻子在老家着急，闻一多在北平的日子也不好过。自从妻子离开后，家里的事情无论大小全部要他做主。之前，他跟妻子高孝贞一个主外，负责挣钱；另一个主内，负责管钱、用钱。一家人的吃、喝、穿、用，家里仆人的分工调度，小孩子们的教育管理，都是由妻子来安排的，他完全不用操心，只管埋头自己的学术研究，然而，现在所有的事情都需要他一个人来处理。在他看来，这些他从未涉及过的领域确实比那些古文研究困难多了。现在要离开北平，一个人也没有办法带着三个孩子上路，何况小女儿还这么小，仍在喝奶，当时的京汉路已经不通了，一路上还要经历无数次的倒车、买票、抢座位，想一想便觉得烦躁无比。夫妻二人对如何上路，也是来回商谈了好多次，最后决定带着家里的用人赵妈一起启程,赵妈的丈夫赵秀亭留守在北平的家里,帮忙看管家当。

7月16日,日本为了扩大侵华战争,决定增派四十万军队,北平城内人心惶惶,一片混乱。18日深夜,北平突然枪声大作,令人惊恐。闻一多匆忙决定离开北平回湖北老家,因为走得太过仓促,家中的细软甚至是妻子的陪嫁首饰都没带,全部留在了清华园,只随身携带着《三代吉金文存》和《殷虚书契前编》两本书。7月19日,闻一多带着立鹏、闻铭、闻翾和女佣赵妈,一行五人从津浦铁路南下,通过南京再去武汉。当时车站里到处都拥挤着逃难的人群,卖票的窗口被围得水泄不通,闻一多一家人在侄子和一位小红帽的帮助下,大人先挤上了车,再把小孩通过车窗一个一个递进来,还幸运地找到了一个座位。据闻立雕称,闻一多一行"一路上上车、倒车、换船、排队、买票不胜其烦,不胜其累;到处人山人海,挤得水泄不通"[1]。侄儿怕他们路上喝水不太方便,特地买来大西瓜,也被人群挤得摔掉在地上踩了个稀巴烂。两个大人带着三个小孩,又要拿行李,必然是忙不过来的,少不了要请车站的小红帽们帮忙。闻一多对小红帽的帮助是心存感激的,每次出手都是5块钱。要知道,这可够一个大户人家买一个月的口粮了呢,路人见闻一多出手如此阔绰,也是惊诧不已。

在前门车站时,闻一多遇到了正要回山东老家的臧克家,臧克家看他行色匆匆,便问他的那些书在哪里,闻一多回答说:"只带了一点重要稿件。国家的土地一大片一大片地丢掉,几本破书算了什么?"听得出来,闻一多还是颇有感慨的。"卢沟桥事变"之后,蒋介石在庐山邀请国内著名大学的教授和社会名人一起商讨如何应对日本的侵略行为,并在谈话中对各党各派及无党派人士郑重表明态度,确定了南京国民政府抗战的方针,之后还发表了演说。闻一多从报纸上看到消息后,多少觉得

---

[1] 引自《红烛:我的父亲闻一多》,第102页,闻立雕著,新华出版社,2009年版。

有些安慰，毕竟政府已经表明了抗战的决心。

在路上奔波折腾了几天之后，闻一多带着三个孩子和赵妈终于安全回到了湖北老家，家人看到他们脱离了险区，也放下了悬着的心。因为走得太过匆忙，只带了随身换洗的几件衣服，于是闻一多写信给留守在清华园里的赵秀亭，让他收拾一些衣物寄到武汉来。不承想，日本人自从14日进驻清华园之后便强行占领了校外住宅区，虽然美国驻华使馆几度从中交涉，但都没能阻止。赵秀亭无奈之下，只好离开清华园，回到自己的家中，闻一多留在清华园里的书籍和财物也损失殆尽了。

闻一多在武昌时，一家人聚在一起经常谈论战争的形势，对国家的命运非常担忧，但是当时他们对共产党并不是十分了解，仍然觉得抗战还是要靠蒋介石的部队。这不只是闻一多一个人的想法，当时有很多人都持这个观点，这种想法直到几年之后慢慢才转变。

10月2日，朱自清经汉口到武昌磨盘街来探望闻一多，当时教育部决定北京大学、清华大学、南开大学三所高校迁往长沙组成临时大学。闻一多正在休假期间，自然不会前往长沙，但是因为这次南下赴长沙的文科教授人数不多，所以朱自清特地写信给校长梅贻琦，想让闻一多推迟休假，先去长沙填补文科教授的空缺。闻一多接到梅贻琦的信之后，没有犹豫便同意了，并向学校推荐陈梦家为教员。陈梦家从东南大学毕业之后，在燕京大学国学研究院做研究两年，任教一年，他在古文字学方面很有研究，聘请他可以为清华大学培养古文字学方面的人才。

"七七事变"后，闻一多一家回到湖北在武昌的家门前合影留念

对于闻一多前往长沙的决

定，妻子高孝贞一开始心里是不太乐意的，现在局势这么紧张，一家人本来就应该待在一起，可以互相照应，分开免不了互相惦记、牵挂，何况好不容易千辛万苦才从北京逃了出来，相聚没多久又要分离，无奈国家有难，匹夫有责，便由闻一多去了。长沙临时大学拟定于11月1日正式开课。10月22日，闻一多深夜才抵达长沙，朱自清亲自赶到火车站去迎接。长沙的生活条件当然没有办法和清华园里相比，生活设施简陋，伙食简单，学校的教员们都各自慢慢适应着这里的生活。

闻一多忍受着艰苦的生活条件，却忍不住对家中儿女们的挂念。得不到家里的来信，于是他每两天就会写信给家里问情况，有一次在给妻子高孝贞的信中说道："出门快一个星期了，尚未接家信，这是什么道理？若不是小小妹病使我担心，有没有信倒无关系。明信片上我已经写好了住址，只要填上几句话就行了。"[1]

闻一多出门的时候，小女儿正在生病，有过大女儿夭折的经历，他颇为担心孩子的病情，特定叮嘱妻子医药费该用就要用，一定不能省，还交代要随时写信向他报告病情发展，如果有必要，他可以回去一趟。虽然家书一封接着一封寄了出去，但他并未收到任何回信，这可急坏了他。11月1日，他又写信给妻子："除由恕侄带一信来外我到此从未接到一信，这未免太残忍了吗？湘女病状如何，我实在担心。不是为省钱起见，我定已回来了一趟。我现在哀求你速来一信。请你可怜我的心并非铁打的。这里今天已上课，但文学院同人要后天才搬到南岳，一星期后才上课。听说山上很冷，皮袄请仍旧取出，上次信上忘记说。长沙住家并不很贵。我想开春你们还是到这里来吧。"[2]

当时长沙临时大学因为地方不够用，文学院只能暂时搬离到百余里外的南岳衡山脚下的圣经学校分校里。11月3日，闻一多和朱自清、陈

---

[1] 引自《闻一多书信选集》，第255-256页，闻一多著，人民文学出版社，1986年版。
[2] 引自《闻一多书信选集》，第258页，闻一多著，人民文学出版社，1986年版。

梦家等人一起乘车前往南岳。文学院的校舍就在南岳衡山的脚下，背靠衡山，前有小溪，每逢下大雨的时候，小溪就变成了瀑布从山上倾泻而下，很是壮观。闻一多曾写信给孩子们介绍自己在南岳的情况："我们现在住的房子，曾经蒋委员长住过，但这房子并不好，冬天尤其不好。这窗子外面有两扇窗门，是木板做的，刮起风来，劈劈啪啪打的响声很大，打一下，楼板就震动一下，天花板的泥土随着往下掉一块。但是这里风景却好极了。最有趣的是前天下大雨，我们站在阳台上，望着望着一朵云彩在我们对面，越来越近，一会儿从我们身边飘过去，钻进窗子到屋子里去了。"[1]

因为饭厅在山下，所以每次吃饭都要上下爬二三十个台阶。闻一多原本以为伙食会比长沙有所改善，没想到反而更差了，"原来希望到南岳来，饮食可以好点，谁知道比长沙还不如。还是一天喝不到一次真正的开茶。至于饭菜，真是出生以来没有尝过的。饭里满是沙，肉是臭的，蔬菜大半是奇奇怪怪的树根草叶一类的东西。"[2]

开学之后，教授们都投入正常的教学工作中，闻一多讲授"诗经""楚辞"两门课程，并且开始研究《周易》。抗战时期，人心浮动，有的学生没有返回学校上课，而是直接奔赴战场参加抗战去了，还有的是来了，没待上几天又走了，留下来的学生也沉不下心来。闻一多看到学生们的这种情况，第一次上课的时候，并没有给他们开讲课程，而是为他们分析了当时的情况。在他看来，这次抗战应该是场持久战，短期之内不可能结束，抗战救国也是有分工的，可以选择直接参加抗战，这肯定是当前最需要的，但是留下来学习本领，积攒力量，为将来的国家建设做贡献也是必要的。每个人可以根据自己的身体条件和兴趣志向决定去留，一旦决定留下来就要安定心思认真学习，不安心是不行的。可以

---

[1] 引自《闻一多书信选集》，第262页，闻一多著，人民文学出版社，1986年版。
[2] 引自《闻一多书信选集》，第261页，闻一多著，人民文学出版社，1986年版。

说，他用简短有力的话语给同学们上了一堂安定人心的课，这堂课对于当时仍然处于迷茫状态的同学们可谓是一场"及时雨"，也给他们留下深刻的印象。

抗战的局势更加紧张。11月20日，国民政府发表移驻重庆宣言，闻一多很快便想到武昌将不再安全。没想到接着长沙也遭到日军的轰炸，所幸长沙的同事都平安无事。之后，日军空袭长沙愈加频繁。12月13日，南京沦陷，武汉的形势愈发吃紧。闻一多对家人的处境十分担心，频繁写信催促他们搬回乡下去住。一来可以避难，二来家中的父亲可以帮忙督促孩子们的功课，这样闻一多便又可以放心不少。这个时候，长沙临时大学也在计划着搬往昆明的事情，尽管很多学生反对学校远离抗战前线的做法，但大局已定。闻一多便决定在寒假的时候多请一星期的假，赶在西迁之前回老家探亲一趟。1月2日，在南岳的文学院决定迁回长沙，闻一多乘坐同事的私人汽车提前赶回长沙，第二日便动身返回武汉。

闻一多抵达武汉之后，他的老朋友顾毓琇邀请他到战时教育问题研究委员会工作，闻一多以这辈子不想做官也不想离开清华为由拒绝了老朋友的邀请。惹得妻子高孝贞不快，以致闻一多离家将近一个月时间，没有收到妻子和孩子们写来的一封信。"离家将近一月，未接家中一字。这是什么缘故？出门以前，曾经跟你说过许多话，你难道还没有了解我的苦衷吗？出这样的远门，谁情愿，尤其在这种时候？一个男人在外边奔走，千辛万苦，不外是名与利。名也许是我个人的事，但名是我已经有了的，并且在家里反正有书可读，所以在家里并不妨碍我得名。这回出来唯一目的，当然为的是利。讲到利，却不是我个人的事，而是为你我，和你我的儿女。何况所谓利，也并不是什么分外的利，只是求将来得一温饱，和儿女的教育费而已。你或者怪了我没有就汉口的事，但是我一生不愿做官，也实在不是做官的人，你不应勉强一个人做他不能做不愿做的事。我不知道这封信写给你，有用没有。如果你真是不能

1938年长沙临时大学湘黔滇旅行团全体老师合影,前蹲者为闻一多

回心转意,我又有什么办法?"[1]

  闻一多抵达长沙之后,有些同事已经出发去云南了。当时学校安排学生们通过公路步行去云南,一切费用由学校来承担;教授和其他工作人员们则每人补贴六十五元路费,经由香港取道安南进入云南。闻一多为了节省路费补贴家用,顺便游览沿途的风光,感受各地的风土人情,便和杨金甫、曾昭抡等人一起选择步行前往云南。1938年2月19日,闻一多和步行进入云南的师生一起,组成湘黔滇旅行团,从韭菜园经由中山路到湘江边乘坐民船出发。这次旅行团采用军事管理方式,学生都穿上了军装,背着雨伞,打着绑腿,现役中将黄师岳担任团长,学校自己组建了辅导委员会,由闻一多等五名教授任委员,约220个学生分为两个大队,大队下面再分三个中队,每个中队再分为三个小队,再加上

---

[1] 引自《闻一多书信选集》,第276页,闻一多著,人民文学出版社,1986年版。

学校的教授，全团一共320余人，在68天的时间里，穿越了湘、黔、滇三个省，除了乘车、坐船之外，完全靠步行。在旅途中，闻一多和学校的师生们一起既饱览了祖国西南的风景名胜，也体会到了少数民族的淳朴热情和他们生活的贫苦。

闻一多一路上也尝试了很多自己从来没有经历过的生活，可以说，这次长途跋涉的经历也开启了他人生的新阶段，从此之后，无论是他的生活还是思想认识，都发生了很大的改变。每日步行少则五六十里多则上百里的辛苦，自然不用言说，晚上经常在地上铺上稻草睡觉，甚至还要与鸡鸭同室，刮风下雨的天气也要赶路，只有遇到暴雪的时候才会休整一两天。值得庆幸的是，旅途中有不少名胜古迹可以欣赏，倒也增添了不少乐趣。旅行团中有的人喜欢写日记，闻一多没有写日记的习惯，但是为了记录下旅途中的美景，他重拾画笔，沿途完成了很多速写，既有人物又有风景和建筑，只可惜很多后来丢失了，如今只剩下了三十六幅。

旅行团在贵州、湘西时，经常会看到不少红军三年前长征时留下的布告和标语。闻一多还听到了许多关于红军的故事。有个老乡告诉他，自己见过毛主席和朱司令，他们穿着和战士一样的军装，没有一点架子，待人非常和气，还说自己的儿子被国民党抓了壮丁，早知道应该去当红军！闻一多当时听到这些，就跟自己的学生说：这才是真正的口碑啊！

还有一次，在沾益的一所破庙中有人在墙上写了一首民谣歌颂红军："田里大麦青又青，庄主提枪敲穷人；庄主仰仗蒋司令，穷人只盼老红军。"闻一多看后，兴奋地说："这才是人民的心声啊！红军受人民的爱戴，由此可见。"这些关于红军的事迹，都是通过当地百姓从侧面了解到的，当时的闻一多虽然还没有明确的思想转变，但是这次旅行的经历已经为他日后走上革命道路奠定了基础。

闻一多在旅行中还有一个小小的收获，那便是他留起了胡须。一开

闻一多跟随湘黔滇旅行团赴云南途中在写生

始只是因为旅行中早上时间匆忙，除了必需的洗漱等以外，根本没有时间来剃胡须，于是闻一多干脆就随它长着，没想到一起参加旅行团的教授李继侗也留长了胡子，于是两人干脆约定，胡须是为抗战而留，不到抗战胜利决不剃掉，两人还拍了一张合影做留念。 只不过，李继侗的胡须在到达昆明后不久就剃掉了，闻一多的胡子一直留到了抗战胜利之后。 他对自己的胡须还颇为满意，曾在给妻子的信中说道，自己的胡须是学校中最美的胡须之一呢!

4月的昆明阳光明媚，正值一年中最好的季节。 长沙临时大学搬到昆明之后就改称西南联合大学，因为地方有限，文学院和法学院被安排到离昆明四百多里远的蒙自县，闻一多在昆明没待上几天便赶往蒙自去了。

蒙自县地处云南边陲，不远处便是中越边境线，历代都是军事要塞，在列强侵略中国的过程中，很早便沦为对外开放的商埠，直到第一次世界大战结束后，蒙自才恢复往日的宁静，只留下那一排排空荡的洋房。 西南联合大学之所以把文学院和法学院安排在这里，正是看中了这一片空房。 随着师生们的到来，宁静的蒙自县一下子变得热闹起来。但很快闻一多便发现了问题，随着殖民者的离去，蒙自县几乎成为一个空城，这里人口稀少，大部分人都是在家吃饭，所以镇上几乎没有餐馆和澡堂，甚至是最常用的纸笔当地也没有卖的，闻一多只好花更多的钱托人从更远的地方购买。

当时的西南联合大学并非一所独立的大学，仍由北大、清华、南开三所学校共同组成。 作为一种临时的状态，三所学校并没有打算长期合并，都想着抗战胜利后能恢复原校，所以各校都保持着自己独立的习惯和规定，教授也都分属于不同的学校，只不过师资共享而已，新招收的教师和学生，也由各校单独发放聘书和录取通知。在这种情况下，难免在教学习惯和课程进度等方面有不一致的地方，发生矛盾也就在所难免了。好在这三所学校的管理人员和教授们有很多都是另外两所学校的毕业生，你中有我，我中有你，虽然有些分歧，但总体上关系还算比较融洽。

早在参加旅行团的时候，闻一多途经贵阳境内便觉得那里远离抗战前线，并没有像长沙那样有着浓重的硝烟味。现在来到离贵阳又有一段距离的昆明，变得更加安静了，而蒙自县又远离昆明，所以简直是抗战时期的"世外桃源"。闻一多对这份难得的宁静非常珍惜，而此时家属又不在身边，便想趁这个机会好好补补最近几个月耽误的工作，于是他平时除了上课基本不出房门，抓紧一切时间埋头学术研究。闻一多的专心在蒙自是出了名的。当时他和其他同事一起住在歌卢士洋行楼上的教师宿舍，因为整日闭门不出，埋头读书，同事们便戏称他住的那栋楼为"何妨一下楼"，而闻一多则被称为"何妨一下楼主人"。

虽然不下楼，但并不代表不关心国事。那个时候的闻一多常常与人讨论时政，对于国民党实行总裁制的决定，他认为抗战时期实行一党专政对全民参与抗战是弊大于利的。当有人拿英美内忧外患时也曾采取集权制来反驳他时，他不以为然，甚至还慷慨激昂地把对方批评一番，颇有深恶痛绝之感。学校里有些教授对抗战持悲观的态度，闻一多对此很看不惯。当时合肥、徐州、开封接连失守，日本准备发兵进攻武汉，战争形势对我方十分不利。有的教授在食堂吃饭的时候，便拿着报纸，对自己预测战争失败的结果表现得得意扬扬，好像是什么值得炫耀的资本一样。闻一多听后觉得无法忍受，但是苦于持这种观点的人多势众，真争辩起来自己一个人寡不敌众，想必也争不出来什么结果，便作罢了。这样一来，每次吃饭对他来说就简直是活受罪。

因为蒙自地处偏远地区，相比其他城市要安全得多，很多教师开始把家人接来同住。武汉现在已经不再安全了，抗战在短时期内也不会取得胜利，妻子高孝贞已经带着孩子们和赵妈，同闻家驷一家人一起赶往云南。这个时候，传来柳州航空学校要搬来蒙自的消息，为了给他们腾地方，西南联合大学决定把文学院和法学院迁回昆明。于是，这个学期的课程一结束，不等学生们考完大考，闻一多便匆匆赶往昆明，寻找合适的房子给家人落脚。接着便赶到贵阳，一来是去接家人，二来也是受吴泽霖的邀请为暑期讲习班的学生教授国文。

8月底，闻一多和家人一起回到昆明，与弟弟闻家驷一家人暂时租住在小西门福寿巷3号。当时大家都觉得昆明作为抗战的大后方，应该是比较安全的。没想到日军的飞机很快便跟了过来。9月28日，日军的飞机对昆明进行第一次轰炸。闻一多在这次轰炸中头部被炸伤，也可以说这是战争给他的第一次血的洗礼。

那个时候，他的两个稍大的儿子立鹤、立雕在城外的实验小学读书，大的读高小，小的读初小，当时学校规定初小只在下午上课。那天防空警报响起时正好是上午，立雕在家里，立鹤还在学校上课，闻一多很不放心，便打发赵妈去学校接立鹤。结果赵妈走了好一会儿还不见回来，闻一多心急如焚，便下楼去看，出门走了没多远，就远远地看到赵妈正在往回走，原来，学校的老师已经带着立鹤他们躲了起来。想着老师带着应该比较安全，他那颗悬着的心才放下来，两人便一起往回走。谁知道，当两人走到一处围墙下时，空中突然传来沉重的轰鸣声，赵妈因为在武汉经历过空袭，比较有经验些，赶忙往边上的小树林里跑。结果闻一多反应不及时，被落下的炸弹击起的砖头砸中了头部，瞬间鲜血就模糊了视线。待敌机飞过后，赵妈过来看到闻一多胸前的长衫已经被鲜血染红了，赶忙把他搀到一棵树下，幸好战地救护队赶了过来，他们为闻一多做了紧急包扎。

闻一多喊了辆人力车把自己和赵妈拉回家，还没走到家，远远就看到立鹤已经平安到家,正跟妻子一起在门口等自己。妻子看到他的伤口和衣服上的血迹,吓得不知道该怎么办才好,闻一多当机立断,坐着人力车直奔医院,检查之后发现伤势并不重,颅内也没有受伤,缝了几针之后便回家休养了。

这次流血事件并没有吓倒闻一多,反而激起了他投身抗战的激情。

不过,作为文人终究不能上阵杀敌,只能采用文人的方法支持抗战。在从长沙到昆明的途中,刘兆吉沿途收集了不少民谣,最后编成了一本民谣集,取名《西南采风录》。在民谣收集的过程中,闻一多便给他不少的指导,又为这本书写了序。他在序中这样写道:

> 你说这是原始,是野蛮。对了,如今我们需要的正是它。我们文明得太久了,如今人家逼得我们没有路走,我们该拿出人性中最后、最神圣的一张牌来,让我们那在人性的幽暗角落里蛰伏了数千年的兽性跳出来反噬他一口。打仗本不是一种文明的姿态,当不起什么"正义感""自尊心""为国家争人格"一类的奉承,干脆的是人家要我们的命,我们是豁出去了,是困兽犹斗。如今是千载一时的机会,给我们实验自己血中是否还有着那只狰狞的动物,如果没有,只好自认是个精神上的"天阉"的民族,休想在这地面上混下去了。感谢上苍,在前方姚子青,八百壮士,每个在大地上或天空中粉身碎骨了的男儿,在后方几万万以"睡到半夜钢刀响"为乐的"庄稼老粗汉",已经保证了我们不是"天阉"!如果我们是一个乐观主义者,我的根据就只这一点。我们能战,我们渴望一战而以得到一战为至上的愉快。至于胜利,那是多么泄气的事,胜利到了手,不是搏斗的愉快也得终止,"快刀"又得"生黄锈"了吗?还好,还好!四千年的文化,没有把我们都变成"白脸斯文人"![1]

---

[1] 引自《闻一多全集》第3册,第395-396页,闻一多著,三联书店出版社,1982年版。

从这篇序中可以看到闻一多对日本侵略者的强烈控诉，虽然是文人出身，但是仍表示要坚持抗战到底的决心！此外，闻一多对参军的学生也格外关心，一直与他们通过写信的方式保持联络。其中一个叫施忠说的学生，到部队后不久就失去了音信，闻一多十分担心。碰巧他的清华同学赵俪生在部队做指导员，他知道后，特地写信托赵打听自己学生的下落。虽然是在打听自己学生的下落，但在一定程度上反映出闻一多对抗战的态度。

1939年暑假，闻一多向学校申请补休假，得到批准后，由于不用上课，所以一家人便搬到离昆明40多公里的晋宁县。这里很少有敌机来轰炸，正好适合闻一多专心做学术研究。原本打算休假时，完成《诗经字典》的编纂工作，现在却有了变化，学校下个学期要开设"中国上古文学史"课程，点名由闻一多主讲，所以研究的内容便改成了"中国上古文学史"。在这一年的时间里，他采用清代学者的考据法，通过查阅敦煌残卷、殷墟卜辞、商周青铜器铭文的相关资料，把先秦两汉时的文字的古音古义做了研究和梳理，并探讨了上古文学的时代背景、思想特点等内容。

由于不用上课，闻一多在家里的时间也多了起来，在书房里看书疲劳的时候，便教教儿女们读诗，或者靠在床头听他们摇头晃脑地背诵唐诗，一家人其乐融融。据闻立雕在《红烛：我的父亲闻一多》中记述，闻一多给他们"讲诗的时候，身子靠在床头上，双腿伸直，我们就轮流挥动小拳头一下一下地给他捶。有时候他讲得太精彩了，我们听出神了，如痴如醉，以至于小拳头也忘记挥了。我们背诗时父亲便规定，不能按时背下来的就挨罚，多捶若干下……在晋宁的这一年中，父亲先后给我们选讲了《卖炭翁》《茅草为秋风所破歌》《长恨歌》《兵车行》《孔雀东南飞》《琵琶行》《春江花月夜》等一批唐诗。同时还讲了《史记》中的《项羽本纪》《刺客列传》等古文。这些诗文大多是关系国家兴亡盛衰和人民艰难困苦、备受煎熬的诗文。这一年我们收获颇丰，可以毫不夸张地说,我们脑海里存储的那点唐诗知识大多是在这一年里打下基础的。通过听这位国学大师的讲解我们不仅古汉语的水平有了不同程度的提高,历史知识和社会知识有所丰富,更重要的是通过这样的潜移默化与熏陶,培育了我们对人民的爱和对黑暗与邪恶的憎恨"。[1]

到了全面抗战第三个年头的时候,物价开始不断上涨,由于家里人口多,闻一多的薪水用来支撑全家人的吃穿用度已经很紧张了。为了节省开支,闻一多便改抽便宜的纸烟,因为旱烟烈性大,经常被呛到大咳,后来又改抽烟袋锅。妻子高孝贞看着闻一多为了省钱如此折腾,自然心疼得不行,本来闻一多常年伏案工作,就指望着抽几口烟可以提提神,现在却节约到抽旱烟袋,可是,家里八口人都要吃饭,不想办法省钱也不行。于是,她便想帮闻一多解决这个难题。看到集市上有卖新鲜烟叶的,她便买来,去掉中间的硬梗切成细丝,撒上酒和糖水,在锅里滴上几滴香油,文火炒干,这样一来,色香味俱全的自制烟丝就制作成了。闻一多抽完之后,很是满意,忍不住逢人便夸夫人的手艺好呢!现在人们提起闻一多,印象最深的就是他那张口衔烟斗的侧面照片,由此看来,妻子高孝贞在背后为那个烟袋也付出了不少心血!

就在假期即将结束时,闻一多收到清华校长梅贻琦的来信,一是要他提交休假期间的研究成果,二来由于文学系主任朱自清已经获准休假一年,所以想请闻一多在这期间暂代系主任一职。对于要提交的研究成果,闻一多早已经准备好了,可是暂代系主任一职这个事情,闻一多自然是坚决不从的,自从武大、青大的事件发生后,他便下定决心这辈子再也不会"做官",余生要把所有精力用在"向内发展"上。于是,他便写信回绝了此事,还特地向朱自清说明了自己推辞的原因。朱自清看到信后,仍然认为闻一多是最合适的人选,并向梅贻琦表达了自己的意思。于是众人又写信相劝,闻一多推辞不过,只好答应暂代一年,等朱

---

[1] 引自《红烛:我的父亲闻一多》,第146-148页,闻立雕著,新华出版社,2009年版。

自清休假归来便把职位还给他。

闻一多当初不肯去做系主任的原因之一就是觉得自己性格太过耿直，在处理一些问题时不能站在对方的立场思量，从他代理系主任期间发生的一些事情，也大概能看出他的做事风格。

每年的6月份，在暑假开始之前，联大都会给教授们办理续聘手续，如果没有特殊原因，一般也就是走个形式，可是就在闻一多上任的这一年，却发生了一件令人震惊的事情——清华早期教授刘文典被解聘了！原来，解聘刘文典是有原因的。1942年4月初，大盐商张孟希的母亲过世了，他便想请刘文典为其写墓志铭。当时张孟希远在磨黑，刘文典却在昆明，两地相隔距离甚远，自己又有课程要讲，抽不开身，便要推辞。张孟希知道刘文典素有吸大烟的嗜好，便提出可以为他供应充足的烟土作为条件。当时物价上涨，学校的工资已经不足以支付烟土的价钱，刘文典想了想便答应了，走之前特地向罗常培、蒋梦麟两人打了声招呼。

结果不曾想，这一趟去的时间过长，耽误了学校课程的进度。学校的其他老师知道刘文典的事情后，议论纷纷，觉得他这种做法实在是有失偏颇，但是碍于他是老同盟会员，改校之后又是最早一批的教授，资历很老，当时学校的教授很多都是他的同窗好友，其他两个学校的人也不好说什么。

闻一多知道此事之后，觉得刘文典这种做法根本不符合一个大学教授的身份，主张不再给他颁发续聘书。这个消息出来以后，系里的其他教授便为刘文典求情，闻一多始终坚持自己的主张。

刘文典看到事情已经闹到如此僵持的地步，便写信给罗常培，想让他出面调解。那个时候罗常培是联大中文系主任，他本身是北大的人。当时的联大有个规定，只有三校中的任何一个学校出了聘书，联大才能聘任，所以要是清华坚持不聘，联大最后也没有办法。于是刘文典又写信给梅贻琦，想让他劝闻一多改变主意，没想到，梅贻琦却站在了闻一多这边,还特地写信支持解聘的决定。

其实,刘文典这次磨黑之行,还有另外一层意义——掩护联大进步学生。"皖南事变"发生之后,联大很多进步学生暴露了身份,便跑到磨黑办了一所中学,还邀请张孟希出任校长。张孟希虽然是个盐商,却也爱好风雅之事,想请联大教授壮大自己的名声。联大学生觉得这样更有利于掩护革命活动,便向张孟希推荐刘文典前来,结果刘文典来了之后,除了教张孟希认识几个字,也没有其他事情可做,可是就是这样,却成功地掩护了那里的联大进步青年。只不过这件事情连刘文典本人也被蒙在鼓里,闻一多就更不知道此事了。但是我们也从这件事可以看出闻一多性格的耿直和坦率。

闻一多一家人回到昆明之后,一时没有合适的住处,便与弟弟闻家驷一家人挤住在节孝巷。这个时候日军的轰炸仍很频繁,正好后院有一个很大的防空洞,每次一有空袭,附近的群众便会跑进洞中避难。闻一多一家人刚搬来没几天就遇到了一次空袭,听到警报声,全家人都躲进了防空洞。外面敌机阵阵的轰鸣声,炸弹的爆炸声不断响起,大家都紧张极了,动也不敢动一下,突然"咚"的一声,地面一阵晃动,洞顶上的土哗哗地掉下来,大家都不知道发生了什么事。直到警报解除之后,大家出来一看,原来院子中央掉了一颗炸弹,幸亏是个哑弹,要不然后果不堪设想。这天晚上,大家都不敢留在家里过夜,闻一多和弟弟闻家驷商量了一下,觉得这里再住下去也不安全,还是搬到乡下去比较好。

简单收拾家当之后,两家人便匆匆搬往郊区的普吉镇,因为找不到合适的住处,两家一共十几口人只能挤在两间房里,实在是太不方便。过了两天,闻一多一家又搬到了三里之外的陈家营。这次的房子要比在普吉镇好了很多,是一栋独立的土木结构小洋楼,他们住在二楼的正房和两间东耳房。木质的房子隔音不太好,锅碗瓢盆碰撞和拉动风箱的声音,牲畜的各种叫声,坐在家中也能听得清清楚楚,楼下的牲畜即使在墙上蹭个痒痒楼上都能感觉得到。一到饭点,炒菜做饭的香味,夹杂着

闻一多与西南联合大学中文系教授罗常培、朱自清、罗庸、王力合影，右二为闻一多

牲畜的尿粪味便会顺着小楼中央的天井飘上来，但好在全家人有了独立的生活空间，闻一多对这个住处已经很满意了。

闻一多一家自1940年9月搬到陈家营，一共在那里住了一年的时间，这一年可以说是他们生活最困难的时候，生活水平已经降到了最低点。物价持续上涨，货币接连贬值，教授们的生活普遍比较困难。闻一多每个月从学校领了薪水回家，不到半个月时间就所剩无几，要维持生活，只能开源节流，一边从学校预支薪金，变卖家中值钱的衣物，一边省吃俭用，节衣缩食，降低消耗。即使这样，只能买得起掺杂着稻壳、沙子甚至是老鼠屎的糙米；吃的菜里一个月也见不到一点荤腥，每次也只能买些萝卜、白菜，为了省油，大多是水煮，除此之外，只能吃些咸菜、豆腐乳。闻一多为了把菜省给孩子们吃，自己经常就以干辣椒蘸盐拌饭吃，那个时候餐桌上最好的菜就是豆腐了，闻一多告诉孩子们这是"白肉"，很有营养，要孩子们多吃，他自己却很少动筷子。而豆腐也是比较难吃到的，更多的时候是吃农村用来喂猪的豆腐渣。吃的不行,穿的就更不用提了。 闻一多跟妻子已经多年没有买过新衣服,孩子们也只在考上附中时才买了新的学生装,不上学的孩子只能穿大孩子不穿的衣服,一直穿到不能再穿为止。 即使这样,也不能保证每顿都有吃的,很多时候,为了吃饭,不得不把家里的东西卖掉。

这年冬季的一天,屋里没有火炉,比室外还冷,眼看着要到吃饭的时候,可是家里什么吃的都没有,闻一多实在没有办法,偷偷出去把狐皮大衣卖掉了,回来之后,冻得直流鼻涕。 妻子看到之后,心疼不已,怪他不该这样,全家都指望他吃饭,万一他倒下了,孩子们可该如何是好。 害怕大衣被别人买走,她赶紧让儿子去把大衣赎回来,直到看着闻一多把大衣穿上才放心下来。

1941年夏天,清华大学成立文科研究所,地点设在离昆明20里地远的龙泉镇司家营村,闻一多因为负责学校中国文学的研究工作,自然也要跟着搬迁。 这年10月,一家人从陈家营搬到了司家营。 研究所租用的也是一栋二层小楼,楼上的正房是图书陈列室和工作人员看书、做研究的地方,两边的厢房是研究所的教授们的宿舍,闻一多一家因为人口比较多,所以独自住在东厢房,研究所的其他教授如朱自清、许维遹等人因为家眷没有一起过来,便集体住在西厢房,厨房和研究生们的宿舍都在一楼。

虽然研究所搬到了司家营,但是学校还在市区,闻一多他们每周还是要回学校上课。 为了节省在路上花费的时间,学校把每个教师的课集中安排在一起,闻一多的课被安排在第一天的下午和第二天的上午,这样头天上午他可以赶路到学校,第二天上完课之后还可以顺便办点事情。 因为那个时候经济上还很拮据,每次到了回校上课的时候,研究所的教授都各显神通,每个人的交通工具都不一样,有骑马的,有坐马车的,也有骑自行车的,像闻一多这样囊中羞涩的,就只能靠自己的双脚步行去了,这种五花八门去上课的情形,在当时也算是联大一道独特的风景线!

每次要进城上课的时候，妻子高孝贞都会体贴地为闻一多换上干净的长衫，整理好随身携带的布袋，装满烟丝，把手杖放在门口，再备点钱让闻一多带在身上，和孩子们一起将他送出大门，一边走还一边不放心地叮嘱这叮嘱那的，直到闻一多走远才恋恋不舍地回家。从研究所到学校20里地的距离，闻一多要一个人独自走近两个小时，这一路没有人陪伴不免感到枯燥无味。所以，对他来说，最开心的事情莫过于每次上完课回来的时候，看到妻子带着孩子们在离家不远的独木桥处翘首等待的身影。远远地看到他走来，孩子们在妻子的招呼下，跑着冲上去，抢着接过他的手杖、布包，拉着他的手，妻子迎上去嘘寒问暖，闻一多的疲惫顿时便消失了，他跟孩子们讲一路上的见闻，一家人说说笑笑，连空中飞翔的小鸟都能感受到他们的幸福。

尽管生活贫苦，闻一多却依旧保持着潜心研究学术的热情。文科研究所进行学术研究的条件比以往有了很大改善，大量图书为研究提供了丰富的资料，学者、专家、研究生都集中在这里，方便随时进行交流、切磋，远离闹市的环境更不会受到什么干扰，学校后来还统一安装了电灯，这个时期的学术氛围更加浓厚，每个人都埋头读书、做研究，在司家营的这几年，很多教授都颇有著述，朱自清写成了《经典常谈》《新诗杂话》和《宋五家诗钞》，闻一多也完成了已经耗费了他10年心血的《楚辞校补》。

一直到1943年夏天，闻一多的思想并没有发生太大的变化，尽管在后方，他也曾目睹了国民党军队的腐败和黑暗，但他仍相信那只是一小部分人的情况，大部分都在前线浴血奋战，坚持抗战，保卫国土。所以无论是从北平逃出时全部家当损失殆尽，还是在长沙每天吃着都是沙子的米饭，一天还喝不到一次热茶，甚至在陈家营时吃了上顿没下顿，全家人饥寒交迫时，他对国民党的统治都没有一句怨言，从来没有动摇过对国民党政府和蒋介石的支持和拥护，还教育自己的子女：在后方吃点苦算什么，只有这样才能在国家危难的时候过得安心不是吗？在生活最困难的时候,他还曾让自己的大儿子立鹤去国民党的"三青团"云南省团部打了两个月的暑假工;1943年5月,他邀请自己的好友朱自清加入国民党。这两件事情足以说明闻一多当时的政治态度。

第四节 拍案而起发狮吼

—。—

从1943年的秋天开始,闻一多的政治态度开始发生转变,一改往日埋头学术不问政事的习惯,当然这种变化并不是突然发生的,而是渐变式的。

抗战到了中后期,战局开始扭转,反法西斯的盟军都在朝着最后的胜利大步迈进,唯独中国的情形让人感觉非常失望。蒋介石为了保存实力,夺取最后的胜利,便不再主动向日军进攻,收复失地,而是在西北屯集了大量军队,准备围攻共产党活动的陕甘宁地区。在大后方的一些官僚也没有闲着,借着抗战的名义,大肆搜刮百姓,榨取广大人民的血汗,大量囤积粮食,哄抬物价,丧心病狂地发国难财,而为抗战奉献的劳动人民却饥寒交迫,过着食不果腹、衣不蔽体的日子。

最不能忍受的是他们连去前线打仗的士兵也不放过,百般虐待,而这些士兵有很多都是用欺骗的手段被拉壮丁拉来的。就在闻一多生活的村子里,他就曾目睹过国民党强拉壮丁的事情,他们通过放电影的形式,把老百姓都骗到了广场上,然后就开始去抓年轻的男子,用绳子一个一个地捆绑起来,编成一串带走,被抓了壮丁的家庭哀号不断,整个村子鸡飞狗跳,不得安宁。闻一多气得一夜都没睡着觉,骂这些军人简直比土匪还混蛋!

被拉壮丁才是个开始,进了部队的日子更加残酷。国民党反动军官根本不把自己的士兵当人看，只是把他们当成挣钱的工具，一旦不能再给他们带来经济利益，被直接杀掉或者活埋便是他们的结局。 联大因为靠近公路，经常有军队经过，所以闻一多才得以看到士兵被虐待的情形。 那些经过的士兵个个都瘦骨嶙峋，已经被折磨得没有人形，面黄肌瘦，已经不能再细的两条腿，走在街上犹如骷髅一般。 有些士兵走着走着就坚持不住倒在了地上，这个时候手拿皮带的军官就会走过来，一边用皮带抽，一边还用穿着皮鞋的脚使劲地踢倒在地上的士兵。 这一幕正好被闻一多看到了，便上去阻拦，没想到被那个残暴凶狠的军官狠狠地瞪了一眼并挖苦了一番，结果那个士兵反倒被打得更狠了。 闻一多作为文人当然没法与他们抗衡，被气得浑身直发抖，一直到家都没能抑制心中的满腔怒火，妻子劝他不要气坏了身子，还反倒被他呛了一顿。

　　目睹了国民党军队诸多的腐败残暴行为，闻一多开始在政治态度上发生转变，他觉得自己如果在这个时候再做个埋头的教授，而不为百姓发声，那也太没有人性了。 这种态度的转变直接影响到他之后在文学方面特别是新诗上的观念变化。

　　1943年夏天，同在联大的外国教授罗伯特·白英想编写一本《中国新诗选》，邀请闻一多一起合作，闻一多当然很乐意。 朱自清知道他们要编诗选，就推荐了一本诗集给闻一多，其中就有共产党诗人田间的新诗，闻一多读了这些诗后，颇为赞赏。 闻一多是第一次接触这种以描写根据地人民生产和抗日斗争为内容的新诗，觉得既新奇又兴奋，为新诗已经发展得如此之好而开心。 这年秋天新学期开学的第一天，在他讲唐诗的课上，一向不主张课堂上讲无关话题的他一反常态，居然在课堂上热情洋溢地朗诵起了田间的诗，一边朗诵还一边赞扬：好几年没看新诗了，没想到新诗已经写到这样进步的程度，这不是简单的诗，这是鼓的声音、战斗的声音！ 现在已经到了需要战斗的新时代，我们需要鼓一般的诗歌，更需要做鼓手的诗人。 当时听课的学生也很受鼓舞和启发。

　　之后，闻一多又把这节课的讲稿整理成文章，题名为"时代的鼓手——读田间的诗"发表在《生活导报周年纪念文集》上，这在当时也引起了很大的波动。很多认识他的人在读了这篇文章之后，明显能从中感受到他不再只沉迷于故纸堆了，开始朝着前进的方向大步迈进。他也曾在回复臧克家的信中说道："你知道我是不肯马虎的人。从青岛时代起，经过了十几年，到现在，我的'文章'才渐渐上题了，于是你听见说我谈田间，于是不久你在重庆还可以看见我的《文学的历史方向》，在《当代评论》四卷一期里，和其他将要陆续发表的文章在同类的刊物里。近年来我在联大的圈子里声音喊得很大，慢慢我要向圈子外喊去，因为经过十余年故纸堆中的生活，我有了把握，看清了我们这民族，这文化的病症，我敢于开方了。单方的形式是什么——一部文学史（诗的史），或一首诗（史的诗），我不知道，也许什么也不是。最终的单方能否形成，还要靠环境允许否（想象四千元一担的米价和八口之家！），但我相信我的步骤没有错。你想不到我比任何人还恨那故纸堆，但正因恨它，更不能不弄个明白。"[1]

1944年春，联大的一些爱好诗歌的学生想组织成立一个新诗社，因为学校规定社团必须有本校教师做导师才能批准成立。学生们就想到闻一多之前在课堂上讲田间的新诗，于是就商量请他做导师。当十几位同学来到司家营说明了来意之后，闻一多非常开心，当场就答应了他们的请求。

因为家里地方太小，他就把同学们带到了村子旁边的小树林，学生们每人朗诵一篇自己写的新诗，闻一多听完后，认真地谈了一下自己对新诗的感受，这几年来他目睹了面黄肌瘦、犹如行尸般的士兵遭受虐待的惨状，目睹了广大的劳动人民忍受着饥寒交迫的生活，目睹了官僚豪门贪婪腐败的嘴脸，既然要成立新诗社、写新诗，就必须要着眼于现实生活中的真实感受，不仅要用新的形式，更要有新的内容，这样才能称

---

[1] 引自《闻一多书信选集》，第315—316页，闻一多著，人民文学出版社，1986年版。

之为当下的"新诗"。这次谈话给学生们指明了前进的道路和方向,沿着这条道路,新诗社在不断发展、壮大,在后来的民主运动中发挥了很大的作用。

物价的持续上涨,使得联大教授的收入已经不足以维持生活,大家不得不想其他的办法,其中就有一些教授开始放下身段到中学兼职代课,闻一多的好友朱自清、冯友兰便是如此。当时昆明有个昆华中学,校长是个比较正派的人物,一直想在教育上有所作为,他听说闻一多的生活状况后,便邀请闻一多来校任教,不仅每个月给一石米,十个银圆,还提供一套房子作为住处。这样的条件在当时也已经算丰厚的了。于是,1944年5月,闻一多一家人从司家营搬到了昆华中学,一直到1945年1月才离开,在这短短的7个月时间里,闻一多完成了从学者到民主斗士的转变。

1944年5月3日和4日两晚,联大分别举行了"五四"25周年纪念座谈会和以"'五四'与新文艺"为主题的文艺晚会,在会上有的教授对学生关心国事的行为不满,强调学生应该以读书为天职,现在这个年纪就干涉国事,有些行为显得幼稚、冲动,反而会导致国家的不幸。闻一多对此不以为然,当场就针锋相对地反驳,他认为学生作为国家的主人,当然有权利过问国家之事,还说现在有的人怕青年人矫枉过正,他就是要矫枉过正,因为矫枉过正才有力量,讲到激动处,他还大呼要和大家里应外合彻底打倒孔家店。

虽然闻一多对当局的黑暗腐败现象进行了抨击,但是对于知识青年参军一事还是比较赞成的。闻一多还特地写了一篇题为"伟大的事实不朽的意义——给教导团诸君致敬"的文章,对知识青年组成的教导团非常赞赏,称他们是民主怒潮中最英勇的急先锋,代表着我们国防近代化的开端……然而,当时的闻一多并不知道教导团内部的真实情况,几天之后发生的一件事,让他彻底看清了真实的一面。

有一天,一个穿着破旧军装、面带菜色、一脸沮丧的士兵出现在闻一多的家门口，原来这个小士兵是闻一多的远房亲戚，本来是在四川求学，出于一片爱国之心报名参加了教导团，这次来昆明就是准备去印度的，从他的口中，闻一多才知道了国民党军队内部的黑暗腐败行径。"这支队伍简直就是一座人间地狱，士兵们衣衫单薄，食不果腹，吃的是最次最次的难以下咽的糙米，里面又是沙子，又是老鼠屎，就这样的饭还不能吃饱；连长、营长动辄拳打脚踢，皮鞭抽，谁若有一点点不满，马上就往死里打，往死里踢。沿途常常故意找碴儿把士兵塞到县监狱里关禁闭，为的是又可以多吃一个空额。长官们还公然无视国家法纪，利用军队走私，甚至要每个士兵替他们扛一条火腿，扛到昆明高价出售。"[1]

闻一多听完之后，感到无比震惊，满腔怒火在心中熊熊燃烧，直到现在他才知道，那些他在路边看到的士兵受虐的情景仅是这座吃人大山露出来的表象，军队内部的黑暗居然已经到了如此令人发指的地步。这一夜，他辗转反侧，觉得再也不能任由这种黑暗继续下去了，一定要做些什么才行。8月份的时候，在国民党第五军的时事座谈会上，闻一多愤然地提出现在只有一条路，那就是革命，当场就把所有人给镇住了。

闻一多如此高调地与政府当局唱反调，反动派们当然不会坐以待毙。第五军的座谈会不久后，就传出了闻一多被联大解聘的事情，流言很快就传到了重庆、延安等地。当时在重庆的亲友们听到消息都非常担心，写信给闻一多打听；《新华日报》甚至是延安的《解放日报》都发文表示慰问。当时联大与闻一多相熟的地下党员们还特地安排了学生到闻一多的住处去看望他，学生去的时候，闻一多正在灯下，一边啃着馒头，一边在磨印章，学生转达了组织的慰问，当听到学生提出要他多爱护自己一些、他们不想失去一位敬爱的长者时，闻一多感动得眼泪直往下流，也更坚信自己选择的道路是正确的。

从1943年下半年开始，闻一多政治态度的转变，也引起了民盟同志

---

[1] 引自《红烛：我的父亲闻一多》，第195-196页，闻立雕著，新华出版社，2009年版。

们的关注，吴晗被安排前去与闻一多接洽。吴晗也是清华毕业的，比闻一多大10岁，因为专业不同，两人并无什么来往。吴晗到联大历史系后，性格刚直，正义感很强，是出了名的敢讲敢言之人，经常在课堂上讽刺国民党内部的黑暗和腐败。最著名的就是有一次他在课上，大肆抨击孔祥熙在香港沦陷后，弃陈寅恪等著名学者于不顾，强占转移的最后一架飞机把家里的猫狗都带到了重庆，称他是"飞狗院长"，引得听课的学生哈哈大笑。

吴晗早就听说闻一多敢于伸张正义，一直想找机会认识，这次接到组织上安排的任务，自然非常乐意。闻一多一开始对吴晗的突然造访感到很意外，但当两人坐下来交谈了对当下很多问题的看法后，颇有相见恨晚之感，这个晚上，两人一直聊到深夜。对于加入民盟这个问题，闻一多一开始受中国传统思想的影响，觉得应该"君子不党"，所以显得有些犹豫，但当吴晗把眼下中国的政治形势分析了之后，他最终决定参加中国民主同盟。

当时云南省主席龙云一直热心民主事业，私下里与中共保持联系，支持当地的民主运动。因为局势越发紧张，中共特派了资深的老党员华岗到昆明开展工作。到达昆明之后，华岗利用化名，受聘于云大历史系，在配合龙云的同时，也承担着团结争取高级知识分子的任务。

就这样，华岗通过云大教授楚图南等人的介绍，与闻一多取得了联系，几次促膝长谈之后，闻一多受到了很大的启发。为了避人耳目，华岗等人商量决定通过成立"西南文化研究会"的形式，组织高级知识分子进行理论学习，地址就选在唐家花园，参加者大多是昆明几所大学的教授。为了让研究会看起来更加逼真，还找来了几个学生帮忙做简报，从事整理资料的工作，闻一多还特地刻了一枚印章。研究会的聚会每周一次，但也不是固定不变，忙的时候就少聚几次，不忙就多聚几次。为了安全起见，聚会的地点也不固定，有时候在花园的竹丛里，有时候在滇池租一条船。当时，参加聚会的同志们都非常想多学一些新的知识，华岗除了向大家介绍中国共产党关于当前国际形势的分析,以及中国共产党的方针政策外,总是尽力地为大家寻找进步书籍,以方便同志们加强学习。

但是当时只要是与马列主义相关的红色书籍都被国民党列为禁书,与会的同志,无论谁得到了一本,都是相互传阅。吴晗曾经给过闻一多两本书——《联共(布)党史》和《列宁生平事业简史》,闻一多白天要忙着上课、演讲以及刻印章,等到晚上家人都睡下了,自己才从被褥底下拿出这两本书仔细地阅读。闻一多当时有个助教叫何善周,闻一多看了《联共(布)党史》后,兴奋地告诉他,自己得到了一本宝书。何善周在他的书桌上看到艾思奇的《大众哲学》,就问他为什么要看这本入门书,闻一多则坚定地说,在这方面他就是个小学生,就是要从入门看起。何善周知道闻一多想要学习一些新思想,不知道从什么地方弄到了一本《文艺问题》,实际就是翻印的毛泽东的《在延安文艺座谈会上的讲话》,就拿给了闻一多。

闻一多在阅读了这些书籍之后,越来越坚定地把目光投向了中国共产党,之后他又如饥似渴般地阅读了《整风文献》《新民主主义论》《论联合政府》等在昆明能找得到的革命书籍,还与身边的同学和朋友们一起交流心得,他在谈到《新民主主义论》时说:"自己感觉看了这本书之后大开眼界,思想豁然开朗,懂得了中国的前途是新民主主义,是社会主义、共产主义。"[1]之后,他发表了题为"妇女解放问题"的文章,尝试用自己学到的马克思主义理论解释和分析问题,并指出现在的社会之所以不合理,就是因为存在着阶级问题,只有重新建立新社会,革命才能成功。

此时的闻一多已经不再是往日那个埋头学术研究、自命清高、不问政治的学者模样了,除了上课的时间,大部分都在为革命东奔西走,高

---

[1] 引自《红烛:我的父亲闻一多》,第213-214页,闻立雕著,新华出版社,2009年版。

声疾呼。他认为国家现在的情形就像正在着火的房子一般，其他事情都不重要，唯有救火才是正道，他不仅自己这么做，对自己的学生和身边的朋友也是如此劝说。何善周当时正在忙于给《左传》做注释，闻一多看到后，就劝他先把这些东西放下，等以后推翻了国民党政府，全国解放后学校搬回清华园再好好研究也不迟，现在最要紧的事情是"革命"。在昆华中学上课时，他对学生们也如是讲，总之就是形势危急，现在不是研究古书的时候，希望他们不要再耽搁在古书里，多多关注社会的现实问题，甚至他对自己的孩子也是这样要求，他的小女儿一向聪明伶俐，功课上从来不用大人多费心，只有一次一门功课没有考好，伤心得眼泪直掉。当时联大已经确定要搬回北京，学校的师生都在忙着返回北平，有很多学生来到闻一多家中，告别之时请老师题词留念。小女儿也学着他们的样子，拿着一张纸让闻一多题词，闻一多思考片刻写下了："对功课太认真了是不好的，因为知识不全在课本里。"

　　1944年这一整年，闻一多频繁参加各种民主集会，公开发表演讲，与进步学生和民主人士一起为反对蒋介石独裁专制、实现民主政治而呼喊。

　　10月10日，以民盟昆明支部为首，与昆明当地的文化界、大学生学生自治会一起联合发起了双十节群众大会，闻一多作为民盟成员，参与了大量的筹备工作，大会由李公朴主持，当天有近5000名民主进步人士前来参加。闻一多发表了题为"组织民众与保卫大西南"的演讲，后来被收录在《闻一多全集》里，他认为现在这种情形，政府是靠不住的，唯有靠我们自己，号召广大民众做好战斗的准备，与盟国一起赶走敌人，赢取最后的胜利。10月19日，联大的一些文艺爱好者联合云大一起组织了鲁迅逝世8周年纪念会，闻一多受邀参加。在大会上，他高度赞扬了鲁迅的文艺成就和光辉形象，此外还进行深刻的自我剖析，对自己从前贬低鲁迅非常愧疚，当着广大群众的面向鲁迅忏悔，他这种坦诚的态度反而赢得了台下热烈的掌声，也让他在群众中的威望更加高涨。

为了团结和号召更多的昆明民众参与反对蒋介石的独裁统治的斗争，民盟昆明支部联合各界力量于12月25日发起了"云南各界护国起义纪念大会"，当天参加会议的不仅有护国元老、大学生，还有很多国民党军官甚至政府工作人员。大会以弘扬护国精神为主题，闻一多就护国起义与民主政治发表了演讲，他对护国运动发生三十年后的社会现状

1944年闻一多在昆明文化界纪念护国起义大会上演讲

非常不满，三十年前是因为有袁世凯在，而如今难道袁世凯还活着吗？台下的群众受到他愤恨情绪的感染，纷纷回应"还活着呢"。他号召大家要继承护国精神，不断地扩大民主运动，主动争取获得更大的胜利。

除了参加民主聚会，闻一多还不忘在自己的课堂上宣传民主运动。在昆华中学上课时，他经常向学生抨击蒋介石的独裁专制，揭露国民党内部的种种黑暗和腐败现象，甚至在作文课时，让学生们对一些反动话题畅所欲言，汇编成文，在当时非常受学生们的欢迎。但是国民党反动派对于闻一多的种种言行却无法忍受，他们向昆华中学校务组施加压力，闻一多不想让校长为难，便从昆华中学离开了。正好那个时候联大在西仓坡新盖的教职工宿舍刚刚投入使用，无奈僧多粥少，只能通过抽签的方式决定谁来入住，没想到闻一多和吴晗都抽中了，一人住东，一人在西，还成了邻居。

本来就有着相同志趣的两个人，因为距离上的拉近，给了他们更多并肩作战的机会。在西仓坡住着的人们经常都能看到两人同出同进，你喊我一声"多公"，我喊你一声"春晗"，边走边讨论着什么。只要是学生组织的民主集会，两人必然到场，发表演说时，热情与火力相配合，合力抨击蒋介石的专制腐败；起草宣言时，一个拟稿，一个润色；

听到抗战胜利的消息,闻一多马上剃掉了留了八年的美髯

民盟工作的分工,一个主管宣传,一个负责联系青年,两人对未来充满憧憬,相约一起申请加入中国共产党,革命胜利后,一起重回故纸堆里做学术研究,甚至两家人的关系也非常亲密,经常你家困难时我送来米面,我家做了什么好吃的东西,也不忘端一碗给你家分享。

1945年8月15日,日本宣布无条件投降,闻一多践行自己的诺言,去理发店把已经留了8年的胡须剃了,吴晗闻讯赶来一看,却摇头说道:"剃早了! 剃早了!"当时闻一多并没有多想,但不久后发生的一系列事情终于让他明白了吴晗的意思。日本虽然投降了,但是因为蒋介石的专制统治,中国人民不可能马上就过上安定平稳的日子。当时中国共产党主张废除国民党的一党专政,建立民主联合政府,而蒋介石是绝对不甘心拱手相让胜利果实的,只是迫于调动军队需要时间,不能太过于暴露狼子野心,于是假意邀请中国共产党到重庆参加"和平谈判",实际是在为围剿根据地争取时间。

闻一多虽然没有去过延安、见过毛泽东本人,但是在接触了大量的马列读物和毛泽东的著作、共产党的文件之后,一直对延安非常向往,对毛泽东十分仰慕。"和平谈判"期间,因为消息封锁,报纸、广播都没有消息。长达43天的时间,闻一多密切关注着进展情况,对毛泽东的人身安全和处境更是十分担忧,直到听说谈判结束后,毛泽东平安回到延安才放下一颗悬着的心。

紧接着,蒋介石便露出了反共的真面目,以闪电般的速度武装改组了云南省政府,把龙云软禁到重庆,云南省的军政大权落入他的嫡系亲信手中。中共地下组织在昆明的人员感觉到局势的恶化,特意叮嘱闻一多等人,一定要改变民主斗争的策略,注意隐蔽,减少公开露面的机会,在保证人身安全的前提下,争取更多的人站起来参与斗争。

果然,反动派很快就开始镇压民主进步力量。

抗战胜利后闻一多在一次大会上演讲

11月25日晚上,在昆明学生组织的反内战时事演讲会上,驻昆明的邱清泉带领自己的部队竟然向人群公然开枪,威胁、破坏集会,第二天还谎称是为了剿匪。12月1日,他们又带着一批暴徒、特务冲进昆明当地的几所学校,用手榴弹、刺刀对手无寸铁的学生乱砍、乱打,导致4名师生被打死,受伤的则有数十人,这就是著名的"一二·一"惨案。反动派的这一举动引起了学生们的极大愤慨,昆明市中等以上的学校宣布全面罢课,要求政府严惩凶手,不达目的绝不复课。

闻一多作为学校的老师,具有很强的责任感和强烈的爱国之情,对学生的罢课行动十分支持,他奔赴医院看望被打伤的学生,发表演讲,抨击反动派的兽行。当时学校的教授们对学生们的罢课观点并不统一,很多人虽然认为反动派公然侵犯学校是绝对不可忍受的,但是又不愿与政府对立,所以对学生罢课是不支持的,闻一多为了配合学生的斗争,尽量在教授中多做工作,争取更多的人参加到罢教中去,给政府施加更大的压力,惩治凶手,给死伤的师生一个交代。傅斯年表面上是新上任的代理北大校长,实际上是奉蒋介石之命来昆明"调解"学潮,言谈之中经常拿蒋介石来压众人。闻一多对此非常不屑,嘲笑他何不到蒋介石跟前三呼"万岁",没想到他恼羞成怒,破口大骂起来。在闻一多的极力争取下,最后虽然罢教没有成功,但是商议通过了"停课七天"的折中办法,同时,教授们还达成了请求政府将罪魁祸首李宗黄撤职处分,

一九四五年在昆明参加"一二·一"四烈士公葬典礼，前排左起第三人为闻一多

否则就全体辞职的协议。

这对于当时的学生罢课运动影响非常大，高校教师联合支持学生罢课给政府施压，这在之前的任何一次学生运动中都是没有过的。经过3个月的斗争，反动派政府将肇事者调离昆明，公布事情真相，赔偿死伤师生的医药费和丧葬费，罢课最终取得了胜利。安葬烈士的那天，闻一多和吴晗走在队伍的最前面，下葬时，他对着人群许下诺言：我们一定要为死者复仇，要追捕凶手。我们这一代一定要追还这笔血债，追到天涯海角。我们这一辈子追不到，下一代还要继续追，血债是一定要用血来偿还的！

1946年初，国共开始进行协商合作，商量如何组建政府等问题。1月10日，双方达成停战协议，国共和美国成立军事三人小组，蒋介石在重庆召开政治协商会议，宣布保证人民自由、承认政党合法、决定实行普选、同意释放政治犯等四项诺言。所有的这一切给全国人民造成了国家正在走向和平民主建设道路的错觉。实际上，蒋介石在美国的帮助下，暗中正在用飞机将国民党的部队运送到华北等地，为全面发动内战做准备。6月26日，蒋介石认为发动内战的条件已经具备，于是露出了其剿共的真面目，开始大规模进攻中原解放区，内战爆发。

这个时候的国民党统治区也不太平，反动派开始镇压民主进步力量，暗杀事件不断发生，昆明的局势也愈发紧张。由于云南省主席卢汉先是在越南后又被派去东北战场作战，这个时候在昆明实际掌权的是新任警备司令霍揆彰。因为急于在蒋介石面前邀功，他不断对民主进步人士采取行动，不仅加强了监视，还经常半夜进行突击查抄，散播各种谣言扰乱视听，制造紧张气氛。联大附近的几条街上就经常出现各种反动标语,编造出一些无中生有的谣言诽谤民主人士,说他们是俄国的特务,还给他们起了俄国名字,称吴晗是"吴晗诺夫",闻一多叫"闻一多夫",甚至还流传出来有人悬赏 40 万元买闻一多的头颅的传闻。而这些贴报和传闻当时并没有引起他们的警惕,在他们看来,特务们的这些行为恰好说明反动派是害怕的,而且恐吓的手段如此低级,哪里是在搞什么政治斗争,分明就是地痞流氓的下三烂招数。当身边有人提醒闻一多注意安全时,他并没有想到反动派们准备要下毒手了。

1946 年 5 月 4 日,在这个特殊的日子里,西南联大的结业典礼在新校舍的图书馆前举行,并宣布联大解散,三所学校将各自迁回原址。全校的师生汇聚在这里,回忆着这些年来联大创造的辉煌成就。典礼结束后,大家一起来到学校东北角的小山丘上,这里矗立着一个高耸的纪念碑,碑上是闻一多书写的"国立联合大学纪念碑"几个大字,碑文由冯友兰撰写,纪念碑的后面刻着 800 多名从军的联大学生名单。

典礼之后很快就是暑假,学校的师生们都在各自筹备着返回北平的事情。学校的学生可以自由选择归入哪个学校,统一由学校安排乘坐汽车离开昆明;学校的教授原来是哪个学校的仍旧回原校,学校不负责返校的交通,但是可以代买飞机票。闻一多对于阔别已久的清华园十分怀念,尤其是窗前的那些翠竹,更是挂念得很,每次有朋友回北平,他必定托他们去看看竹子是否还活着。昆明离北平距离遥远,如果选择汽车或者火车非

1946 年联大正式宣布解散后,闻一多全家在昆明合影

常麻烦，加上当时很多教授经过8年的抗战，家里几乎没有什么多余的东西可以带，坐飞机反而落得轻松，于是很多人选择空中路线。这样一来，机票就变得非常紧张，学校为了公平，每个家庭每次最多可以买两张机票。闻一多家里当时共有8口人，加上二儿子闻立雕的一位好友要一起随行，一共需要9张机票。最后，经过全家人商议和权衡，闻一多决定让两个小儿子先走，然后在重庆等全家人到齐之后，再一起飞回北平。

留下来的闻一多在抓紧最后的时间为昆明的民主运动奔波。当时吴晗担任着民主周刊社社长的职务，因为妻子患病要去上海做手术，通过罗隆基的帮助，以吴晗要教张学良学明史为由才买到了机票。他离开之后，闻一多便接手了《民主周刊》的事务。其实，在5月末的时候，闻一多收到了来自美国加州大学的讲学邀请，当时，冯友兰也接到了美国宾夕法尼亚大学的邀请，他还前来约闻一多同行。对于已经经历了8年抗战的闻一多一家，现在能够去美国，生活条件肯定可以得到很大改善，孩子们也能够接受更好的教育，所以全家人都对美国的生活非常向往。但是闻一多想到的不仅仅是自己这个小家，他心里更想着如何才能阻止内战争取和平，此时去美国固然可以借机向美国人民宣传国民党反动派的黑暗和专制独裁统治，告诉美国正是因为他们的资助，蒋介石才敢于发动内战，必须停止供给武器装备，才能阻止内战的发生，然而现在已经到了箭在弦上的时刻，蒋介石随时都可能发动内战，相比去美国呼吁，倒不如留在国内尽自己最大的努力阻止内战。闻一多夫妇经过反复衡量，又向朋友们征求了意见，最终还是决定留在国内继续斗争下去。

6月26日，为了澄清民盟与国民党第184师的"民主同盟军"的关系，闻一多和民盟昆明支部的其他同志一起召开了三天记者招待会，向广大民众介绍民盟的性质、作风和对当前局势的政治立场。原来，蒋介石把龙云调到重庆软禁之后，就把他的部队——国民党第60军184师调到了东北发动内战,实际上等同于去做牺牲品,惹得部队上下都非常不满,于是他们起义,自称为"民主同盟军"。民盟因为在各种民主活动中表现比较积极,早已被国民党反动

1946年联大宣布解散后的闻一多

派列入了黑名单,甚至还造谣称他们是"共产党的尾巴",现在又来了个"民主同盟军"。国民党反动派借机对民盟进行污蔑,他们抓住这次机会,大肆渲染。在记者会上,闻一多发表了题为"民盟的性质与作风"的演讲,他讲到自己之所以参加民盟,是社会的客观环境造成的,从之前的从来不过问政治到现在主动问政,是时代的逼迫,更是思想上的顿悟。他还强调民盟是介于国共两党之间的一个中间性组织,没有武力,也不需要武力,民盟同志的手都是"无缚鸡之力的书生的手",是"拿了一辈子粉笔的手",民盟就是要团结社会各阶层的人一起来,扭转历史,创造奇迹。

然而,这些手无缚鸡之力的书生最终却惨死在国民党反动派的屠刀之下。当联大的最后一批学生也乘车离开昆明后,联大整个学校空荡荡的,这也让反动派认为实施暗杀行动的好时机已经来了。7月11日晚上,李公朴、张曼筠夫妇从昆明大戏院看电影归来,当走至青云街通往大兴街的小巷子时,突然遭遇特务用微声手枪袭击,李公朴腹部中枪,倒在了血泊中,随后被周围热心群众送往云大医院抢救,终因抢救无效于12日凌晨5点20分逝世。

李公朴中枪不久,就有同学赶到闻一多家中报信,闻一多当时发着高烧,一听到消息,就准备冲去医院。后来在妻子高孝贞和学生的极力劝说下,才决定坐等到天亮再去。好容易挨到5点,天刚蒙蒙亮,闻一

多便在学生的陪同下前往医院，赶到时，李公朴已经停止了呼吸。闻一多悲痛欲绝，眼泪不停地往下流，他一边安慰着李夫人，一边痛恨地说："此仇必报！公仆没有死！公仆没有死！"

李公朴被刺后，昆明的局势愈发紧张，到处都传着闻一多就是国民党反动派暗杀黑名单上的第二个人。西仓坡的院子里，也经常出现叼着烟、歪戴着帽子的人，到处打听闻一多的长相和衣着。还突然出现了一个疯疯癫癫的女人，一张长脸黄里透着绿，干瘪的身躯上套着白色的袍子，活像一具僵尸，她冲到院子里大喊："闻一多在哪里？"高孝贞看她这般奇怪，跟她说："他不住这里。"她硬往家里闯，高孝贞就让赵妈和闻立鹤一起拦着她，她一边挣扎，一边用指甲在手里的《圣经》上指指画画，说："这里面也有一个'易多'。"又掐指算算说道："多是两个夕字，夕是太阳快下山了，闻一多，你命在旦夕了。"闻家人把她轰出去后，第二天又来，接连几天闹得鸡犬不宁，人心惶惶，她还在临走前丢下一封信，署名张柴静一。

与此同时，云南警备司令部还肆意搜查民宅，到处捕人，并且查封了中苏文化协会昆明分会，幸好当时住在里面的民盟青年金若年外出办事，躲过了一劫，他与在那里工作的民盟云南支部秘书赵沨一起被闻一多安置在自己家中。赵沨当时也是黑名单上被暗杀的人物之一，闻一多却不在意这些，知道他是河南人，喜欢吃面食，还特地下挂面给他吃。吃过晚饭，两人促膝长谈，闻一多说自己还有一年的休假，等回到北平，想秘密地去延安看看，赵沨与他一样向往北方，告诉他一定有机会去的。两人深知当前的危险处境，但闻一多坚定地认为，为了民主而牺牲死而无憾！

李公朴遇刺后的几日，闻一多和民盟的其他同志一起冒着生命危险，怀着悲痛的心情，继续民主斗争的工作。原本热闹的民主周刊社，因为刺杀事件突然变得冷冷清清，甚至有人提出不想再出了，可闻一多坚决不肯答应。没人敢去，他就带头坐镇，只是以往进门就被挂起来的手杖，现在则一直立在胸前，以应对意外情况。在他的坚持下，报社克服重重困难硬是又出版了一期。此外，他们商议将于15日举行李公朴先生的追悼大会和记者招待会。因为收到确有暗杀行动的消息，考虑到安全问题，他们决定以后只在白天开会，并且一定要结伴而行。为了提高警惕，15日的会只是参加，不再发表演讲。

7月15日一大早就有中共地下组织派来的联系人前来告知闻一多，特务暗杀民主人士的黑名单确有此事，国民党政府已经同意暗杀计划，前期暗杀对象一共四人，闻一多就在名单上，恳请闻一多一定不可大意，切记要提高警惕，尽量减少外出公开露面的机会。闻一多听后，十分感激，他坚定地说："事已至此，我不出去，则诸事停顿，何以慰死者？"决定去参加追悼大会，过了一会儿，他打发立鹤出去送信，顺路捎个口信，等立鹤一离开，他便出门去参加追悼大会。

追悼会在云南大学至公堂举行，虽然处于暑假期间，但在昆明学联的协助下，当天仍有一千余人到场参加。尽管事先安排了纠察队维持秩序，但是人群中仍混入了不少特务分子。大会一开始，全体人员首先向李公朴的遗像致敬默哀。接着，大会主持人宣布请张曼筠女士报告李公朴的遇难经过。她悲痛欲绝，面对观众流着眼泪，几分钟都没有说出话来。几日来她不吃不喝，面容憔悴。过了好一会儿，她对着台下的群众讲道，李公朴生前常说，"我们要参加民主斗争，就必须准备有死的精神，否则就不能坚持下去"。休息了一下，她接着说道："他出门时常对我说：'我今天跨出了这道门，不知道能否跨进来！'他问过我，如果他死了，我打算怎么办，我当时没有说，但在心里早已经做好了打算，我决定踏着他的血迹继续奋斗，他的精神不死！"讲到这里便再也讲不下去了，趴在桌子上痛哭起来，在场的人都被感动得热泪盈眶。没想到，看她讲不下去，台下的特务们却趁机高声尖叫，吹着口哨，扮鬼脸，打打闹闹搅得会议无法再进行下去。

闻一多在台下看到这种情形，气得脸色发白，不顾一切冲到台上。

他把张曼筠扶下讲台,转身又回到台上,怒目瞪着台下打闹着的特务们,接着他发表了即兴演讲,就是那篇著名的《最后一次讲演》。

追悼会结束后,闻一多在青年学生的护送下回到家里。闻立鹤和高孝贞看到他平安回到家中,才放下心来。闻一多悄悄地对立鹤说:"我刚才去参加了追悼会。"立鹤一惊,问为什么不告诉,闻一多笑着说道:"怕你嘴不严告诉你妈。"立鹤问当时的情况,闻一多说:"特务特别多,被我骂了一顿。"接着又说:"我睡一会儿,下午要开记者会,一点半叫我。"

闻一多躺了一会儿,不到一点半就起来了。没过一会儿,楚图南来了,立鹤把两人送到周刊社,闻一多要他四五点来接。当天的气氛非常特殊,闻立鹤回来后,坐立不安,一个劲儿地抽烟,本来约好与弟弟的好友阿庄等记者会结束一起去接父亲,但是他挨到三点实在坐不住了,便跑去周刊社看看情况。当时记者会还没有结束,他便在门口转悠,焦急地等待着。

而在记者会上的闻一多也感觉情况不太对劲,会场中大概混进了一些假装记者的特务们,总提一些挑衅性的问题。为了安全起见,他们提前结束了记者会。为了防止两人同时遇险,闻一多让楚图南先离开,随后他和立鹤一起走出周刊社,还买了一份晚报,边走边看,并排往西仓坡的宿舍走去。平时这条路上会有不少行人,而这天却安静得出奇,四周一个人都没有,就在他们走到距离家大门只有十几步远的时候,突然响起枪声,子弹从背后射来,正中闻一多头部,他应声倒地,立鹤看到后赶忙扑倒在他身上想保护他,凶狠的特务便朝着立鹤开枪,直到把他打得从闻一多身上翻了下去,又对着闻一多补了数枪,才跳上一辆吉普车扬长而去。

当时在家里的高孝贞听到枪声,赶紧往大门外跑,赵妈、阿庄跟在身后,看到闻一多躺在血泊中,身边的立鹤已经被打断了腿,眼睛直瞪着,高孝贞抱着闻一多的身体哭喊着救命,院子里的人找来一张帆布床，阿庄喊来一辆洋车，拉着闻一多父子送到了云大医院，只可惜，送到的时候，闻一多已经没有了呼吸，闻立鹤经过抢救，命总算是保住了，但是腿部落下了残疾。高孝贞突然遭遇夫死子伤的打击，悲痛欲绝中猝发心脏病，也倒下了。两个女儿经受着父死兄伤母病的打击，又从医院回到父亲倒下的地方，把染着父亲鲜血的泥土用小手装进自己缝制的黑色布袋里，以此来纪念英雄的父亲。

　　国民党反动派简直虚伪至极，就在闻一多被抬起来准备送往医院时，跑来两个警察，装模作样地说他们是来调查的，还问闻一多是不是跟什么人有仇，才造成这种情况。高孝贞早已识破他们的真面目，大声喊道："还调查什么，是国民党杀的！"之后，昆明警备司令部还发起了"缉凶启事"，声称近期有反动分子，居心叵测，企图扰乱社会治安，先后谋杀李公朴、闻一多，制造事件，图谋不轨。后来他们还居然抓到了"凶手"——龙云旧部下的一个军官，通过严刑拷打，逼问他交代中共地下组织和民主人士名单，以达到自己搜捕中共地下组织、打击民主运动、顺便清除龙云在昆明的地方势力的"一箭三雕"的目的。这之后，他们四处搜查、抓人，白色恐怖进一步笼罩着昆明。

　　为了封锁消息，一夜之间，反动派逼迫昆明当地47家进步报刊停刊。然而，人民的嘴是封不上的，悼念闻一多是广大人民的心声。《民主周刊》在特务严重打击的情况下出版了一期，上面刊登着闻一多在李公朴追悼会上的演讲稿和高孝贞的《闻一多被刺前后》一文。医院被特务封锁着，却阻挡不了从全国各地寄来的慰问信，毛泽东、朱德从延安发来了唁电："一多先生遇害，至深悲悼。先生为民主而奋斗，不屈不挠，可敬可佩。今遭奸人毒手，全国志士，必将继先生遗志，再接再厉，务使民主事业克底于成。"

　　已经到了重庆的两个小儿子，听说自己父亲遇害的消息后，找到民盟中央的同志，在他们的帮助下，两人写下了控诉反动派的文章《谁杀死了我的爸爸》，刊登在当地的各大报纸上，后又被全国各地的报纸转

1946年10月4日上海各界隆重举行李、闻追悼会

载。7月28日，在重庆举行的李、闻追悼会上，近6000位各界人士参加，闻一多的小儿子闻立鹏作为死者家属做了简短的讲话，他说道："记得在昆明'一二·一'惨案时，也有这么多的挽联，这么多的花圈，这样多的人。爸爸那天对我说，他们死得好惨啊！现在，想不到爸爸也死得好惨啊！"说到这里，他悲痛得讲不下去了，台下的人也跟着放声大哭，他平复了一下心情，接着说："我爸爸被杀死了，有人造谣说是共产党杀死的，是什么地方人士杀死的，还有人说是爸爸的朋友杀死的。我奇怪他们为什么不痛快地说，是我哥哥把我爸爸杀死的！"台下响起雷鸣般的掌声，群众的愤怒已经到了极点，严惩凶手的呼声此起彼伏。

国民党在前方发动大规模内战，已经引起了全国人民的反对，现在又在大后方接连刺杀李公朴、闻一多两位民主人士，全国人民怀着极大的悲愤团结在一起，强烈要求国民党政府彻查案情，严惩凶手和主谋。本来蒋介石对民主人士是非常痛恨的，刺杀事先是经过他默许的，正合他的心意，然而错在时机不对，引起了更大的民愤，只得硬着头皮，革了霍揆章的职,派人到昆明演出了一场"审判"的闹剧,算是给闻一多刺杀案件的一个交代,而李公朴一案则不了了之。

随后成都、上海等地纷纷举行闻一多追悼大会。由于反动派的破坏,反而是昆明的追悼会规模和影响最小。高孝贞住院无法参加,追悼会前一天的晚上,她忍着病痛的折磨,怀着悲痛的心情,口述了追悼会上要发言的内容,让大女儿闻铭用文字记录下来,好在追悼会上念给大家听,结果第二天,反动派居然只允许家属参加但不能发言,整场追悼会闻家人一个字都没能讲。更可气的是,遗体火化的那天,反动派们怕民主人士聚集在一起发动运动,原定的12点火化,居然提前到10点,导致很多民主人士未能赶得上与闻一多的遗体告别。闻一多的骨灰一部分撒在了滇池里,大部分被带回了北平,新中国成立后,被安葬在八宝山革命公墓。他遇害时穿着的衣服上面还留着弹孔和鲜血,昆明人民要求把它们留下来,建立一个衣冠冢。在高孝贞的提议下,闻一多的衣冠冢最后建在了"一二·一"烈士墓的前面。

昆明"一二·一"四烈士墓前闻一多衣冠冢

回顾闻一多的一生，他从学者到民主斗士的转变是迅猛彻底的，也是必然的。其中，抗战时期生存环境的改变是导致他思想转变的外部原因。抗日战争的爆发把他从清华园这个象牙塔里的优越生活中赶了出来，惊慌失措中逃到湖北老家，不久后又经历了从长沙长途跋涉三千余里、历时两个多月之久的旅程，途中开始接触中国广大农村地区的生活状况。到达昆明后，生活条件艰苦，很多教授都要靠业余经商、中学兼课才能勉强度日。闻一多为了养活一家八口，也不得不挂牌制印，维持家用。经历了这种平民化生活的闻一多，在目睹了国民党专制统治的黑暗和军队的腐败后，自然会动摇往日对国民党的信心。

而在此基础上，他在新思想的熏陶下开始转变其政治取向则是内部原因。1943年3月，蒋介石出版了《中国之命运》一书，大肆宣扬"一个政党""一个主义""一个领袖"的专制主义。他认为共产主义和自由主义都是"文化侵略最大的危机和民族精神最大的隐患"。这些对于崇尚民主自由的闻一多来说，是无论如何也接受不了的，他这样写道："《中国之命运》一书的出版，在我一个人是一个很重要的关键。我简直被那里面的义和团精神吓一跳，我们的英明的领袖原来是这样想法的吗？五四给我的影响太深，《中国之命运》公开的向五四宣战，我是无论如何受不了的。"[1]

不久后，闻一多偶然接触延安诗人田间的几首诗，之后写成《时代的鼓手——读田间的诗》一文公开发表，在大后方引起了一阵波动。这个时候，在罗隆基、吴晗的介绍下，他于1944年夏天秘密加入民盟，开始阅读与马列主义、共产主义相关的书籍，同时还表示"将来一定请求加入共产党"。随后他开始为民主事业呐喊，四处奔波，参与各种民主集会，公开发表演说，成为一名真正的斗士，直到在李公朴的追悼会上发表激烈抨击国民党反动统治的最后一次演讲后被特务杀害。

---

[1] 引自《八年的回忆与感想》，《联大八年》第6页，新星出版社，2010年版。

正如朱自清那首正气磅礴的《怀念闻一多先生》的诗一样：

你是一团火，

照彻了深渊；

指示着青年，

失望中抓住自我。

你是一团火，

照明了古代；

歌舞和竞赛，

有力如猛虎。

你是一团火，

照见了魔鬼；

烧毁了自己！

遗烬里爆出个新中国！[1]

闻一多犹如黑暗中的一把火，用自己的生命为后来人照亮了民主的道路。毛泽东在《别了，司徒雷登》一文中对于他拍案而起的勇气赞赏有加，称他为民族英雄："我们中国人是有骨气的。许多曾经是自由主义者或民主个人主义者的人们，在美国帝国主义者及其走狗国民党反动派面前站起来了。闻一多拍案而起，横眉怒对国民党的手枪，宁可倒下去，不愿屈服。朱自清一身重病，宁可饿死，不领美国的'救济粮'。唐朝的韩愈写过《伯夷颂》，颂的是一个对自己国家的人民不负责任、开小差逃跑、又反对武王领导的当时的人民解放战争、颇有些'民主个人主义'思想的伯夷，那是颂错了。我们应当写闻一多颂，写朱自清颂，他们表现了我们民族的英雄气概。"

---

[1] 引自《闻一多纪念文集》，第67页，王子光、王康著，三联书店，1980年版。

第五节　学坛红烛唱大风

一、新诗主将

1923年9月，闻一多的诗集《红烛》在好友梁实秋的帮助下，通过郭沫若的引荐，在上海泰东图书局出版。《红烛》作为闻一多早期新诗创作的代表作，一半是他在清华大学时所作，另外一半就是留美初期他在芝加哥美术学院时的作品，其中的《孤雁篇》和《红豆篇》尤其引人注目。《孤雁篇》以杜甫的一句诗"天涯涕泪一身遥"开篇，深刻阐释了自己远离祖国、漂泊海外的心境。《红豆篇》中的诗篇创作于1922年寒假期间，闻一多文如泉涌，五昼夜作诗50篇，经斟酌选定42首编成《红豆篇》。《红烛》共有103首诗，诗中充满着想象力和丰富的思想感情，兼具中国古诗的遗风和新诗的特点，具有多方面的艺术和思想价值，诗歌大多是闻一多生活侧面的真实写照，可以说是他成长过程中的一部诗史。

1928年1月，闻一多的第二部诗集《死水》由新月书店出版。这部诗集收集了《红烛》以外的28首新诗，这些新诗大部分是闻一多留美时期和第一次大革命前后的作品，在内容上反映了一个爱国知识分子在这一历史时期的思想感情。

新月书店是这样介绍《死水》的："王尔德说：艺术是一位善妒的太太，你得用全副精神去服侍她。召集国内最能用全副精神来服侍这位太太的要算闻一多先生了，《死水》如果和一般的作品不同，我们敢大胆地讲一句，只因为这是艺术。闻先生的诗是认真做的，他的诗也应该认真去读，非这样读，不能发现《死水》里的宝藏。研究新诗的人不要忘了这里有一个最好的范本。"[1] 虽然是软文推荐，但也是比较中肯的。

闻一多的《死水》不仅对于新诗研究者是好的范本，它的出版在现代文学史上也产生了非常大的影响。李广田在《〈闻一多选集〉序》中对它的评价很高，他认为：《死水》的出版，在当时的文艺界产生了很大的影响。一方面是由于作者对现实的态度，这种抗议的态度使他的诗有了新的内容。另一方面则由于他的诗的形式。自"五四"以来中国的新诗已经有了将近十年的历史，十年之内，新诗由萌芽而壮大，脱离了旧形式的束缚，自然要求新形式的建立，而到了闻先生，可以说已经是一个相当成熟的时期。

《死水》中收录了很多闻一多创作的格律严谨的新诗，显示了他在新诗上很高的艺术水平，同时，也表达了他对祖国命运和人民疾苦的担忧。出于对现实的不满，从诗中我们也不难感受他抑郁和苦闷的情感，其中最有代表性的莫过于《死水》，整首诗中透露出闻一多面对着"一沟绝望的死水"，充满愤怒、失望却又无能为力的心情。

《死水》比较突出的特点还在于它把思想与形式结合在一起，与《红烛》相比，更贴近现实生活，表达的爱国主义思想感情更加鲜明、强烈。收录其中的《洗衣歌》便是很好的例子：

> 洗衣是美国华侨最普通的职业。因此留学生常常被人问道："你的爸爸是洗衣裳的吗？"许多人忍受不了这侮辱，然而洗衣的职业确乎含着一点神秘的意义，至少我曾经这样地想过，作洗衣歌。

闻一多注重诗歌的格律，极力倡导作新格律诗，他提出：格律诗是否具有建筑美感、音乐美感和绘画美感，能否给人以视觉和听觉上的享

---

[1] 《新月》创刊号，转引自《闻一多年谱长编》上卷，第324页，闻黎明、侯菊坤编著，闻立雕审定，上海交通大学出版社，2014年版。

受，是新诗评论、审美的标准之一。这对新诗理论的发展有着重要的意义。自由体诗自出现以来，得到了快速的发展，诗人凭借自己的想象和思想来创作各种各样的新诗，虽然摆脱了旧体诗的各种束缚，但也逐渐暴露了单讲内容缺乏形式建设的不足。闻一多早就认识到这个问题，他在当时的《晨报·诗镌》发表了题为"诗的格律"的文章，明确把诗的格律比喻成人身上的镣铐，认为真正的诗人应该戴着镣铐跳舞，非但不觉得镣铐是一种束缚，戴着镣铐反而能跳得更好。只有不会作诗的人才感觉到格律的束缚，对于不会作诗的，格律是表现的障碍物；对于一个作家，格律变成了表现的利器，言语中无不透露出他在把握民族传统的同时吸取外来文化的创作态度。之后国内诗坛便开始逐渐注意诗的格律问题。朱自清也说："那时大家都作格律诗，有些从前极不顾形式的，也上起规矩来了。'方块诗'、'豆腐干块'等等名字，可看出这时期的风气。"

闻一多提倡的新诗的音乐美、绘画美、建筑美，使新诗在视觉和听觉上达到高度的统一，至今仍被作为评论新诗审美的标准之一，对新诗的发展具有重大的理论贡献。正如乔木所说："我相信他是对于现代中国诗的开展，已有并将有最大贡献的少数大匠之一。要在中国现代中国诗人中找出能像他这样联结着中国古代诗、西洋诗和中国现代各派诗的人，并不是很容易的。他在诗坛的地位是这样独特，以至抱有各种不同见解的人，都不踌躇地承认他的地位。"

二、学术大家

闻一多在其短暂的一生中，不仅出版了两部诗集，还对中国传统文化进行了深入的研究，并取得了不小的成就，留给后世多达数百万字的研究成果，这些宝贵的财富大部分被收入《闻一多全集》，但仍有大量的手稿存世。

作为一个诗人，闻一多最早开始接触的是诗文化非常发达的唐代文学，这也符合诗人的一贯思维。早年赴美留学时，便随身携带着一些唐人文集。归国后不久，他便在《新月》上发表了《杜甫》，随后又写成了《少陵先生年谱会笺》，从考据学的角度出发，对杜甫的生平进行了梳理。他在研究诗歌时，更注重考查诗人的生活背景和人际交游，力求真正理解他们的作品。通过研究杜甫与当时360人的往来，考证他们之间的关系，闻一多的研究目标也从诗人本身扩展到整个唐诗的发展，从《少陵先生交游考》《初唐四杰合谱》到《全唐诗人小传》手稿的写成，就是最好的证明。

回到清华园后，闻一多便决定从此专心"向内"发展，他为自己制订了一个研究计划：

（一）《毛诗字典》将《诗经》拆散，编成一部字典，注明每字的古音古义古形体,说明其造字的来由,在某句中作何解,及其Parts of speech(古形体便是甲骨文,钟鼎文,小篆等形体)(这项工作已进行一年,全部完成的期限当在五年以上)。

（二）《楚辞校议》希望成为最翔实的《楚辞》注。已成三分之二。二年后可完工。

（三）《全唐诗校勘记》校正原书的误字。

（四）《全唐诗补编》收罗《全唐诗》所未收的唐诗。现已得诗一百余首,残句不计其数。

（五）《全唐诗人小传订补》《全唐诗作家小传》最潦草。拟订其讹误,补其缺略。

（六）《全唐诗人生卒年考》附《考证》

（七）《杜诗新注》

（八）《杜甫》（传记）

（三）至（八）进行迄今已三年。至于何时完工,却说不定。近来身体极坏。一个人在失眠与胃病夹攻之中,实在说不定还能活多久。以上的工作规模那么大,也许永无成功的希望。[1]

闻一多的研究工作最初是从艺术赏析开始的,研究对象从李商隐、杜甫的诗入手,逐步扩展到整个唐诗的范畴,后来又往上追溯到《楚辞》《诗经》,再到上古神话故事,研究方法从艺术赏析逐渐转向了考据。他对《诗经》的研究也很早就开始了,早在1927年时,他便在《时事新报》上发表了自己研究《诗经》的文章《诗经的性欲观》,这篇文章因为与当时学术界其他经学家的观点不同,并未引起人们的重视。

与清代学者采用音韵训诂不同,他主要采用近代西方的科学方法,尤其是弗洛伊德的精神分析法来研究《诗经》。在青岛大学着手开始研究《诗经》时,他还曾找梁实秋商量,梁实秋在《谈闻一多》中曾谈过此事:"他开始研究《诗经》。有一天他到图书馆找我,我当时兼任图书馆长,他和我商量研究《诗经》的方法,并且索阅莎士比亚的版本以为参考,我就把刚买到的佛奈斯新集注本二十册给他看,他浩然长叹,认为我们中国文学虽然内容丰美,但是研究的方法实在是落后了。他决心要把《诗经》这一部最古的文学作品彻底整理一下,他从此埋头苦干,真到了忘寝废食的地步,我有时到他宿舍去看他,他的书房中参考图书不能用'琳琅满目'四字来形容,也不能说是'獭祭鱼',因为那凌乱的情形使人有如入废墟之感。他屋里最好的一把椅子,是一把老树根雕刻成的太师椅,我去了之后,他要把这椅上的书搬开,我才能有一个位子。他的研究的初步成绩便是后来发表的《匡斋尺牍》。在《诗经》研究上,这是一个划时代的作品,他用现代的科学方法解释《诗经》。他自己从来没有夸述过他对《诗经》研究的贡献,但是作品俱在,其价值是大家公认的。清儒解诗,王引之的贡献很大,他是得力于他的音韵训诂的知识之渊博,但是一多则更进一步,于音韵训诂之外再运用西洋近代社会科学的方法。例如《匡斋尺牍》所解释的《芣苢》和

---

[1] 引自《闻一多书信选集》,第234-235页,人民文学出版社,1986年版。

《狼跋》两首，确有新的发明，指示出一个崭新的研究方向。有人不满于他的大量使用弗洛伊德的分析方法，以为他过于重视性的象征，平心而论，他相当重视弗洛伊德的学说，但并未使用这一学说来解释所有的诗篇。"1

为了系统地研究《诗经》，他先后完成了《诗经新义》《诗经通义》《风诗类钞》《〈诗·新台〉"鸿"字说》《姜嫄履大人迹考》《高唐神女传说之分析》《匡斋尺牍》等手稿。在研究《诗经》时，他认为字形的变化使得诗的本意也掩盖了，若是能用当时的文字恢复《诗经》的本来面貌，不仅对于研究《诗经》有益，更能为研究上古汉语提供极大便利，遂计划编写一部《毛诗字典》，最终却因为日本的侵略南下避难而未能完成。

可喜的是，他计划中的《楚辞校补》经过长达10年的不懈努力，最终顺利完结。之所以会选择《楚辞》作为研究对象，是在武汉大学时受到游国恩的影响，之后两人在青岛大学做了邻居，一起切磋交流，闻一多投入了更多的精力进行《楚辞》研究，短短几年时间，便写成了《天问释天》《离骚解诂》《读骚杂记》《敦煌旧钞本楚辞音残卷跋》《怎样读九歌》等学术论著。在西南条件艰苦的抗战岁月里，尽管很多时候全家人食不果腹，四处搬家，闻一多仍凭借着惊人的毅力和顽强的精神，以《四部丛刊》本洪兴祖《楚辞补注》为底本，征引古今诸家旧校者65家，历代诸家成说中涉及校正文字者28家，又取驳正者3家，最终完成了巨著《楚辞校补》，并于1942年3月由重庆国民图书出版社出版，并获得了教育部学术审议二等奖。

此外，闻一多对《周易》《庄子》《尔雅》等也有涉猎。1939年在晋宁休假期间，他利用大量的社会史料，写成《璞堂杂记》《易林琼枝》《璞堂杂识》《周易义证类纂》《周易纂诂》《周易新证》《周易杂记》《周

---

1 引自《谈闻一多》，第85—86页，梁实秋著，传记文学出版社，1967年版。

易字谱》《周易分韵引得》等。 关于庄子的研究，有《庄子义疏》《庄子校补》《庄子章句》《庄子校拾》《庄子札记》《庄子人名考》《庄子校释》等。 现存的大量手稿虽然并未发表，但其学术价值仍不能忽视。

闻一多在做上古文学研究时，就颇感古文字的难懂会给古籍的研究造成很多障碍。 为了解决这个障碍，他便狠下了一番功夫，对甲骨文、金文做了深入的研究，成果主要有手稿《甲骨文拾证》《金文疏证》《金文举例》《金文类钞》《金文杂考》《三代吉金文释》《三代吉金文存目录》《三代吉金文存辩证》等。

作为诗人出身，留美所学的专业是与文学相去甚远的西洋美术，闻一多却能在回国之后取得如此丰硕的研究成果，自然是与幼时家庭教育的熏陶和他自己的刻苦努力分不开的，更重要的是他在研究的过程中继承了前人的优良传统，同时也融入了现代的观点与方法。

闻一多做学术研究有一个明显的特点，就是从不盲从别人的观点，敢于独辟蹊径，独立思考，发现有与前人见解不一样的地方，便下功夫查阅资料，做考证，提出自己的观点。 他在 1935 年发表的《〈诗·新台〉"鸿"字说》一文中，便阐释了"鸿"字不一样的含义。《新台》是《诗经·邶风》中的一首诗，讲的是一个相貌姣好的女子想找一位英俊潇洒的男子做伴侣，没想到最后却得到一个弯腰驼背的糟老头子，就好像是打鱼的人想捞一条美味的肥鱼做晚餐，却捞到了一只"鸿"。 两千多年来，不管是读者还是学者都把这个"鸿"理解为"鸿鹄"之"鸿"。闻一多在读这首诗的时候，发现这样理解存在解释不通的现象，如果是"鸿鹄"的"鸿"，那应该是一种美好的事物，跟丑恶沾不上边不说，天上飞的东西也不应该从水里捞起来。 带着这个疑问，闻一多便翻阅大量的资料，经过考证，最后认定为"鸿"指的应该是"蛤蟆"。 古代有称虾蟆或蛤蟆为"苦蠪"，"苦蠪"反切出"鸿"字的读音，正如"窟窿"反切为"孔"，"喉咙"反切为"亢"一样。 只有把"鸿"解释为蛤蟆，才能与文中的意思相对，上下文意才能相通。 也正是闻一多的细心发现，才解决一个千年误解。

他还能在学术研究的过程中不局限于传统文本本身，善于从宏观上进行把握。一般的学者在研究唐诗时，都会根据政治的兴衰作为分界，闻一多却不然，他认为"安史之乱"才是唐诗发生转变的界限，之所以这样认为也是有依据的。政局的变化导致文人的地位不如从前，他们必须依靠自己的文才才能争得个一官半职，身为平民自然更加贴近普通人的生活，由己推人，从自己的生活遭遇联想整个社会的民生疾苦，所以杜甫才能写得出"三吏""三别"，这个时期以后的诗普遍都给人一种清新质朴的健康风格。由此可见，闻一多提出与传统"诗必盛唐"不同的"读晚唐诗又胜于读盛唐诗"观点更加符合唐诗发展的历史事实。

他的一些研究对于后世学者也颇有启发，比如"龙"和"图腾"。根据前人的成果，龙的主干是以蛇为主体的一种图腾。人们一般认为龙是夏后氏即北方民族的图腾。闻一多却提出一个假设，认为夏后氏与南方的伏羲氏是"最初同属于龙图腾的团族"。其根据有二：一是《山海经》中即有夏后氏与苗族关系的记载；二是汉、苗两族关于洪水时代的神话故事不仅相似，连人物"共公"与"雷公"也很一样。他的《伏羲考》中论述这些甚详，由此而推论汉、苗同图腾同祖先。接下来，他又考证出匈奴的图腾原也是龙，黄帝亦是龙。"古代几个主要的华夏和夷狄民族，差不多都是龙图腾的团族，龙在我们历史与文化中的意义，真是太重大了。"这个极有说服力的结论，对探讨中华文化有很大的意义。

三、文艺修养

闻一多不仅在学术和新诗方面有自己独到的见解，对于话剧和篆刻方面也有着浓厚的兴趣。1913年，闻一多还在清华读书时，就开始编写话剧，他第一次编写剧本和参加演出的话剧便是《革命军》。尽管当时的剧本只有大概的故事情节，但是，闻一多凭借自己对革命场景和人物形象的理解，表演时表情和语气非常到位，从此在清华一炮走红。

1916年国庆,他又参演了喜剧《蓬莱会》。这次演出使得他在学校里名声大噪,后来还被推选为"游艺社"的副社长。

闻一多来到美国后,跟几个喜爱戏剧的人聚在一起,决定用英文的方式向美国人展示中国的传统文化。《杨贵妃》和《琵琶记》两场演出,第一次用英文的形式把中国的传统文化展示在美国人民面前,这一切要归功于闻一多和余上沅、赵太侔、张嘉铸、熊佛西等人的共同努力,他们用实际行动,在传播民族文化方面贡献了自己的力量。戏剧在美国演出的成功,也让他萌发了通过创办刊物、开办艺术培训学校、戏剧博物馆等方式在国内推行国剧运动的想法。

尽管这一想法在闻一多回国后并没有机会付诸行动,但是他却用戏剧的方式,在后方鼓舞着全国人民的爱国热情,坚定了他们抗战必胜的信心。

抗战时期,昆明当地也有一些抗日救亡的宣传,但是声势不是很大,影响力也有限。联大的师生们来到昆明之后,就想通过话剧演出的形式,活跃一下当时的抗战宣传工作。外文系教授陈铨根据一个外国剧本改编出了一部话剧《祖国》,这部戏主要表现了在日本侵略下某个城市的一位爱国教授,不怕危险,放下往日恩仇,走上街头与学生和工人们一起抵抗日本侵略者的暴行,最后壮烈牺牲的故事。担任这部话剧导演的是联大教授孙毓堂,他的夫人凤子女士就是这部剧的女主角。孙毓堂因为之前作过诗,与闻一多相熟,便找闻一多帮忙设计。闻一多一向热心戏剧,何况这也是对抗战的一种支持,便欣然同意了。在这部话剧刚开始排练的时候,抗战前线传来了武汉、广州失守的消息,而汪精卫也从昆明逃到了河内,做了卖国求荣的大汉奸。带着对抗战必胜的信心和对汉奸的无比痛恨之情,闻一多等人将满腔的爱国热情投入紧张的准备工作中。

1939年2月18日,《祖国》在昆明的新滇大舞台上映,连演的8天,场场爆满,剧场内掌声不断,观众们情绪高涨,甚至在爱国教授高喊"打倒日本帝国主义"时,也跟着高呼起来,由此可见这部剧受欢迎的程度。这场演出为昆明的抗日救亡活动注入了新的活力,极大地鼓舞了人们的抗战热情。事后不仅昆明当地的报纸,而且上海、重庆等国内其他城市也纷纷刊登剧照,发表评论。

《祖国》的成功演出也极大地激发了参演人员的积极性,他们决定与当地的演出人员一起推出一部规模更大的话剧《原野》。闻一多与凤子、吴铁翼联名写信给曹禺,请求他来昆明指导《原野》的演出。闻一多这次仍是负责道具、场景和服装的设计工作,他又像回到了当初在美国设计《杨贵妃》的时候,几乎投入了全部的精力,准备得格外用心。他认真研究剧中人物的性格特点,积极与导演曹禺沟通,对舞美中的每个细节都反复推敲。他发挥自己的绘画特长,绘出大森林般的阴森、神秘和恐怖;在电扇铁丝罩上绑上红纸条,制造出火焰的感觉。为了准确地表达人物性格,必须制作出贴合人物特征的服装。根据仇虎的性格特点,闻一多认为他的衣服应该是黑缎红里的短袍,而金子的衣服则应该是大袖口镶黑边的粉红色姊妹装,曹禺对他的看法完全认同。为了找合适的衣服和面料,他几乎跑遍了昆明当地的服装店和布料店。可以说,他为《原野》的演出付出了极大的心血和精力。

8月16日,《原野》在新滇大戏院如期上演,在昆明引起了极大的反响,观众们都为剧中复杂的剧情、精良的服装道具所折服。这次演出成功在昆明话剧史上也是首次的,虽然当时的战事节节败退,但中国人民对抗战必胜却充满信心。闻一多虽然不能上阵杀敌,但投身于戏剧演出工作也算是文人为抗战贡献一份力量。

除了戏剧,闻一多在篆刻上也颇有造诣。他的篆刻技艺大概是在美国留学期间学会的。回国后,闲暇之余便拿起刻刀研究起来篆刻,他为潘光旦、梁实秋等人都刻过印章,给自己则刻了一枚"壮不如人",大概是觉得自己即将而立之年,却一事无成,本来留学深造的是绘画专业,回国之后却很少再提画笔,新诗亦没有创作更多的新作品,仔细想来颇觉得悲观失落。

此时的他可能不会想到，这个打发时间的手艺后来却成了维持一家人生活的重要经济来源。闻一多在西南联合大学任教时，后期搬到了研究所，尽管住宿条件有了改善，但家中饥寒交迫的状况反而更严重了。当然这种情况并不是只有闻一多一家如此，学校的教授生活都非常艰苦，大家都在琢磨着怎么改善，有卖东西的，有做些小生意的，甚至连校长梅贻琦的夫人也和其他教授的夫人一起做一些糕点取名"定胜糕"，放到冠生园里寄卖。因为家里小孩较多，所以闻一多一家的困难更加严重，为了生活，闻一多甚至把自己搞研究的书都卖掉了，但是仍然解决不了问题。

看着他们如此窘迫，周围的朋友也感到着急，纷纷帮忙想办法。不知道是谁提了一句：你不是会篆刻么，又懂艺术，不如操刀为人刻印，既不失文人的风雅，又可以养家度日。闻一多一听这个提议不错，自己数年前钟情的"妙龄姬人"没想到在这个时候居然派上了大用场。朋友们也热情地伸出了援手，朱自清把自己珍藏多年的印油拿了出来，许维遹则送来了几把刻刀，而擅长旧体诗的浦江清则写了一篇非常精彩的《闻一多教授金石润例》：

秦钵汉印，攻金切玉之流长；殷契周铭，古文奇字之源远。是非博雅君子，难率尔以操觚；倘有稽古宏才，偶点画而成趣。

浠水闻一多教授，文坛先进，经学名家，辨文字于毫芒，几人知己；谈风雅之原始，海内推崇。斲轮老手，积习未除，占毕余闲，游心佳冻。惟是温黁古泽，仅激赏于知交；何当琬琰名章，共榷杨于艺苑。黄济叔之长髯飘洒，今见其人；程瑶田之铁笔恬愉，世尊其学。爰缀短言为引，公定薄润于后。

文后还有梅贻琦、冯友兰、朱自清、潘光旦、蒋梦麟、杨振声、罗常培、陈雪屏、熊庆来、姜寅清、唐兰、沈从文诸人的署名。

闻一多有很深的绘画功底，又对古文字有过研究，所以他的篆刻有着独特的艺术性。但是以前刻的是石头，现在由于云南这边盛产象牙，但要在象牙上刻字更加费力。为此闻一多尝试过很多办法，还曾经把象牙泡在醋里，但仍解决不了问题，只能硬着头皮刻，一枚印章刻下来，手指都磨破了。不过，因为没有宣传，最初的生意并不好，幸亏有相熟的好友在圈内推广，慢慢地知道闻一多挂牌制印的人越来越多，有些人看中他学者的身份和大学教授的地位，甚至指名他刻印。随着物价的上涨，制印的价格从最初的石章每字200元，涨到了1945年的1000元，牙章每字400元涨到了2000元。几年的时间里，闻一多刻印多达500多方，自从有了这项副职，一家人的温饱总算有了着落。只是闻一多的工作量也大大增加了，白天要看书、上课，后来又参加了民主运动，经常要出席各种会议、发表演说等，晚上全家人都睡觉了，他还要坐在灯下一刀一刀地刻印。活少的时候怕没有收入，全家人又要挨饿；活多的时候又怕赶不及交货，顾客不满意，所以很多时候，闻一多都是见缝插针，利用一切时间抓紧刻印，甚至是朋友、学生来的时候，他也一边刻印，一边同客人交谈。

虽然刻印是为了养家糊口，但闻一多也有自己的原则。对于那些反动人物，即使他们给的酬劳再多，他也不肯低头。有一次，新上任的云南省党部书记长李宗黄派人送来一枚石章，点名要闻一多刻，还说愿意出高价，闻一多一听是这个国民党反动派，直接来了个"不伺候"，当场把印章退回去了。原来，这个李宗黄是蒋介石的亲信，抗战胜利后，他和杜聿明、邱清泉按照蒋介石的密令，以武力逼迫龙云下台。

闻一多在昆明篆刻印章

接收云南的政权之后，他不断策划屠杀进步学生的活动，后来还制造了"一二·一"惨案，使得昆明陷入空前紧张的氛围中。

但是民主运动需要他时，闻一多便义不容辞，无条件地义务帮忙。那时候进步学生在一起组织了一个新诗社，需要印章，闻一多连夜刻出来送到诗社；中共地下党成立西南文化研究会，闻一多特地为研究会刻了一枚公章，这样一来，研究会就更加逼真了。1944年重庆文艺界号召大家参与救助有困难的作家，还组织了捐款活动，在昆明闻一多不仅积极宣传推动活动，还在生活本来就很拮据的情况下，带头捐出了10枚印章的收入。闻一多的生活只能说勉强不用别人救济，比那些救助对象好不了多少，身边的朋友都很清楚他家的生活状况，看到他一下子捐了这么多，都很惊讶，就劝他不要捐款了。闻一多却说，虽然他有困难但好在还没有到要命的地步，但有些人要是没有这些捐款就会活不下去，仍坚持带头捐款。直到牺牲前一个月，闻一多还熬夜为民盟赶制了几枚应急的印章。当时的局势越来越恶劣，民盟的同志们决定转入地下活动，真实名字已经不能再用了，必须改用化名以保安全。这样一来，刻章的任务就落在了闻一多身上，闻一多为了能在第二天交上四枚化名章，一夜没睡，熬得眼睛里布满了血丝，终于按时完成了任务。当民盟在昆明的负责人楚图南从他颤抖的双手接过印章时，也被他为了革命而忘我的精神感动了！

闻一多曾经对朋友戏称自己是个刻印的"手工业者"，幸好有了这个"手工业"，才使得一家人不至于挨饿，也幸好有了这"一把刀"，关键时刻能为革命事业贡献一份力量。

第三章 各领风骚展才情

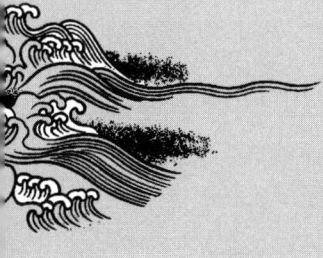

闻一多在考取清华学校后，让他的堂兄弟们看到，除了上私塾读书之外，还有一条出洋留学的路，因此都非常羡慕。于是，有几个就暗暗下决心，要考取清华学校。后来，闻一多的堂兄闻亦传、堂弟闻亦齐先后考入清华，人称"清华闻氏三兄弟"，在家乡浠水县巴河镇引起不小的轰动。清华学校，是留美预备学校，它的教育体制，对闻一多、闻亦齐、闻亦传的成长具有重要作用。清华学校的一切课程设置都服从于留学，所以特别突出西方的培养理念和教育方法，这使闻一多三兄弟比同龄人更早地接触到西方文明。他们的科学知识、思维方式、治学思维，与这所学校都有不解之缘。另外，清华学校是美国用庚子赔款开办的，设在中国的政治文化中心，并不服从中国教育部的管辖，它处于中西文化碰撞与交融的中心，这种特殊的环境促使许多清华学子思想都非常成熟，清华学校培养出了一大批在科技和学术文化界取得过卓越成就的人才。

第一节　仁心圣手闻亦传

— 。 —

闻亦传（1896—1939），族名家玺，字葆天，号宝贤，北京协和医院著名医师。

1896年11月，闻亦传出生于浠水县巴河镇，他是闻一多的堂兄。幼年时期，他同一多等诸兄弟就读于闻一多的父亲闻固臣（光绪拔贡）创办的绵葛轩小学，聪颖好学，成绩优异，为诸兄弟表率。稍长，闻亦传前往武昌，一面在外国语学校读书，一面设立教馆，为孩子发蒙，以此为求学之资。

1918年，闻亦传考入清华学校高等科，与先期考入的堂弟闻一多、胞弟闻亦齐同校共读，且与潘光旦、吴泽霖等一批热爱文学的人相与友善。1920年间，闻一多发起组织读书与讲座兼备的文学社团，最初便是由闻一多、闻亦传和潘、吴四人组成。闻一多担任《清华周刊》集稿委员时，闻亦传是他的得力助手。后来一多辞去该职，经过社员推选，闻亦传继任。闻亦传在清华学习时，不仅长于诗文、工于书画、精于英文，而且热心公益活动和社会活动，参加过赈灾募捐、模拟法庭等活动。在索薪斗争中，闻一多因同情教授而遭学校处分，亦传参加了声援活动，亦遭处分。

1922年9月，在闻一多赴美两个月后，闻亦传抵达美国芝加哥，开始了留学生涯。他先入波士顿麻省理工学院，次年转入芝加哥大学医学院，与弟弟闻亦齐同校。1924年夏获学士学位，并继续在该校医学研究院攻读，专攻解剖学。他潜心研究，经过两年的努力，写成了《十七体节至二十三体节人胎之解剖》的论文，发表在美国费城韦斯特研究所神经学杂志上，引起美国医学界的广泛瞩目。1927年获哲学博士学位。后由导师巴泽梅兹教授推荐，获美国罗氏基金资助，入约翰·霍布金斯大学体质人类学教研室深造，师从当时著名的舒尔兹博士，研究灵长类鼻孔软骨之由来及深化。1930年在卡纳奇研究所胚胎论文集中发表了研究成果，再次为欧美医学界所重视。

当时，北平协和医学校解剖系主任步达生教授正在从事"北京人"的研究，听说闻亦传的事迹，非常欣赏他的才华与能力，于是力排众议，极力向校方推荐，闻亦传遂于1930年夏回国，服务于协和医学校解剖系，主讲胚胎学、神经学两门课程，深得学生和同事的敬重。

闻亦传在求学期间，嗜书如命，能达到废寝忘食的程度。他经常沉浸在实验室里通宵达旦，以致体力日益不支，身染肺结核，几经治疗，一旦稍有好转,又用功如初。 1939年4月20日,闻亦传积劳成疾,与世长辞,葬于北平西便门外公墓。

闻亦传治学严谨,成就卓然,先后发表论文14篇,颇为东西学术界关注。 还有大量的遗稿未及刊行,其中《胎儿生长之研究》费时数年,贡献尤多。 此外还有《亦传诗稿》及画作,惜均未出版。

第二节　精书擅画闻钧天

闻钧天(1900—1986),别名一尊,号劬庐,湖北浠水人,擅长国画。 曾是文化部中国画创作组成员、中国美术家协会会员、中国书法家协会会员、中国美协湖北分会顾问、中国国际文化交流中心湖北分会理事,历任西南美专和社会教育学院教授、武汉画院名誉院长、武汉市文史研究馆馆员,作品有《友谊图》《樱花牡丹图》等。

闻钧天作品

闻钧天早年与其兄闻一多同堂共读,相互交流。 闻钧天在闻家排行十四,闻一多排行十一。 闻钧天20世纪20年代毕业于南京美专与东南大学,30年代就有诗词和史学著作问世,他对文史、绘画、书法、金石篆刻都有很深的造诣,亦擅楹联,一生从事书画创作和研究工作,是一位知识渊博、功力深厚的艺术家。 闻钧天对国画浸染尤深,其山水画法出于江南名家萧俊贤门下，花卉画法等又得国画大家陈师曾、梁公约指教，并有所创新，自成一格。在运用笔、墨、色、水诸方面潜移默化，可谓淳厚与雅逸兼胜，诗、书、画、印相得益彰。国画作品生活气息浓郁，有自己独特的艺术风格；书法骨力劲健，跌宕恣肆，气象雄迈，极富创造力。

闻钧天曾先后任南京、西南、无锡、武昌等地艺术院校的教授。多次举办个人画展，作品在美、日、东南亚等国家和地区展出，其巨幅国画《樱花牡丹》曾作为中日两国人民崇高友谊的象征，赠送给日本大分市。著有书法研究专著《张裕钊年谱及书文探讨》。

尽管艺术造诣高深，闻钧天却过着清贫的生活。他育有三儿二女，大儿是电子工程专家，老二是医学名家，小儿子是青年画家，两女均在中国科学院物理研究所工作，夫人陈太婆是清末状元陈沆之近亲。家景和名望不凡，但生活十分简朴，一家人住在汉口旧楼里用木板隔成的两间房，屋子除放两张床外，只容得下一个小四方桌和几把椅子。画好的书画作品只能用图钉钉在墙壁上。最奢侈的物品就是日本大分市送给他的一个高级石英钟，连黑白电视机也没一台。吃的也不讲究，冬天，早上只吃粥，中午和晚上米饭或面食。夏天，武汉火炉闷热难当，他最爱的是白米绿豆粥，苦瓜当菜，吃了中饭就打赤膊睡觉，起床用冷水冲冲头就开始作画。就是在这种条件下，他创作了许多有名的画作。

尽管自己的生活条件艰苦，闻钧天心里却挂念着家乡。晚年的时候，他曾设想在家乡县城建一所医院或者学校，在朋友汪德富的建议下，决定通过捐赠画作的方式资助家乡的发展。1981年在中国共产党成立60周年前夕，他和儿子闻立圣将佳作150幅献给了浠水，此举得到了全国政协、文化部、民革中央以及同行的高

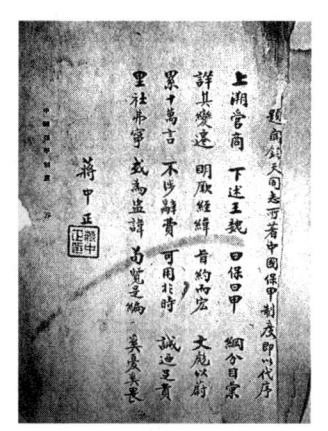

蒋介石手书的序言

度称赞，各大报纸、电台争相报道。

1981年，浠水县文化馆创办《红烛》杂志，闻钧天不仅为刊物题名，还设计了寓意深刻的封面，在画上赠诗一首："高烧红烛纪年华，彩梦雕龙出锦篇。长浥万家呈百放，玉泉山水汇浠川。"以此来表达对故乡和亲人的感情。

闻钧天对于中国古代的政治制度也有很深的研究，他著有《中国保甲制度》一书，1935年商务印书馆印行。蒋介石、何成浚、戴传贤作序，蒋介石还亲笔为该著作题写序言。该书是中国古代乡里制度研究最早也是迄今为止影响较深的著作。它以保甲制度为研究对象，涉猎广、资料丰、论叙密、用力勤，是研究中国古代乡里制度不可或缺的资料。

第三节　治病救人闻亦齐

—— 。——

2015年，武汉市中心医院迎来了135周年华诞，它原名为汉口天主堂医院、武汉市第二医院，由意大利天主教会出资筹建。在武汉市中心医院的历史上，闻亦齐有着重要的地位。在中心医院的官网上，至今仍保存着闻亦齐的简历：

> 闻亦齐(1903—1956)，男，字舒天，号枢乾，湖北浠水县巴河镇人，武汉市第二医院第一届内科主任。闻亦齐与兄闻亦传、堂兄闻一多均系民国初年清华学校官费留美学生。1930年获芝加哥大学医学博士学位，被授予金质奖章，吸收为美国医学会会员，后任迈克瑞斯医院医师。1931年回国，任南京中央医院内科主任。1954年采用独特临床液体补充疗法，救治高烧、抽搐、昏迷的防汛中暑病人，被武汉市卫生局授予防汛一等功臣。他首

译爱因斯坦的《相对论》及协助著名地质学家丁文江校订的《徐霞客游记》，均由商务印书馆出版。[1]

从这段简短的介绍中，我们不难发现清华的教育、家族的教育留给闻亦齐的财富。闻亦齐并不像现在许多的医学专家一样，他知识全面、眼光开阔，不仅热爱自然科学，对文学、哲学、诗词、英语、语言学都有着广泛的涉猎和很深的造诣。

学生时代，闻亦齐曾任《清华周刊》编辑、《年报》总编辑。1925年，闻亦齐官费留美，闻一多学习美术，他学习医学，五年后成为博士。回国后，在南京中央医院供职，1932年，他来到武汉，在汉口自费开办私人诊所，只开方，不卖药。抗日战争时，由于南京沦陷，国民政府先迁到武汉，武汉会战后又迁至重庆。此时，沦陷区的大量难民涌入山城，日本的飞机狂轰滥炸，造成了大量的伤亡。为了躲避日本人，同时救死扶伤，闻亦齐来到重庆行医。抗战胜利后，1946年闻亦齐返回武汉，仍以行医为生。

1950年后，闻亦齐历任武汉市第二医院顾问、内科主任，江岸区中西联合医院顾问。1954年夏秋，武汉市遭遇自1865年有水文记录以来的最大洪水。6月25日，武汉关水位突破26.30米的警戒水位。8月18日，武汉关最高水位达到29.73米，比市区地面平均高出5米多，洪峰流量达每秒76100立方米。在党中央的领导下，在全国各地人民的大力支援下，武汉人民全力奋斗，战胜了百年一遇的特大洪水。闻亦齐作为武汉市第一届人民代表大会代表视察防汛大堤，目睹人民群众抗击天灾的壮阔景象，闻亦齐赋七律《百万苍生赖此堤》："誓与洪流做斗争，保家卫国救生灵。百年奇祸堤堪障，十万雄师志作城。凿石移山奔上下，屏波潜水任浮沉。领导有方功在党，军民齐唱一条心。"

8月初，从堤上转到武汉第二医院的病人骤增，共同症状是高烧、

---

[1] 引自武汉市中心医院网。

抽搐，类似脑膜炎，但在诊断上众说纷纭，莫衷一是。闻亦齐经仔细检查，诊断为"劳累暑热导致热痉挛、热衰竭和中暑"，提出补充液体疗法。他率医护人员日夜巡回医疗，使391名病员很快痊愈，被授予"防汛一等功臣"称号。1956年春，闻亦齐加入中国农工民主党。不久他自己发觉患有恶性肿瘤，专家建议手术治疗。他在《病中》一诗中写道："布阵岂宜崇背水，参谋原不重冯河。"用《论语·述而》"暴虎冯河，死而无悔者，吾不与也"的典故，婉言谢绝。一周后，自知沉疴不起，作绝命诗三首，内有"地下有灵应掩面，愧逢兄弟亦传多"句，惋惜来不及将散见于国内外的诗文编印成书传世，不如亦传、一多两兄。

第四节 抗日名将闻允志

闻允志（1904—1940），字永之，河北抗日民军主要领导人、八路军第二纵队一旅政治委员、冀鲁豫军区一分区政委。1940年春于山东省冠县渡卫河时与日军巡逻艇遭遇，不幸壮烈牺牲。

清光绪三十年（1904年），闻允志生于湖北省浠水县巴河镇的书香门第之家。他比闻一多小5岁，是闻一多的堂弟。他们一个成为学者，一个成为军人，走上了截然不同的道路，但最终殊途同归，为民族解放而奋斗，直到献出生命。

1926年，闻允志在故乡浠水县参加中国共产党，同年领导本县的工农运动，被选为县农民部执行委员。大革命失败后，闻允志被迫于1928年9月东渡日本，先就学于日本早稻田大学，1930年转入东京工业大学机械系。

"九一八事变"后，闻允志被推选为东京工业大学的中国留学生代

1928年大革命失败后,闻允志东渡扶桑,先后在东京早稻田大学、东京工业大学学习

表,成为留日学生的领导人之一,公开发表抗日宣言,进行抗日救国活动,很快就受到日本军国主义的迫害。1931年,闻允志被遣返回国。回到上海后,他仍积极从事抗日救亡活动。1931年年底,他被法租界当局和国民党特务逮捕,关押在卢家湾巡捕房。12月,国民党设在法租界的第二特区法院以"危害民国紧急治罪法"第六条判处他徒刑三年。12月中旬,闻允志被解入马思南路监狱。他在狱中与难友协商,成立了狱中互济会,并建立了临时党支部,为支部负责人之一。1933年6月,他被营救出狱。1934年春,闻允志被党组织派往河南省偃师县立中学任数学教员,化名为闻季华,继续从事党的地下工作。闻允志和其他同志一起,开始组织了一个"读书会",吸收进步青年参加,课余经常和同学们讨论中国革命的性质与任务,为青年指引出路。不久,他又组织了秘密的"社会主义联盟",出版秘密刊物《晨钟》半月刊,后

刊物改名为《黎明》。

1935年春,闻允志到北平后先在国民学院任教,后去天津法商学院任辅导课主任,并给当时北平《世界日报》的社会科学副刊撰稿。在这一公开职务掩护下,他秘密进行抗日宣传活动,揭露亲日派的退让投降政策,动员群众参加抗日救亡工作。在1935年暑假前,天津法商学院院长高文伯及辅导课主任苏蓬先由于限制学生言论、监视学生行动,引起学生极端不满。暑假后,高被迫离职。经新任院长杨亦周聘请,闻允志为该学院辅导课主任兼教授。

1936年,国民政府的国策是"攘外必先安内",在调集百万大军"剿共"的同时,对日本采取隐忍妥协的策略。为了反抗日本帝国主义侵略,北平爆发了"一二·九"学生运动。1936年5月,全国学联成立,天津学联成功地组织了"五二八"游行,文化界也组织了半公开的"文化劳动者协会天津分会",闻允志担任该委员会的执委。此后天津学生运动汹涌澎湃,不但打破了天津学生运动的沉寂状态,而且有力地支援了北平的学生运动。在党的领导和广大学生的支持下,法商学院成立了"天津学生联合会",成为天津学运的中心,闻允志成为法商学院和天津学生中最有影响的领导人之一。

1936年秋,冀察政务委员会对进步学生采取亲日媚外的镇压政策,一切主张抗日的进步分子,随时有被逮捕的危险,各进步文化机关也可能随时被封闭。当年冬季,冀察政务委员会又强迫各学校教职员工填写"反共志愿书"。当时法商学院在党的坚强领导下,教职员工提出了"要保持大学教师的人格尊严及思想言论自由",向反动当局进行了坚决斗争。由于法商学院和南开两校是天津抗日活动的大本营,反动当局多次向两校提出警告。同年10月,闻允志和两位同学被捕,经营救后被释放,两位同学被解往北平,引起了学生不满,法商学院的学生掀起了反对学院当局的学潮。1937年2月,华北政务委员会便利用这一机会下令以武力强行解散并关闭了法商学院。

1937年春，全国掀起了抗日救亡高潮，"北平文化职业者协会"改名为"北平文化界救国会"，不久"华北各界救国会联合会"成立，闻允志回到北平参加了该会领导工作，积极组织宣传抗日救国活动。

"七七事变"后，中华民族面临亡国的危急关头，中国共产党的抗日民族统一战线政策得到全国人民的拥护，当时河北省地方实力派张荫梧在博野办有四存中学，并自任校长。为了加强对张荫梧部的工作，中共北方局派闻允志到博野开展抗日活动。不久，张荫梧担任了保定行营民训处处长，在保定创办了河北干部养成所，招收北平、天津、保定一带知识青年2000余人进行抗日军政训练。闻允志担任干部养成所政训处处长，并兼任教官，该所组成11个学员大队，后因战局变化，干部养成所由河北保定迁往山西陵川县。

1937年4月，阎锡山在太原成立"山西晋绥军官教导团"，由张荫梧兼任团长，闻允志被聘为该团教官。

1937年9月，河北省保定失守，张荫梧收集河北博野专员公署所属五县保安队及一些散兵游勇，以部分晋绥军官教导团学员和河北干部养成所学员为骨干，组建了河北民军，张荫梧任总指挥，王长江任副总指挥，闻允志任政训处处长，总指挥部由河北磁县移到山西陵川县平城镇。

1938年1月，河北民军副总指挥王长江率部到林县（今林州市）合涧镇组成河北民军太行区司令部。这时以闻允志为首的政训处受到总指挥部内国民党特务的攻击和排斥，经中共北方局决定，闻允志带领政训处部分同志到林县合涧镇上庄，协助王长江在豫北一带开展抗日宣传和组训民众工作，目的是想利用民军名义组织一支共产党领导的抗日革命武装。当时政训处下设有组训、宣传、庶务等股，同时还派出辉县工作团、林县原康工作团、汤阴工作团等。工作团的任务一是宣传抗日民族统一战线，二是组织群众抗日，三是动员群众参军。

随着抗日斗争的开展，进步势力与反动势力逐渐分化，闻允志积极争取河北民军副总指挥王长江响应中国共产党的抗日救国主张。他阐明当时的形势，希望王长江不要追随张荫梧与八路军搞摩擦，要顾全抗日大局，一致对外，全力抗日。王长江在政治上有了很大进步，后来同意到八路军一二九师三八六旅驻地与陈赓会见，经过会谈，王长江表示坚决拥护中国共产党联合抗日、反对摩擦的主张。1938年秋，张荫梧公开制造了"博野事变"，王长江反对张的倒行逆施，在中国共产党的帮助下，率部起义。王长江后来加入了中国共产党，曾任八路军警备旅长、晋察冀军区六分区司令员、华北军区参谋长等职。

1938年春夏之间，闻允志经与国民党林县县长张守魁协商，在林县开办了抗日军政干部训练班。校内军政训练均由政训处派人负责，粮食和经费由县政府供给，共办两期。政训处党组织先后派人在干校负责和主持教育训练工作，讲授抗战形势及中国共产党抗日救国十大纲领等内容。

1938年春，林县城尚未被日寇侵占，城内外一带驻有各种政治倾向的部队。有豫北别动队黄宇宙部，有以李福和为司令的河北游击第三支队，还有国民党的新五军孙殿英部及四十军庞炳勋部及河北民军一团徐靖远部。1938年年初，闻允志积极联络各方，组织了"太行抗敌联防委员会"。

1938年闻允志利用河北民军在豫北一带的影响，在豫北的辉县、淇县、汤阴、彰德数地发展武装，经河北民军总指挥部同意，以卫辉纱厂的工人抗日大队为主，于同年6月底成立了民军第九游击队。

闻允志考虑到河北民军内部的复杂情况，为了扩大抗日力量，经民军总指挥部同意，将第九游击支队与民军第十一大队朱程部合编为民军十一团，撤销了第九游击支队番号。民军十一团下设两个大队，共400余人，朱、闻分别担任团的军政负责人。并当即在团内建立了中国共产党领导的"民先队"，不少党员担任分队军政领导干部，并在部队内建立政治工作制度，对指战员进行革命教育。朱程当时虽不是共产党员，但因与闻允志合作时间较久,能密切协助配合,并力求进步,靠近共产党。张荫梧已公开反共,对朱程严重怀疑,遂于1938年12月下令调朱程部北上到冀西待命,企图消灭进步力量。闻允志根据中共北方局要维护抗日民族统一战线政策的指示,考虑到民军十一团虽然已为共产党掌握,但在名义上仍然是河北民军。为了从大局出发,不给国民党顽固派制造摩擦的借口,闻允志坚决执行北方局的决定,对党员和干部进行了多方面的说服教育工作,支持朱程北上。为保存力量,将十一团内的中共党员及"民先"队员逐步撤出,由中共太南特委另行分配工作。1939年3月,闻允志经北方局调往抗日军政大学一分校训练部任教育科长。

1939年6月,朱程率领民军第四团在河北省冀西赞皇县上、下花园一带,挫败了张荫梧逮捕他的阴谋,在抗日友军和地方抗日政府的支持下,脱离了张荫梧的河北民军,将部队带回太行山,到达山西辽县,靠近八路军总部。朱程根据八路军总部的指示,一方面为了维护和坚持抗日民族统一战线,更广泛地争取和团结一切可以团结的抗日力量,同时根据当时政治形势的需要,仍保留民军名义;另一方面为了区别于河北民军,故整编后更名为"华北抗日民军",由朱程任司令员。为了巩固和提高部队政治素质和战斗力,经朱程的请求,八路军总部决定从抗大一分校调回闻允志担任华北抗日民军党代表并兼任政治部主任,与朱程共同领导这支部队。除闻允志从抗大一分校带回一部分军政骨干外,原民军十一团的干部到抗大学习的同志也先后回到部队,加强和充实了华北抗日民军各级军政领导力量。闻允志重返部队后,迅速建立了党的组织,并恢复了党在部队中的政治工作,积极对部队进行了改造,在短时期内,华北抗日民军出现了新的局面。1939年9月经朱德、闻允志介绍朱程参加了中国共产党。

1940年4月,华北抗日民军奉八路军总部命令,调往冀鲁豫开辟平原游击战争,建立抗日根据地。到达冀鲁豫后,闻允志任冀鲁豫军区第一军分区政治委员兼华北抗日民军政委,部队活动于濮阳、内黄、滑县一带,与朱程共同领导军民粉碎了日寇多次残酷扫荡,建立了沙区抗日根据地。

1940年8月,闻允志奉八路军总部命令返回总部。当时由冀中南下支队护送,随徐向前于8月21日拂晓经大名县元村龙王庙至东龙湾小滩西之间(现南乐县境)抢渡卫河时,遭到敌巡逻艇的袭击。适值秋汛,水深流急,在战斗中,闻允志不幸牺牲,时年仅36岁。[1]

在闻允志短暂的一生中,他一直在为革命而奔走,与兄长闻一多的怒吼不同,他始终站在日本侵略者和反动势力的对面,把一腔爱国豪情倾注在战斗的第一线,甚至不惜献出了自己年轻的生命。他在用自己的生命向闻氏后人和中华民族诉说什么是百折不屈,什么是爱憎分明,什么是民族荣辱!

第五节　著名学者闻家驷

— 。 —

闻家驷,原名常,字铁侯,号尊五,又名籍,笔名砚田,著名法国文学专家、翻译家。1905年6月7日,闻家驷出生于浠水县巴河镇闻家铺村,是著名诗人、学者、民主斗士闻一多先生的胞弟,比闻一多小6岁。

闻家驷幼年进入私塾接受启蒙,习读传统的经史子集。稍长,闻家驷在闻一多的影响下,开始接受新思想,阅读《新民丛报》等新书籍报刊。14岁时,闻家驷前往武汉,入教会学校学习,两年后,他转入汉口法文学校。1923—1925年,闻家驷入上海震旦大学预科学习法语。

---

[1] 引自人民网·中国共产党新闻网、闻氏家族家谱网。

1925年五卅运动中，闻家驷参加罢课并抵制补考而被学校除名。1928年，闻家驷自费赴法国留学，一年后即因家庭拮据回国。

1931年，闻家驷取得官费留学的资格，再度前往法国进入巴黎大学、格勒诺布尔（格林罗布）大学学习法国文学。1934年回国，先后在北京大学、北平艺术专门学校、西南联大任教。从上大学到留学期间，闻家驷与闻一多书信频繁，闻一多时常寄钱接济弟弟，表现出深厚的手足之情。早在清华念书时，闻一多就非常关心闻家驷的前途，鼓励闻家驷考清华中等科二年级，他还写信告诉闻家驷应该准备哪些功课，还督促闻家驷写读书心得。后来，闻一多前往美国留学，虽然学习很忙，还是在家信中经常嘱咐闻家驷课外要多阅读杂志，打好基础知识的根底。闻一多对弟弟说："根底既成，思想通彻，然后谈得上做专门的学问。此非文科独然，实科亦莫不然。"不仅如此，闻一多还嘱咐闻家驷要多写信质疑问难，他在给闻家驷的信里说："虽远隔重洋，书信往来，节序已迁，但研究学问，真理不改，时间不足以囿之也。"过了一段时间，针对闻家驷的具体情况，闻一多又让他停止写札记，不如以此时间多读书，获益更多。1923年6月14日闻一多给闻家驷的信中这样写道："如今你的缺点乃在于思而不学则殆。读书甚少，仅就管窥蠡测之知识，思来思去，则纵能洋洋大篇，议论批导，恐终于万言不值杯水耳……例如本次札记中读老子哲学，固见思力，但此种问题，我尚望之却步，况吾弟之初学，岂能必其言之成理乎？此种见解存之脑中可也，笔之于书则不值得。故目下为弟之计，当保存现有之批评精神以多读史书……杂志除《创造》外，若《学艺》《东方杂志》《民锋》《改造》亦宜多看，以求得普通知识……"

闻家驷，1905—1997，著名文学家、翻译家

每当闻家驷重温闻一多对他充满诚恳、深切、严格、开明的教导，都会令他深受感动。闻一多务实求学、不尚空谈的治学态度，不仅让闻家驷受益匪浅，对于当时乃至现在的广大青年知识分子，都有很大的启发和借鉴意义。最令闻家驷难忘的是，暑假两个月的家居生活，闻一多给家里带来了自由、活泼、新鲜的气氛。闻一多家庭虽说比较早地接受了新时代潮流的影响，在辛亥革命前夕就能阅读到《东方杂志》和《新民丛报》之类的书刊，但是读"四书""五经"的传统习惯仍然存在。在经、子、史、集四类书籍中，闻家驷的父辈主张读经，闻一多则主张多读子、史、集，而他每年暑假回家，也正是利用这两个月的时间来大量阅读这些书籍的。闻一多嫌一般的书桌不够使用，于是便把裁缝做衣服用的案板拿来当书桌，上面堆满了各类书籍以及稿纸，每隔几天，总得有人替他整理一番。"闻一多先生的书桌"从他青年时代起，就不是很有秩序的。闻家驷上中学以前，是在父亲的督促下念书的，因此闻一多暑假回家消夏，对闻家驷也是一大解放。在闻一多的影响之下，闻家驷也读起《史记》《汉书》《古文词类纂》《十八家诗钞》这一类书籍来了。闻一多在某一年暑假给他的朋友的信里曾写道："归家以后，埋首故籍，著述热大作，校订增广《律诗的研究》，作《义山诗目提要》，又研究放翁，得笔记数则，暇则课弟、妹、细君及诸侄以诗，将以诗化吾家庭也。"

抗战爆发后，北大、清华、南开迁至西南大后方昆明，三校合并组成了西南联合大学。闻一多先随学校千里辗转，一个学期后，闻家驷护送着嫂子高孝贞（后改名为高真）和八个孩子（立瑛、立燕、立鹤、立雕、立鸿、立鹏、闻铭、闻翱）经过千里跋涉，与闻一多平安团聚。闻一多在西南联大任中国文学系教授兼系主任，闻家驷被聘为外国语文学系教授。他们住在昆明城内福寿巷三号，该处院子宽敞，正南为三间正室，东西各有两间厢房，均为两层木构楼房。院中有一石凿大鱼缸，西侧有很大的一所跨院，跨院北墙尤为别致，用砖砌成了缕花。墙边开有后门，通着一条小巷，门外就是一口水井。闻一多家人口多，住楼上三间正房及一间厢房，而闻家驷一家住楼上另一间厢房。兄弟俩朝夕相处，共同探讨学术，时常评文论诗。这一时期，闻一多的爱国主义思想深深地感染了闻家驷。闻家驷第一次看到的关于介绍中国革命情况的书籍，是斯诺写的《西行漫记》。这本书是闻一多交给他的，在看完后，闻家驷又遵照闻一多的嘱咐传递给另外一个朋友了。在新华书店还没有在昆明设门市部以前，闻家驷看到的《新华日报》和《群众》等书刊，多半都是从闻一多那里取来的。闻一多那些仗义执言、追求真理、爱憎分明、充满战斗激情的文章和讲演，如《可怕的冷静》《画展》《五四运动的历史法则》《一二·一运动始末记》《人民的世纪》等，曾经感动过许多人，也感动了闻家驷，对他的启发和教育很大。闻一多曾经不止一次对闻家驷这样说过："千百万人民处在水深火热之中，我们自己也在饥饿线上挣扎；不是我们不想研究学问，现实逼得我们不得不走出书斋啊！"

　　此时的闻一多，思想发生了非常深刻的变化，他不再是那个封闭在象牙塔里的学者，而是以忧国忧民的态度审视着多灾多难的祖国。他也要求闻家驷用学问来改造世界，而不要拘泥在所谓"纯学术"的桎梏中。大约是在1945年，闻家驷写了一篇介绍戈吉野的文章，发表在昆明文艺周刊上。戈吉野是法国19世纪唯美派诗人，读一点或介绍一点唯美派的理论和作品，就其本身来说，原无可厚非，不过在民不聊生那种局面下谈唯美派，则显然是不合适的。闻家驷当时也意识到这一点。后来，闻家驷问闻一多看到那篇文章没有，闻一多笑着说："你现在还写这类文章啦！"闻家驷回答说："那是我在这方面写的最后的一篇文章。"但紧接着闻家驷又补充说："艺术好比是座公园，城市里总该有这么一块清静的地方。""不对，"闻一多立刻回答说，"在非常时期，公园里也要架大炮呢！"他一语道破文艺问题的实质，使闻家驷在文艺与政治的关系问题上有了进一步的认识，从而促使他撰写了《死去再生——

向罗曼·罗兰学习》一文。

在西南联大工作期间，闻家驷开始对19世纪法国诗歌和诗人，如雨果、波德莱尔、弋蒂德等进行深入的研究，尤其是对伟大的浪漫主义作家雨果的研究甚为突出。他发表了《谈雨果的诗》《论巴拿斯派的诗与象征派的诗》《读戈吉野的诗》等学术论文；翻译了华勒莫夫人的《你怎样处理了它们》、魏尔仑的《感伤的对话》等法国名作家的大量诗文。1945年4月6日，他还和闻一多发起组织了联大中文系与外语系合办的诗歌晚会，两兄弟与浦江清、李广田、冯至、卞之琳等名教授都是主讲人。闻一多的讲题是"抗战以来中国新诗的前途"，闻家驷的讲题是"法诗最近的趋势"，他们都倡导诗歌在爱国运动中要发挥积极的作用。

闻家驷受闻一多的思想影响，也从书斋中走出。在1944年，他参加了中共南方局代表毕岗领导的西南文化研究会，并加入中国民主同盟，同闻一多一起积极支持反对国民党统治的进步学生运动。1946年夏天，西南联合大学由昆明迁回平津，闻家驷在这年的5月下旬就回到北平了。在闻家驷离开昆明前一两天的一个下午，闻一多到闻家驷家里来看他，他们谈了很长时间，谈话的范围也比较广泛。平时因为工作忙，除了在公共场合和他见面以外，闻一多很少来看弟弟，而闻家驷去看闻一多又往往碰上有人来找他，或者就是闻一多不在家，能够像这一次从容不迫地坐下来，大事小事一起聊，在抗战后期昆明那种紧张动乱的岁月里，的确是很难得的。闻一多告诉闻家驷说，他因为在昆明还有些工作需要处理，不得不把行期往后推迟，同时，他还想顺便回武昌去看看，巴河老家是来不及去了。他又说，抗战虽然胜利了，需要做的工作还很多，回北平后恐怕还不能很快地恢复以前那种教书生活。他又曾嘱咐闻家驷，曾昭抡和吴晗要回北平，关于民盟的工作，和他们两位联系就行了……临走时闻家驷送闻一多出来，两人又站在院子里聊了一会儿，好像彼此都还有很多话要说似的，充满了依依惜别之情。但是，万万没有想到,这是兄弟俩最后的一次谈话,因为一个多月后,闻一多就在昆明被国民党当局杀害了。

这个时期,闻家驷写下了不少杂文,主要有《论救国》《最后的话》《当真是匪警吗》,1945年发表在《时代评论》上。此外还有《一多兄死难二周年祭》,1948年发表在《中建》第三卷第四期上;《我所知道的朱自清先生》,1948年发表在《中建》第三卷第八期上。

1946年,闻家驷从西南联大返回北平,任北京大学西语系教授,其间曾任校务委员会常委兼西语系主任等职。新中国成立后,闻家驷任北京大学西语系教授、系主任兼校务委员会常委等职。历任全国政协委员、常委;民盟中央常委、副主席等职。他又写了缅怀闻一多的文章《做一个有骨气的人——追忆一多兄》,1960年12月20日发表在《光明日报》副刊上,表现了浓浓的兄弟情谊。

他的学术研究方向是法国语言文学,从事法国文学的翻译和西方文学的研究工作。自1954年闻家驷的译著《雨果诗歌精选》在作家出版社出版后,又相继编辑了《雨果诗抄》《法国十九世纪诗选》,翻译出版了世界名著——长篇小说《红与黑》等。他编著的《欧洲文学史》、《中国大百科全书》(外国文学卷)、《外国文学名著丛书》等书,成为研究法国文学乃至外国文学的权威作品。

闻家驷学贯中西,精通古典文学,他在翻译《法国十九世纪诗选》时,曾经写绝句一首赠给季镇淮先生:"治病治学须并重,君写先秦我译歌。几见砚田有恶岁?文章千古晚成多。"闻家驷的诗作还有《湖边漫步》:"摒却诗书走出家,柳荫堤上树婀娜。心中独自寻佳句,缓步徐行不看花。"后人评价闻家驷先生的诗作有宋人之风,具有深厚的古典之美。

在教学方面,闻家驷极为认真负责,即使年老力衰,患有神经衰弱,也恪守自己的神圣职责。他的学生回忆道:

> 他的法国文学史讲得十分成功,是我在北大期间所听过的

闻家驷编译的《雨果诗歌精选》

最高质量的课程之一,也是获益很多的课程之一。不过,准确地说,他在讲坛上不是天马行空式地讲,更不是任兴之所至地大肆发挥,而是从不脱离讲稿地照本宣科,他这样做至少是表明自己特别认真负责,保证自己所宣讲的每一句话都是经过深思熟虑、字斟句酌的。当然这样做也比较节省授课时所支付的脑力与体能,适合他的健康状况,至少根据我自己后来的经验,在讲坛上高谈阔论、挥斥方遒,很需要讲者自己的激情投入,像炽热的煤块一样炽热地自我燃烧,为此经常要弄得血压上升、头发热。闻老夫子显然要避免这种情况。

总体而言,闻家驷先生在法国语言文学的地位是开创性的。那时,新中国还没有大规模地引进欧美文学,闻家驷先生的研究具有开拓性,是现代西方文学研究的先声。闻家驷先生曾翻译出版过一本《雨果诗歌精选》,虽然篇幅有限,但在外国文学研究与翻译成果出版得并不多的20世纪50年代,足以奠定他在雨果译界令人瞩目的地位。

不仅如此,闻家驷也是一位社会活动家。早在1944年他就参加了中共南方局代表毕岗领导的西南文化研究会并加入中国民主同盟,同胞兄闻一多一起,积极支持反对国民党统治的进步学生运动,参与组织学生活动、撰文、讲演和签名,坚决支持昆明学生"一二·一"反内战运动,参加"一二·一"四烈士出殡大游行。1946年7月15日闻一多遇难,他已回到北平,远道闻耗,国恨家仇集于一身,更坚定他推翻国民党反动统治的决心,从此更加坚定地站在中国共产党一边,坚决支持北平学生抗议驻华美军暴行的正义行动。他不顾个人安危,掩护中共上海局平津学委负责人从事学运领导工作,为争取和平解放做出了不懈努力。

新中国成立后,闻家驷历任政协第三届委员会委员,第四至七届委员会常委;民盟第一、二届中央常委,第三届中央常委,第四、五届中央副主席,第一至三届中央参议委员会副主任,八届中央名誉副主席;他还是北京市各界代表会议代表和北京市政协委员,政协北京市第五届委员会副主席,民盟北京市第一至三届委员会副主任委员,第四届主任委员,第五届至第七届顾问;中国文学艺术工作者第一至四次代表大会代表和中国作家协会第一届候补理事。他积极参加国家和北京市的各种政治活动,关心党的事业,宣传党的政策。闻家驷还兼任中国翻译工作者协会名誉理事,法国文学研究会名誉会长,全国闻一多研究会第一、二届名誉会长,闻一多基金会顾问等职。

1950年北大部分教授参观新开放的红楼李大钊工作室。左起:曾昭抡、杨振声、袁翰青、罗常培、许德珩、汤用彤、向达、闻家驷、马大猷、俞铭传、王寿山、郝诒纯、王利器、钱端升

1997年11月8日，闻家驷病逝于北京，享年93岁。新华社、《人民日报》、《人民政协报》、《湖北日报》等多家媒体发布了讣告。王光英、费孝通、彭佩云、王兆国、钱伟长、苏步青、孙孚凌等以不同方式对其逝世表示哀悼。[1]

---

[1] 引自柏书霁：《闻家驷教授传略》，载《新视野》1998年第2期。

第四章 文脉绵延传薪火

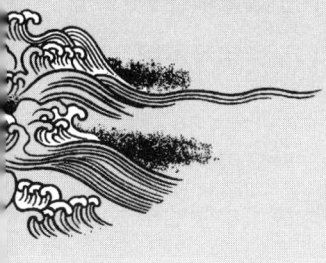

第一节　命运坎坷闻立鹤

— 。—

闻立鹤（1927—1981），又名高克[1]，闻一多长子。

比起闻一多，闻立鹤并没有什么壮烈的事迹，但他命运之坎坷、遭际之辛酸，以及其英年早逝，无不令人唏嘘。闻立鹤长女高晓红在回忆起父亲时说道：

> 父亲一生中遭遇的坎坷、磨难他从来没对我说过，我对他那段经历的了解也实在太少。父亲去世后，在仔细翻检父亲生前的笔记，包括有关的"检查材料"的过程中，父亲在那个特定的历史年代的心路历程才渐渐在我的脑海里显现出来。父亲是个平凡、普通的小人物，他没有什么显赫的职位和耀眼的光环，然而在我的心目中，他就像一支红烛。他生命的烛光，在几度残风的侵袭中，为正义、为真理，为战胜黑暗、创造光明而奋力燃烧着，夜行者会永远看得见他们以生命燃烧发出的光辉。

闻立鹤自幼天资聪慧，勤奋好学。在他的童年时期，其父闻一多就以古典诗歌为孩子启蒙，如陆游的《示儿》、岳飞的《满江红》，以及其先祖文天祥的《正气歌》《过零丁洋》……那时，闻一多几乎每天训导子女学诗，并规定：谁要背不下来，就要为父亲捶100下腿。但这难不倒聪明好学的闻立鹤，他总是兄弟之中最先背出来的人。

闻立鹤从小体弱多病，读初中时就曾休学一年，高二时又因病辍学在家。但闻立鹤凭着天资、勤奋和刻苦，竟然在家自行学完了中学的全

---

[1] "高克"是从闻一多之妻高真的姓。

部课程，在17岁时以优异成绩跳级考入当时大后方进步青年向往的被称为"民主堡垒"的国立西南联合大学。为此，闻一多极为高兴，还将自己心爱的一支派克钢笔赠给儿子。

闻立鹤受其父的影响很深，不仅在性格上刚正善良，还多才多艺，精通诗文、绘画、戏剧，外语也十分出众。然而，闻立鹤原本平静的人生却因为国民党当局对闻一多的暗杀而发生巨变。

一、幼年随父颠沛流离

20世纪30年代以来，国际局势发生了重大的变化，最终使中华民族复兴的发展史再一次被迫停顿。在论述闻一多的爱国情怀、闻立鹤的幼年苦难前，我们有必要回顾一下当时的历史环境，并把目光聚焦在日本。与抗战前蓬勃发展的中国不一样，同时期的日本一战之后成为五大国之一。但看似风光的背后，实际上日本的国内经济却十分萧条。自日俄战争后，日本接受当时美国总统西奥多·罗斯福的调停，不向俄国索取战争赔偿，作为交换，欧美各主要帝国主义国家承认日本为列强的一员。但日俄战争的军费开支远远超过了中日甲午战争，浩大的投入使资源原本就匮乏的日本陷入了困境。1929年，经济大危机从美国开始席卷世界市场，日本国内哀鸿遍野，在广大农村，农民为了生存不得不卖儿卖女。日本国内普遍认为，应当集中国家的一切资源，向亚洲大陆扩张，取得资源，来解决国内的危机。1931年9月18日，日本少壮派军官板垣征四郎、石原莞尔以日本关东军司令官本庄繁的名义，悍然发动"九一八"事变，攫取了整个东北。此后，关东军大举入关，向长城一线发动攻击，并对上海发动试探性的进攻。虽然，以二十九军宋哲元、十九路军蔡廷锴为代表的中国军人奋勇抵抗，给予日军沉重打击，但出于"攘外必先安内"的政策，蒋介石最终与日本媾和，骄横的日本人拔出军刀，威胁前来参加和谈的何应钦签订了丧权辱国的《何梅协定》。

七七事变后，日军大举进犯北平。

当时，闻一多还未离开北平，而其妻子高孝贞又远在湖北。日军的铁蹄把闻一多一家分隔南北，高孝贞担心万一北平沦陷，闻一多和三个孩子不知会遇到什么凶险，说不定一家人再也无法团聚了。高孝贞越想越害怕，焦急得饭也吃不下，觉也睡不好，整天忧心如焚，一封接一封拍加急电报，要闻一多不惜一切，即刻率孩子们回到武昌，并且说只要人能回来，其他什么损失都不在乎。

战争使得闻一多原本优渥的生活骤然改变，一开始，闻一多对此是估计不足的。毕竟，国内一直战乱不止，民心思安，但突然杀来的外敌，不仅改变了中国的命运，也改变了闻一多一家的命运。北平沦陷，闻一多一家不得不离开清华园，舍弃了温暖而舒适的居所，也丢光了所有的财产，闻一多一家的生活变得饥馑而窘迫。闻立雕回忆当时的流亡生活："饭里满是沙，肉是臭的，一天喝不到一次热茶。"但即便如此，闻一多并没有任何怨言，他时常告诫自己的儿女："前方将士浴血奋战，连死都不怕，为国家献出自己的生命。我们在后方受一点苦又算得了什么！"闻一多觉得，在国家危难之际，个人的利益和得失都变得微不足道。

当时的贫穷、颠沛、危险与困顿在闻一多一家人，尤其是在年幼的孩子心里留下了多么难以磨灭的印象！从生活无虞、安居乐业到匆忙踏上逃亡之路，闻一多一家有太多的苦涩难以言说，而这不仅不是苦难的终点，而是厄运的开始。

二、保护父亲身中五枪

1943年，是抗日战争的关键时期，闻一多一家的生活实在是太困难了，闻一多被逼得无计可施，只能让闻立鹤和闻立雕利用暑假两个月的时间打工，多少挣一些钱来补贴家用。闻一多原来想让闻立雕去印刷厂当排字工，但最终没有落实，而闻立鹤在孙毓棠[1]先生的帮助下却落实了。孙毓棠是闻一多的好友，他把闻立鹤介绍到国民党的"三青团"云南省团部去充当了两个月的临时工。这件事闻一多当时并没有觉得有什么不妥，相反对孙先生还很感激，后来闻立鹤拿回两个月的工资，闻一多、高孝贞都感到十分高兴。三青团是国民党下属的青年党组织，第一负责人是蒋经国。作为抗日组织，三青团在抗日战争中发挥了一定的作用。但是，由于三青团的宗旨是"反共救国"，因此它坚定不移地执行蒋介石的反共政策，迫害进步青年。虽然闻立鹤并没有加入三青团，仅仅是做一些印刷的工作，但这也反映出，当时的闻一多父子对政治并不热心、并不了解，他们对抗战的热忱，是出于对国家的热爱，并不是出于对一个党派的信仰。闻立鹤虽然并没有加入三青团，但这段经历却成为一个可怕的包袱，这或许也是闻立鹤为何在之后命运坎坷的原因之一。

当时，国民党统治的大后方，最底层的百姓和士兵过着一贫如洗、朝不保夕的日子，不是死在日军的屠刀和轰炸下，就是死在自己人的盘剥和压榨下。尽管物价飞涨、物资紧缺，国民党上层的权贵却靠着贪污腐败，过着骄奢淫逸的日子。抗战胜利后，腐败、萧条、贫穷、饥馑不仅未能扼制，反而愈演愈烈。有一天，研究所里的何善周助教陪闻一多到村子里一家农户去访贫问苦。这是一家赤贫户，四壁空空如也，男主人不在，女主人面黄肌瘦，蓬头垢面，衣不蔽体。她告诉来人说，缺柴少米，已经几天没吃饱饭了。几个孩子一丝不挂，浑身泥垢，个个骨瘦如柴。眼前这幅流民图凄惨得令人目不忍睹。闻一多看了心情沉重得好半天说不出话来。此时的蒋介石，却不思安定民生，与各党派和平建

---

[1] 孙毓棠（1911—1985），男，江苏无锡人。中国历史学家，先后任教于西南联大、清华大学。1952年起先后在中科院经济所、历史所任研究员等职。孙毓棠还是著名的"新月社"现代诗人。代表作品有《中国近代工业史资料》《中国古代社会经济论丛》等经济学著作、诗集《宝马与渔夫》等。

国，却急令各部抢占地盘，令人齿冷。美国的军事调查团，在看到国民政府的现状后，向国内支持蒋介石的杜鲁门政府断言：蒋介石政权的日子不会长。

一幕幕黑暗的现实，促使闻一多和年幼的闻立鹤下定决心：与邪恶抗争到底！

据闻立鹤长女高晓红回忆：1945年，闻立鹤在西南联大时，和同学们一起参加了罢课和示威游行，他们迎着国民党特务的棍棒刀枪，在街头巷尾宣传群众，演出活报剧《潘琰传》《告地状》，向市民们高唱《告同胞》《告士兵》《凶手，你逃不了！》……他们连夜绘制宣传画，揭露国民党的反动宣传和暴行。当他拖着"一二·一"那天在新校舍大门内被特务打伤的腿，一瘸一拐地回到家中时，母亲心疼地劝他在家休息两天，他坚定地答道："妈，闻一多的儿子在这个时候是不能休息的！"

1946年，闻立鹤刚满18岁。这一年注定是一个多事之秋，它不仅是闻一多生命的挽歌，也是闻立鹤一生悲剧命运的开始。7月11日晚，著名的左派民主人士李公朴先生在昆明被国民党当局杀害。李公朴死后，沉默的闻一多爆发了，多年以来郁积的国恨、不平、忧民之心终于决口。他不顾国民党当局和特工的监视、威胁，帮助民主周刊社的学生整理李公朴先生的遗稿，并为纪念李公朴先生的专号写了著名的题词："反动派！你看见一个倒下去，可也看得见千百个继起的！"

7月15日，李公朴先生殉难经过报告会在云南大学至公堂举行，此时的云南已是风声鹤唳，但闻一多不顾众人的劝阻，毅然参加了大会。并发表了名垂青史的演讲。他义正辞严地驳斥了国民党特务对李公朴的污蔑与诽谤，赞扬了李公朴勇敢的生、壮烈的死。

闻一多的反抗，令国民党当局惊恐万状、恼羞成怒。1946年7月15日下午5时，在李公朴先生被害举行的记者招待会结束后，闻一多被枪杀在西南联大教职员工宿舍门口，闻一多遇刺时，闻立鹤正好接父亲回家，目睹这一刻他迅速扑倒在父亲身上，想用身体保护父亲。结果自己身中五弹，左腿、右腿被击伤，胸部中了 3 枪，肺部被打穿，其中有 1 颗子弹从他背部穿过，离心脏仅有半寸。经多方抢救，他身体还是留下了残疾。闻立鹤的母亲高孝贞，由于夫死子伤，精神受到了致命的打击。伤愈后的闻立鹤，重新回到了清华大学英语系学习，国仇家恨，让闻立鹤跛着右腿，不断反抗国民党统治末期的暴政。

三、被历次政治运动冲击

1948 年下半年，还未从清华大学毕业的闻立鹤辗转来到解放区。在解放区，他改名高克，进入中央团校学习。新中国成立后，闻立鹤进入铁道部工作，历任铁道部团工委政治部干事、天津铁路局党委副科长和工会指导员等。朝鲜战争爆发后，闻立鹤作为铁道部赴朝慰问团秘书，率铁道文工团赴朝鲜前线慰问演出，回国后担任天津铁路分局政治部宣传科副科长。闻立鹤把对祖国的热爱、对新社会的憧憬充分地体现在文学创作方面，从 1954 年夏至 1956 年春，闻立鹤深入社会基层，先后发表了《为国家节约黑金子》《在平凡的岗位上》等讴歌铁路工人先进事迹的长篇报告文学和专访文章，得到了群众的赞誉。

1958 年，全国掀起了"大跃进"的狂潮，树木被砍伐一空，每家每户砸锅卖铁大炼钢，卫星频频上天、亩产万斤屡屡上报。"双百"方针逐渐被破坏，那些提出质疑的学者多数被打为右派，勒令改造。据闻立鹤长女高晓红回忆：当这种残酷的抉择摆在闻立鹤面前时，闻立鹤既有父亲的爱国热情，也有父亲的冷静思考，他在铁路分局宣传科的学习会议上，出于党员的责任感和民主权利，对分局党委某些干部的官僚主义作风以及干部路线方面的问题，提出了一些坦率的批评意见，便被污蔑为"向党进攻"。他的业余创作也被扣上了"个人名利思想，走白专道路"的帽子。

平心而论，闻立鹤作为闻一多先生的长子，客观上具有一定的政治资本，但闻立鹤与生俱来的正义感不允许他仅仅作为"闻一多之子"的标杆而存在，遇到现实的问题，他就要指出，就要呐喊，因此得罪了不少人。在政治上，他经常指出一些基层领导干部在工作作风上的问题；在学术上，他充分吸收了"双百"精神，继承了闻一多的衣钵，对研究古典文学情有独钟，并坚决与否定古代历史文化、认为其都是封建糟粕的政治风气做斗争。这些，都成为闻立鹤后来的"罪证"。

早在1957年"反右"运动开始时，闻立鹤就被安上"莫须有"的罪名，翌年被撤销了党内外一切职务，留党察看两年。闻立鹤出于对共产党的热爱，被迫做了违心的检讨，才好不容易保留了党籍，被下放到天津机务段当一名普通工人。但闻立鹤并没有放弃自我，他在工厂努力学习专业技能，干一行爱一行，与工友结下了深厚的友谊。

1959年，庐山会议标志着反右倾运动迅速扩大化，刚刚在命运的波澜里喘息未定的闻立鹤，再次被政治运动的怒涛击中。在分局政治学习会议上，他和彭德怀一样，委婉地提出了对"大跃进"和"人民公社"的反对意见，如"人民公社未能波浪式发展，搞得快了些，组织工作跟不上"，"大炼钢铁，小土炉炼出的质量不高"，"国民经济两大部类间的比例有些失调，造成市场一些日用品的紧张"，等等。可以说，闻立鹤所提出的这些问题，都是他基于客观的事实得出的结论。首先，由于人民公社组织不到位，"吃大锅饭"现象严重，社员从事劳动生产的积极性始终不高。其次，由于土法炼钢，每年产生几百万吨根本不能用的土钢土铁，严重浪费了国家资源。土法炼钢还消耗了大量的木材资源，森林被砍伐、河流被污染；片面注重重化工业的发展，制约了民生的投入，造成了可怕的饥馑。然而这些逆耳忠言在整体性的疯狂中没人能听进去。这些"极右"言论使他被延长了留党察看的时间，并从工厂车间调到了南仓副业组，从事更加艰苦的农业生产劳动。

闻立鹤的右腿原本就因1946年的枪击而落下残疾，膝盖骨里的弹片始终没有取出来，致使他的右腿不能过度地弯曲。他耕地、喂猪、拉车、挖菜窖、挑大粪，承担了极为沉重的体力劳动。艰苦的生活让闻立鹤腿疾复发，患上了严重的风湿性关节炎。但即便如此，闻立鹤也没有向命运低头，而是拖着多病的身躯，用全部的热爱拥抱生活。在下放劳动改造期间，闻立鹤利用闲暇时间努力学习，他有计划地阅读了许多文学史料和诗词选本，通读了北大、中科院两种版本的《中国文学史》和《诗经》《乐府》等选注本及郭沫若的古典诗集，并顺着文学史，陆续看了一些史料，同时也坚持阅读了一些英文。不仅如此，在副业组，他积极投入生产劳动，虽然自身也非常困难，依旧尽力帮助有困难的群众。

1961年10月，闻立鹤的处分终于被撤销，原本两年的留党察看，由于1959年的"反右倾"延长到了4年，闻立鹤被调回天津铁路分局工作。然而，残酷的迫害给闻立鹤造成了严重的心理阴影。他依然记得，当"闻一多的长子受处分"的消息被作为"反动案例"披露在重庆市党刊上时，作为闻一多的儿子，闻立鹤的内心是多么的痛苦！

闻立鹤的长女高晓红这样评价父亲：闻立鹤的一生是光明磊落的，他有着渊博的学识，却不懂得见风使舵。他读过许多史书，他知道司马迁因一语不投机下于蚕室，身受腐刑，他却没有从中吸取一点可用于保护自身的经验教训。尽管他已经吃了苦头，他知道说真话是要付出代价的，可他还是不能憋住不说，这大概是禀性难移吧。

其实，闻一多、闻立鹤，一脉相承的，就是自颜真卿、文天祥以来中华民族文人士大夫的良心与良知。

"文革"开始后，闻立鹤由于"历史问题"再次被批斗，下放到天津机务段劳动改造。当时，造反派正在批判广州军区政治部创作组创作员金敬迈的长篇小说《欧阳海之歌》，为了加重批判的力度和分量，他们找到了闻立鹤，希望利用他"闻一多之子"的光环，加入对《欧阳海之歌》的批判。闻立鹤经过自己的调查与分析，了解到金敬迈的《欧阳海之歌》是描述解放军著名英模欧阳海烈士生平事迹的长篇纪实小说，并不存在所谓的反党问题，因此拒绝。闻立鹤也为坚持原则和良心付出了代价，他再次被下放农村，接受改造。

"文革"后期，由于大量国家急需的文化精英被打倒、被批斗、被迫害，许多重要的文化岗位空缺，国家的教育和文化事业陷入停滞。因此，许多被"改造"的知识分子、科教人士被"戴罪"启用，闻立鹤被抽调到铁路一中去当"工人教师"。1975年，邓小平复出，开始全面整顿。闻立鹤又因为出色的教学能力、组织能力与优秀的外语能力，组织上调他任天津外语学院教务处处长，其后升任副院长。1976年周恩来总理逝世，在4月5日清明节，广大群众自发在天安门前集会，悼念周总理，声讨"四人帮"。闻立鹤专程从天津赶往天安门广场，含泪创作了一首深切缅怀周总理的词《贺新郎》，同时也表达了他对"四人帮"迫害周总理的极大愤怒。

四、晚年迟迟得不到平反

1978年，国家开始大规模地平反"文革"以来的冤假错案。1979年1月，满怀期待与憧憬的闻立鹤向原所在单位天津铁路分局组织部门提交了关于1958年所受处分问题的申诉书。然而，闻立鹤一次次的询问换来的只是不负责任的敷衍与推诿。二十年来，他忍辱负重，始终相信自己有平反昭雪的一天，但眼看春天来了，自己却依旧处于寒冬，闻立鹤的精神濒临崩溃，患上了严重的高血压交叉压迫症和忧郁症，从此一病不起。

1979年，闻立鹤患病后，他的家人为他平反的事又去找了原单位天津铁路分局组织部门，他们的态度依然是推三阻四、能拖则拖，实在拖不了了，就在原来的结论上用铅笔加上了一句"在整风鸣放会上发表的意见属于给领导提意见和对一些问题的看法，不是攻击领导。应撤销其留党察看二年处分决定"。对于这样的对待，闻立鹤是难以接受的。因为这个结论避而不提处分本身就是错误的，处分的依据是不能成立的。闻立鹤一直期待对过去批判中的一切污蔑和不实之词应予以全部推翻,还历史本来面目。1980年年底,闻立鹤的脑血管病又发作了,连续几天深度昏迷,全靠输液和氧气维持着,外语学院的领导和同志们几天几夜轮流守候着他。由于病症和药物的影响,他的思维和反应已经迟钝,有时还出现语言障碍,但即使如此,他还喃喃地念叨平反的事。

闻立鹤患病后,邓颖超十分关心他的病情,多次派工作人员打来电话询问和慰问,时任天津市委领导胡启立同志也专程到医院看望他,令心灰意冷的闻立鹤倍感慰藉。然而,多年恶劣的生活环境、心灵遭受的重创已经让闻立鹤病势日沉,1981年,闻立鹤走完自己54年坎坷的人生。

闻立鹤去世后,根据他的遗嘱,家属将他的骨灰撒在昆明的滇池。因为,那里是闻一多、闻立鹤热血抛洒之处,寄托了父子二人为国请命、为民造福的深沉情怀。

第二节 闻立雕为父作传

—◦—

闻立雕,又名闻韦英,闻一多次子,1928年出生。

幼年时代的闻立雕,抗日战争还没开始,作为书香门第,闻一多一家基本生活无虞。

据闻立雕回忆,小时候他与大哥闻立鹤形貌相仿,父亲总给他们穿相似的衣服,但在性格上,他与温顺、开朗如"鹤"的闻立鹤不一样,闻立雕就像"雕"一样桀骜。闻立雕读小学时,有一次犯了胃病,中午没有回家吃饭。闻一多不放心,让保姆带了一杯牛奶给闻立雕。保姆回家跟闻一多说了闻立雕犯胃病的事儿。闻一多爱子心切,就拿了一些

闻一多次子闻立雕

药,亲自赶到学校。可是闻立雕认为父亲这么做让他在同学面前难堪,大吵大闹,坚决不肯服药,但闻一多也坚决要立雕喝药,等小立雕拗不过父亲悻悻地喝了药,闻一多才放心地离去。

在北平生活时,这类小插曲时有发生,他就如同一个普通的进入叛逆期的孩子一样。然而,"七七事变"后逃出北平的狼狈,辗转前往大后方的艰辛,生活陷入绝境的痛苦,在少年心中留下了深刻的回忆。1946年,闻一多遇刺身亡,闻立鹤中枪致残。父亲的离去,让闻立鹤真正了解了父亲的伟大。"横眉冷对千夫指,俯首甘为孺子牛。"闻一多不仅是一位伟大的爱国主义者,还是一个无微不至的父亲,在子女身上倾注了所有的爱。从此,闻立雕的心中萌生了为父亲作传的念头,以此来纪念和缅怀父亲,弥补自己少不更事的蒙昧与"子欲养而亲不待"的遗憾。闻立雕时刻记住父亲的一句名言:"诗人的主要天赋是'爱',爱他的祖国,爱他的人民。"这句话既是闻一多一生精神的写照,也是闻立雕人生的座右铭。

1948年上半年,闻立雕随母亲高孝贞来到了解放区。为了安全起见,改名闻韦英,本名闻立雕反而很少有人知道了。

在解放区,闻立雕先入北方大学文学系学习,后进入位于河北省平山县的中央团校念书。毕业后,分配到团中央工作。一段时间后,又被调到陕西省委宣传部。在那里,他工作了整整15年,又被调到了中央统战部。闻立雕比闻立鹤幸运,"文化大革命"开始后不久,闻立雕就被调到新疆自治区委宣传部工作,远离政治斗争的旋涡。直到1978年春天,他才被调回北京,在中央宣传部宣传局任副局级调研员,一直到1989年离休。离休后的闻立雕，开始致力于《闻一多全集》的整理出版工作。

2009年，闻立雕亲笔撰写的《红烛：我的父亲闻一多》一书，由《新民晚报》节选连载、新华出版社出版，以纪念闻一多先生诞生110周年。82岁高龄的闻立雕，为了完成这部书笔耕不辍倾尽全力。在这部书中同时也可以看到作为儿子、丈夫、父亲、老师的闻一多先生。该书还配有150幅珍贵的老照片，充分体现了闻一多无悔、无私和无愧的一生。除此之外，闻立雕还与夫人杜春华合著了《闻一多图传》，由湖北人民出版社出版，并编撰了《大家国学·闻一多卷》，由天津人民出版社出版。最重要的是，闻立雕以毕生之力整理的《闻一多全集》于1994年由湖北人民出版社出版。

闻立雕在接受记者采访时调侃道："别无特长，只好利用身为闻一多之子这一优势来发挥余热，做点收集有关资料，介绍、研究和宣传闻一多事迹和精神的工作。有位学者曾经说闻一多是个富矿，可以开采不绝。老朽年近八旬，来日不会太多，余生将会挖山不止，直到走完人生道路。"[1]

第三节　追求书画闻立鹏

—。—

闻立鹏，闻一多三子，1931年出生于湖北浠水，1947年来到解放区，在晋冀鲁豫北方大学美术系学习，1949年加入中国共产党，1963年毕业于中央美院油画研究班。1978—1983年任中央美术学院油画系副主任，1983—1991年任油画系主任，1993年起获国务院特殊津贴。曾任中国美

---

[1] 引自新华网。

协油画艺委会副主任、中国油画学会副主席，现任中央美院教授、美协油画艺术委员会副主任，作品被国内外众多美术馆收藏。闻立鹏画风讲究精练和谐，向往宁静的崇高，追求悲剧性的英雄主义。

如果说，闻一多长子闻立鹤继承了父亲研究古典文学的衣钵，那么三子闻立鹏就是继承了闻一多的绘画天赋。闻立鹏受父亲的影响，自幼就痴迷绘画。闻一多本是学美术出身，留学美国学的也是美术，闻一多在教授古典文学时，常常以粉笔作画辅助教学，画出的人物衣带飘飘、栩栩如生。执教西南联大期间，闻一多虽然已不再绘画，但兴之所至，也会顺手找来一张香烟广告纸，在反面画着玩。闻立鹏非常喜欢父亲这些随手所作的小画。

后来，闻立鹏偶尔在家中还能看到父亲为一些书刊画的插图和封面，这些都是艺术价值极高的精美作品。然而，闻一多实在太忙，除了从事教职工作，因生活困窘，闻一多还要想尽办法搞篆刻补贴家用。

闻一多牺牲后，除闻立鹤还在清华外语系读书，闻立雕、闻立鹏兄妹几个随母亲高孝贞一起来到解放区。1947年，一位首长带着一群从北平到解放区的大学生来闻立鹏一家住的院落里。这位首长看到瘦小的小立鹏手里拿着一个漂亮的小盒子时，有些不解地问这是什么。闻立鹏说这是他绘画用的水彩盒。在穿过国民党的封锁线时，高孝贞和孩子们几乎把能扔的都扔了，只有这盒水彩闻立鹏一直舍不得扔掉。

首长听了小立鹏水彩盒的故事后，知道他非常喜欢美术，就和高孝贞商量，决定把他送到北方大学文艺学院美术系学习。从此，闻立鹏走上了自己热爱一生的绘画道路。

闻立鹏先生著作等身，德艺双馨。他的油画《红烛颂》获第五届全国美展铜奖、北京美展二等奖，《大火》获北京美展优秀作品奖，《红烛序曲》获首届中国壁画展大奖，2014年获中国文联造型表演艺术成就奖。闻立鹏作品被国内外多家博物馆收藏，他的《红烛颂》《大地的女儿》《激情高原之二》现藏于中国美术馆，《国际歌》《静夜》现藏于中央

闻立鹏

美术学院美术馆,《血债》《秋之祭》《闻一多》等现藏于中国历史博物馆,《晨曲》《早春》等五幅现藏于上海博物馆。闻立鹏先后在法国巴黎国际艺术城(1988)、北京中国美术馆(1994)、台北孙中山纪念馆、高雄炎黄艺术馆、台湾山艺术馆(1995)、山东大地美术馆(2005)举办个人画展,蜚声国内外绘画艺术界,并先后出版了《大陆美术家选集·闻立鹏》《闻立鹏油画风景写生选集》《中国第三代油画家研究·闻立鹏》《闻立鹏大型画集》《闻立鹏文集》《王式廓评传》等著作。

2016年5月13日,"心迹刻痕——闻立鹏油画艺术展"于中国美术馆盛大开幕,本次展览共展出各个时期的经典作品130余件,全面展示了闻立鹏先生的创作生涯。展览分为四个部分:第一部分为闻立鹏创作精品回顾,展示闻立鹏先生油画创作生涯27张重要代表作品及捐赠作品。第二部分集中展出闻立鹏先生的以人物为主题的各个时期创作的作品40幅,从内容上分为"闻一多"的专题创作和革命烈士组画。第三

闻立鹏为其父作《红烛颂》

部分集中展出闻立鹏先生风景画主题的创作40幅。第四部分主要展出闻立鹏各个时期的人物、风景主题的写生作品40幅。[1]

当代中国美术理论家、国画家邵大箴先生在《力和美的交响——读闻立鹏的油画》里这样评价闻立鹏：闻立鹏是一位具有鲜明个性的画家，找到了具有鲜明个性色彩的语言，铸造了独特的绘画风格。他在油画理论上的建树、对发展油画事业的热情以及他多年来从事油画教学活动的贡献也为人们所称道。他遵循艺术规律，尊重艺术科学，坚持真理，不为艺坛上的任何歪风邪气所动摇；他反对艺术保守主义，也反对民族虚无主义，积极主张艺术革新；他爱护青年，不断从青年中汲取前进的力量；他把推进中国绘画在社会变革大潮中发挥更大的审美功能作

---

[1] 引自中央美术学院艺术资讯网。

为己任,著文,演说,组织教学。 正是这一切,使闻立鹏在当代中国美术界备受人们尊重。

中国艺术研究院中国油画院院长杨飞云先生在《筋骨 品格 温度》里、中国艺术研究院研究员水天中先生在《红烛与白石——论闻立鹏》里对闻立鹏的绘画艺术也都有很高的评价。

第四节　闻铭执教承父风

闻铭,闻一多长女,1933 年出生于湖北浠水,闻一多先生被害时,闻铭才 13 岁。 闻一多非常疼爱闻铭,闻先生生前给闻铭的信中昵称她为"大妹"。

在随母亲去解放区之前,闻铭曾偷偷跑到父亲牺牲的地方,即西南联大教职员工宿舍门口挖了沾有闻一多鲜血的泥土,装在自己做的两个小布袋里,至今仍精心地保存着。 新中国成立后,闻铭进入中国人民大学学习俄文。 毕业后,闻铭曾给当时在中国工作的苏联专家当过翻译。 赫鲁晓夫上台,中苏关系恶化后,苏联专家撤走,她又进入北京师范大学外国文学研究所工作。 20 世纪 70 年代,闻铭笔录了母亲高孝贞关于其父闻一多事迹的口述,并整理成《闻一多牺牲前后

闻铭,闻一多长女

纪实》一书出版，该书是研究闻一多生平的重要文献。

闻铭与闻一多父女之情甚笃，她几乎一生都生活在闻一多被害的阴影之中。只要一谈到父亲遇刺的事，她就会泣不成声。

闻铭女士现已离休，她的丈夫王克私在抗美援朝时，曾在新成立的中国人民志愿军空军服役。朝鲜战争结束后，王克私先在长春航校当教官，后进入中国人民大学工作，直到离休。

闻铭女士继承了父亲教书育人的事业，数十年来在北京师范大学为国家培养了大量优秀的人才，与北京师范大学一同走过了无数的风风雨雨。虽然，大哥闻立鹤在"文革"中遭到了迫害，英年早逝，但闻铭女士仍由衷地感叹新时代给人民带来的安定与幸福，她以自己的经历劝勉年轻的一代：

> 刚来北师大的时候，东门对面都是小树林，路不好走，学校条件远远没有现在好。我经常感叹你们是幸福的一代。从过去来看我的父辈身处忧患，我父亲16岁写的诗就是忧国忧民的；我们这一代，虽然赶上了战争和苦难的时光，但比起上一辈，要幸运很多，能够自由学习没有内忧；而你们这一代比起我们又幸运得多，现在学校各种设施都有，发展得特别快，生活也好。[1]

第五节　闻翾补父亲遗稿

——○——

闻翾，闻一多的小女儿，1936年2月生于湖北省浠水县。"七七事变"爆发后，尚在襁褓中的闻翾便随父亲闻一多颠沛流离，从北平、长

---

[1] 引自刘美清：《闻铭："你们是幸福的一代"》，2011年4月30日《北京师范大学校报》第01版。

沙辗转南迁至昆明西南联大。闻翮自幼聪颖，深受闻一多和高孝贞的疼爱。7岁时，闻翮便展现出惊人的天赋，无师自通写出了诗歌《金黄色的太阳》，闻一多极为赞叹，曾在许多场合下向同事和学生夸奖这首诗，还让闻翮向长辈们朗诵。闻一多为子女的唯一题词"对功课太认真了是不好的，因为知识不全在课本里"，就是1946年5月为闻翮题写的。

闻一多对幼年闻翮的寄语

1946年7月，闻一多在西南联大校舍门口被国民党反动派杀害，闻翮和姐姐闻铭一起收集了沾满闻一多血迹的泥土。1948年，闻翮随母亲高孝贞离开北平，辗转奔赴解放区，进入培养革命干部子弟的育才学校，当时在该校就读的还有李铁映、伍绍祖等。1946年6月26日，国民党调集30万军队进攻中原解放区，全面内战爆发，华北解放区也遭到进攻，闻翮与学校师生一同疏散，经历了战争的洗礼。1956年，闻翮从北京师范大学附属中学毕业后，响应党的号召，志愿做一位人民教师，被保送到北京师范大学数学系，她还利用课余时间学习中文。学习期间，由于思想进步，工作积极，还未毕业就正式参加工作，担任学生辅导员。1966年，闻翮从北师大毕业。1968年，她放弃了留在北京工作的机会，自愿到外地支援农村教育工作，她在条件艰苦的山西、安徽中学教过语文。在山西，她与学生一起下乡支农，在一个冰雪消融的春天，生小孩刚满月的闻翮就急着给学生上课。一天放学，学生每天必经的小河河水上涨，她怕冰冷的河水冻坏了年幼的女生，竟下水把她们一个个背过河去。孩子们安然无恙了，她却因此落下了严重的类风湿症，一直困扰她的后半生。直到风湿病严重，生活无法自理时，闻翮才调回北京。如果不是闻翿坚强的内心，恐怕她早已瘫痪在床，也不会有毅力整理其父的遗著《诗经通义》了。其后，按政策，闻翿插入北师大中文系继续读书。回到北京后，闻翿在季镇淮、何善周、范宁等前辈的指导下，参加了闻一多遗稿的整理，她是最早从事新版《闻一多全集》编撰工作的成员之一。湖北人民出版社出版《闻一多全集》后，她继续进行父亲闻一多手稿的收集与研究，并根据自己的理解与判断，整理和出版了闻一多的《诗经通义》与《诗经词类》，之后又通过群言出版社出版了《闻一多青少年时代旧体诗文浅注》，此书的出版填补了闻一多研究工作在校勘、训诂方面的诸多空白。著名古文献学家何善周对闻翿的研究成就有很高的评价，他认为闻翿的水平不亚于从事古文献研究的教授。

2005年，闻翿女士因病去世，但她严谨的治学精神、精深的古典文献学造诣，以及闻氏家族一脉相承的忠贞、勤劳与智慧，为后人留下了宝贵的精神财富。

2008年2月25日，《烟台晚报》刊载了李思乐的《怀念闻翿同志》文章，李思乐回忆了他与闻翿交往的经历：闻翿对古诗的理解造诣很深，这从她注释的闻一多先生少时之"作"旧体诗《提灯会》，便能从中看出端倪。李思乐曾问过她：在几个月的时间里，怎么能够将诗中许多较生僻的词句，注释得那么准确而详尽呢？闻翿微微一笑，回答道："耐心翻遍群籍，没有解决不了的难题。"她在注释《提灯会》时，每天早晨由家人用三轮车送她到北京图书馆，整天钻在故纸堆里。闻翿还说，除耐心之外，便是有自己肩负着一种使命似的，搞不好，不仅对不起九泉下的父亲，也辜负了许多亲朋的期望。《〈提灯会〉注释》问世后，博得了学术界的称许，她也从各界的称许中得到鼓励，自此进一步立下誓言，决心为《闻一多全集》之补遗工作鞠躬尽瘁。李思乐感叹道，如果天假以年，凭着她那种韧劲，补遗工作一定能够完成。

第六节　知名学者闻黎明

闻黎明，湖北浠水人，1950年9月出生，闻一多先生的长孙，闻立雕之子。

闻黎明的学术专长是中国现代史，现从事中国思想史研究，并且是闻一多研究界的权威学者。1967年闻黎明17岁，为了响应知识青年"上山下乡"的号召，他被下放到黑龙江生产建设兵团劳动锻炼，别人下兵团带的全是"红宝书"，他也和别人一样带几本"红宝书"，除此之外他还暗中带了不少中国文化古籍。每天晚上，当人们入睡后，闻黎明在那昏暗的煤油灯下，开始了对屈原《离骚》的研究与注释。屈原的伟大人格及强烈的爱国主义精神对他产生了深刻的影响。

1973年，闻黎明结束了黑龙江生产建设兵团的劳动锻炼后，被组织安排到新疆大学化学系当一名实验员。当化学实验员对他来说，是一项非常陌生的工作。然而，闻黎明凭着自己的聪明才智与奋发刻苦的精神，学一行爱一行，学一行精一行，很快就成为一名出色的实验员，并且还凭着自己的求教和摸索，学得了修理天平及其他化学实验仪器的技术。当实验员期间，闻黎明仍然没有忘记对自己热爱的中国古典文学的研究，只要一有空，他就跑到中文系去听课，尤其是古代文学课，几乎是每堂必听。

1974年，闻黎明被送入北京大学历史系学习，虽然他还是没能如愿进入中文系，但他总是在学完历史专业的课程后，埋头于学校的图书馆攻读文化古籍，还抽时间到考古系或中文系去听古典文学课。在学习中，如果遇到疑难的问题，常常在星期天去老师家虚心求教。

2010年4月30日,西南联大著名教授闻一多之孙、中国社科院近代史研究所研究员闻黎明在"抗战时期的西南联大"专题展览开幕式上讲话

  1977年闻黎明从北京大学历史系毕业后,被分配到中国社会科学院近代史研究所工作。在这里,闻黎明以极大的热情,投身到工作之中,他参加了祖父闻一多的遗著整理和研究工作。1998年10月至1999年10月,闻黎明任日本庆应义塾大学访问研究员,现任中国社会科学院近代史研究所研究员、近代史及思想史研究室主任,中国社会科学院研究生院教授、博士研究生导师,兼任河南大学、云南大学、云南师范大学教授,中国现代史学会副会长、全国闻一多研究会副会长、中国现代文化学会闻一多研究工作委员会主任、《闻一多研究动态》主编。著有《闻一多传》(中日文版)、《闻一多画传》、《闻一多年谱长编》、《爱国民主斗士》、《西方民主与近代中国》(合著)、《中国复兴枢纽——抗日战争的八年》(中日文版)、《第三种力量与抗战时期的中国政治》、《抗日战争与中国知识分子——西南联合大学的抗战轨迹》等。

第七节　闻氏薪火永不息

闻一多与妻子高孝贞有5个子女，依次为闻立鹤（长子）、闻立雕（次子）、闻立鹏（三子）、闻铭（长女）、闻䎛（次女）。第三代有9人，大多事业有成，第四代有8人，多未成年，最大的重孙女闻亭20岁，正在读大学。

闻立鹤有两个女儿。长女高晓红，是高级工程师，在铁道部第三勘测设计院工作，她曾撰写《蜡炬成灰泪始干——回忆我的父亲闻立鹤》，追忆其父一生。次女闻丹忆，中国医科大学硕士毕业后，又进入美国哈佛大学继续深造，现在美国从事生物工程研究。

闻立雕有一子一女。儿子为知名学者闻黎明；女儿闻军，比哥哥闻黎明小两岁，"文化大革命"期间与哥哥一起到北大荒插队。后来知青返城，按照当时的政策规定，父母身边只能留一个子女，于是闻黎明回到了父亲身边，闻军继续留在北大荒。闻军与一名上海知青恋爱结婚后，离开北大荒，进入江苏南通市一家合成纤维厂当工人。后来，闻军又从事档案工作。

闻铭夫妇有一儿一女。儿子王丹鹰，现为中国新闻社记者。女儿王丹梅，曾在日本东京大学等学府留学，研究中日文化交流史。回国后，王丹梅进入新华社工作。

除此之外，闻氏家族还有其他一些在各个领域做出过杰出贡献的支裔。

一、知名画家闻立圣

闻立圣，1946年12月生于湖北浠水，曾荣获武汉市"五一"劳动奖

闻立圣，湖北著名画家、作家

章。现任中央文史研究馆书画院研究员、湖北省美术家协会会员、武汉市美术家协会会员、武汉市作家协会会员。

闻立圣早年学习理科，后来复入高校研习中国古典文学。多年来，他从事文艺理论研究，在国画、城市美学和社会大文化领域多有论文发表。闻立圣牢记祖训"清白乃躬心似水、笔耕世业是家风"，师承书法、古典诗词、中国画大家闻钧天先生，兼习中国画四十年，出版有《闻立圣画集》《闻立圣中国画小辑》《国画家——闻立圣专辑》。

闻钧天、闻立圣父子不仅在国画等领域取得了卓越的成就，更在自己的人生经历中展现出闻家高洁的道德操守。其中最具代表性的就是"父拒画、子献画"的轶事。

"文革"期间，各地均实行军管。潘振武在武汉历任军区副政治委员、党委常委、省革命委员会副主任、省委常务委员、省委书记，权力很大。有一天，闻钧天一位很好的朋友——长江航运负责人到闻钧天家带潘振武前来求画。闻钧天见是老朋友带来的朋友，很给面子，当场就给将军画了一幅赠给了他。过了一段时间，潘书记独自一人来闻老家中要画。书记说："我们武汉军区有几个领导很喜欢你的画，我拟了个名单。"闻钧天当场就不高兴，说："你干脆把武汉军区名单全部拿来好了！"说完，离开客厅，独自进卧房不理他，将军弄得面红耳赤，下不来台。此时，闻夫人赶紧出面打圆场："潘书记，您老莫怪，闻家人都是这个臭脾气。"此事在武汉传了很久。

闻立圣朋友的妻子住院，在医护人员的大力救助下捡回一条命。老朋友给医生钱不要，送物不收，最后想到闻立圣会画画，就找到立圣家请他画 6 幅画送给医生，每幅给他润笔费 6000 元。闻立圣说："尽管社会风气不好，为了朋友我怎么要钱哩。"于是挥毫作画，分文不取。

可以说，"父拒画、子献画"充分体现了闻家的"臭脾气"：大人物面前不低头，小人物面前不倨傲，一身傲骨，满心热忱。

二、中共武汉市原市委书记黎智

黎智，又名闻立志、闻简章、闻亦民，为闻一多先生的嫡亲侄子。历任武钢一米七工程指挥部常务书记、常务副总指挥长，中共武汉市委书记、市长，市人大常委会主任、党组书记。

1922 年 4 月 22 日，黎智出生于湖北省浠水县一个世代书香门第。从青少年时期起，黎智就接受进步思想，追求革命真理，走上了革命道路。1938 年 11 月，全面抗战开始不久，年仅 16 岁的黎智参加革命工作，并加入中国共产党。

抗日战争时期，黎智历任建始高中党支部组织干事、书记，党总支书记，来凤县委、利川县委组织部长，利川县委代书记，重庆南方局青年工作组秘书，陕甘宁边区吴堡县委宣传部副部长、部长，绥德地委宣传部干事、文工团政治指导员。他长期坚持党的地下工作，面对日军的扫荡，沉着机智，英勇善战，积极发动群众，宣传进步思想，壮大革命队伍。

解放战争时期，黎智历任中央南方局青年组组员，平津学委会书记，天津行动委员会书记，天津青委副书记，坚持在国统区开展学生运动和城市工作，为组织迎接天津解放做了大量工作。

武汉解放后，黎智历任中南局青委委员、武汉青委副书记、团市委书记、中南局团工委副书记，武汉市委宣传部副部长，市委秘书长，市委常委、区委第一书记，武汉市委候补书记兼工业部部长、市经委主任。1973 年 9 月起，黎智先后任市革委会副主任，市委常委，武钢一米七工程指挥部常务书记、常务副总指挥长等职。在十年动乱时期，黎智坚持抓好生产、发展与重点项目建设工作，为保护人民群众的财产与国家经济的恢复做出了杰出的贡献。

十一届三中全会后，黎智长期担任武汉市重要领导职务，历任中共武汉市委副书记、副市长，市委书记、代理市长、市长，市委副书记兼市体改委主任，市人大常委会主任、党组书记等职。黎智自1950年10月至1952年10月为中共武汉市委委员，是中共武汉市委第一届委员会委员，中共武汉市委第二、三、四、五、六届委员会委员、常委，中共湖北省第四、五次党代会代表。黎智为武汉的改革开放、经济发展和民主法制建设，做出了重大贡献。

2001年8月18日，黎智因病在武汉逝世。

三、中国工程院院士闻玉梅

闻玉梅，父亲是闻一多堂兄闻亦传。1934年闻玉梅生于北京，祖籍湖北浠水，1956年，她毕业于上海医学院，在上海第二医学院、中国医学科学院微生物学读研究生并且进修。1980年，闻玉梅赴英国伦敦大学卫生与热带病研究所、世界卫生组织肝炎合作中心及美国卫生研究院变态反应及传染病所肝炎室进修。回国后，闻玉梅主要研究乙肝病毒分子生物学与免疫学，经过研究与实验她发现：用乙肝表面抗原-抗体复合物可打破动物对乙肝病毒免疫耐受性。通过合作开发，闻玉梅研制了可供慢性乙肝患者使用的治疗性乙肝疫苗（乙克），已获准进入临床研究，前景良好。除此之外，闻玉梅对我国乙肝毒株的变异做结构与功能基因组研究，成果也非常丰硕，她发现了乙肝病毒酶的新功能区，可作为新的药靶。闻玉梅长期在上海医学院从事教学及研究，国内外共发表论文200余篇，编写专著6本。1999年，她入选中国工程院院士，现任复旦大学病原微生物研究所所长，教育部、卫生部医学分子病毒学开放实验室学委会主任。

闻玉梅院士

值得一提的是闻玉梅的母亲、闻亦传的妻子桂质良。1921年，桂质良以全国第一的成绩通过清华大学出国留学生考试，赴美留学。在获得约翰·霍普金斯大学医学博士学位后，桂质良回国效力，成为我国第一位精神病学专家（三级教授）。抗战胜利后，沪江大学在原址复校。应时任校长凌宪扬的邀请，从1947年起，桂质良担任沪江大学校医。同时，桂质良还是著名文学评论家王元化的四姨，有着姻亲关系的王家、桂家、闻家都是名门望族，书香门第，彰显了深厚的家族文化底蕴。

四、党史泰斗闻立树

闻一多的侄子闻立树，生于1934年，中国共产党党员，曾任著名历史学家、清华大学教授、北京市副市长吴晗的秘书，后担任首都师范大学政法学院教授、博士生导师、清华大学人文社会科学学院博士生导师，是我国党史研究与教学领域的著名专家。除此之外，他还是中国书报刊收藏委员会顾问，热衷于书画、刊物、报纸的整理和收藏。

闻立树是我国著名党史领域的专家，国家级科研项目"毛泽东著作在中国与世界——毛泽东著作早期珍本全国文物普查"小组的负责人。主要著作有《毛泽东早期著作版本图文录》、《怀念吴晗：百年诞辰纪念》（合作）、《人民世纪的丰碑：纪念毛泽东同志诞辰一百周年论文集》、《中国革命史》、《革命胜迹印谱》、《高等学校文科教材：中共党史讲义》（合编）等。

闻立树潜心研究其伯父闻一多先生，这位70多岁的老人与其弟——北京大学教授闻立欣精诚合作，历尽艰辛，严格考证，历时一年半编撰完成《拍案颂——闻一多纪念与研究图文录》（2007年出版）。

第五章 启示录——笔耕世业传家风

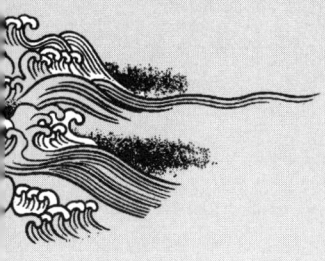

第一节　率性求真爱家国

— 。—

爱国，不仅融入闻一多的血液里，更融入闻一多对子女的教育中，成为闻一多家族的基因。闻一多家族不仅把热爱献给国家，更冷静地思考着国家的命运与道路，率性求真、以身许国。闻一多并不像鲁迅那样，天生是个斗士，闻一多在自己人生的大部分时间里，都一心求学，与政治无涉。然而，政治的腐败、人民的痛苦不允许他沉默，最终像红烛一样点燃自己，照亮他人。

一、五四运动与闻一多

少年时就读于清华大学的闻一多，在1919年五四运动和1921年发生的清华罢考事件中，就已经体现出爱国主义的精神。

1919年，第一次世界大战以德国、奥匈帝国的失败而告终。当时，中国的北洋政府派出了数万劳工远赴欧洲为协约国修筑工事，因此成为巴黎和会列席的战胜国。巴黎和会上，许多被德国奴役的亚非国家翘首盼望胜利的帝国主义列强能够赐予他们自由，然而，事实却是残酷的，由于在战争中蒙受了残酷的损失，英、法、日等国不仅对德国展开惩罚性的掠夺，更将原属于德国的殖民地瓜分一空。中国政府在西方列强的淫威下，被迫同意将德国在中国胶州半岛的特权转让给日本，而日本帝国主义者也早已派出军队，在德国失利的情况下趁火打劫，以优势的兵力直接占领了胶州半岛，击溃了驻守的德军。他们在巴黎和会上逼迫中国代表，让他们在合约上签字。这一事件彻底激怒了广大的中国人民，以学生为代表的爱国群体，举行了大规模的示威，五四运动由此爆发,最终使北洋政府没有在巴黎和会的合约上签字。可以说,巴黎和会掠夺战败国,枉顾亚非拉国家追求独立的呼声,并没有如西方政客所料想的恢复一战以前英法主导的世界格局,反而促使战争的导火索进一步酝酿,正如法国元帅福煦所说:"这不是和平,而是二十年的休战!"

在五四运动中,时为清华学子的闻一多,摇旗呐喊,大声疾呼,初露锋芒。在他今后的岁月里,也继承了"五四"精神,秉承自己的良心,不断地与邪恶抗争。

闻一多在写给其父母的信中这样表明心迹:"国家至此地步,神人交怨,有强权,无公理,全国懵然如梦,或则敢怒而不敢言。卖国贼罪大恶极,横行无忌,国人明知其恶,而视若无睹,独一般学生敢冒不韪,起而抗之。虽于事无大济,然而其心可悲,其志可嘉,其勇可佩。"由此可见,五四运动中的闻一多,已经表现出爱国爱民的精神,并且这种精神贯穿了闻一多的一生。

二、大革命与闻一多

1922年8月1日,闻一多到达美国,开始了远离祖国的留学生涯。他在美国学的是美术,时间一共是三年,三年换了三个地方、三个学校,而在三个学校又是三种心态。第一年在芝加哥,入的是芝加哥美术学院,第二年在科罗拉多州的柯泉,入的是科罗拉多大学,第三年到纽约,就读于纽约艺术学院。

闻一多不远万里到美国学美术,是一个不得已的选项,是经过了一番犹豫之后才定下来的。闻一多对美术很有兴趣,但只是作为一种业余爱好,并没有打算作为终身职业,他最大的爱好和志愿是从事国学研究,当个中文老师,这方面他既有浓厚的兴趣又有相当的基础。然而,要进修、深造中国国学,只能在国内,到美国有什么国学可学呢?改学理工、政法或其他学科,他既没兴趣也没条件,为此,去美国学习,对别人来说求之不得,而他则并不热心,甚至曾想放弃这次留学机会。后经美术老师及梁实秋等好友一再劝说，才和大家一起登上了开向美国的远洋客船。

第一年是在芝加哥美术学院度过的。这一年，闻一多在学习上大获丰收。开学仅两周就"成绩颇佳，吕（屡）蒙教员之奖许"，他告诉双亲"美国人于此道诚不足畏也"。两个月后又向家中报喜，说："我上月成绩又进，七门功课已得六超等矣。""洋竖子不足畏也。"学校称"他是全年级成绩最优秀者之一"。

这一年，闻一多最大的成就是新诗，他在新诗创作和新诗评论方面都取得了阶段性的成就，前者的标志是《红烛》诗集的出版（其中"孤雁篇""红豆篇"基本上都是留美这一年的作品），后者则是评郭沫若《女神》诗集的文章《〈女神〉之时代精神》和《〈女神〉之地方色彩》。

闻一多学的是美术，但实际上诗兴比画兴浓，心思差不多都放在创作新诗上了。这个时期，就其成就来讲，诗也比画多、比画大。"孤独"刺激他更加思乡，怀旧，想念祖国，想念亲人和朋友；种族歧视，更加激发了他的爱国热情，强化了他的爱国意识。梁实秋当年是闻一多最要好的朋友，对闻一多有相当深入的了解，他多次谈到闻一多的爱国思想和表现，他说："一多是一个极敏感的人，看到中国人在外国受人歧视便怒不可遏。"他又说："他的爱国精神特别强烈，感觉也特别敏锐。""在国内面对着那种腐败痛苦的情形他看不下去，到了国外又亲身尝到被人轻蔑的待遇他受不了……"

此时的美国，已经从一战前的债务国一跃成为债权国，英、法的军事订单让美国的资本家赚得盆满钵满，经济蓬勃发展。由于中国当时是弱国，闻一多在美国受尽了白种人的歧视，更让他清醒地认识到帝国主义列强的强盗本质，为了反抗这种歧视，证明"中国人不是劣等民族"，闻一多在美国学习美术时极为刻苦，除了人体写生课成绩是"上"之外，其他都是"超"。

由于当时国家弱，许多在欧美和日本留学的中国学生都受到了不同程度的歧视。据闻一多之子闻立雕回忆：在美国，有一次清华留学生陈长桐去理发，坐在里面等，比他来得晚的人都理完了，就是不给他理。他问理发师这是为什么，理发师回答说："我们不伺候中国人。"陈长桐气得跑到法院去告状，没料想官司倒是赢了，理发师也道歉了，但最后他又说："下回你要理发请通知一声，我带了工具到你府上来，千万请别再到我店里来！因为你们进了这个店，白人就不来理发了，我的生意就不好做了。"

而当闻一多回到中国，中国却依旧落后，广大的中国人民依旧麻木，这让闻一多感到痛心、愤懑。而这一年发生的一件事情，更让闻一多内心的愤怒无以复加。

1926年3月12日，西北军领袖冯玉祥率领的国民军与奉系军阀作战期间，日本军舰为掩护奉军将军舰驶进天津大沽口，炮击国民军，守军死伤10余名。国民军坚决还击，将日舰驱逐出大沽口。为了报复，日本竟联合英、美等八国于16日向段祺瑞政府发出最后通牒，提出撤除大沽口国防设施的无理要求。3月18日，北京群众5000余人，由共产党人李大钊主持，在天安门集会抗议，要求拒绝八国通牒。政府竟擅自下令开枪，当场打死47人，伤200余人，李大钊、陈乔年均在斗争中负伤。当时的共产主义思潮多来自法国和俄国，留学美国的闻一多当时对共产主义并没什么研究。但是，爱国是不分政党的，看到爱国者被殴打、侮辱和残杀，闻一多拍案而起，为那些坚持正义的人大声疾呼。

第一次大革命时期，由孙中山领导的国民党奉行"联俄、联共、扶助农工"三大政策，开展了第一次国共合作，联合最广泛的爱国志士，开办黄埔军校，争取国家统一。1925年7月，闻一多留美回国，为了改变中国的现状，很快投身这股政治洪流之中。大革命爆发后，北伐军作为一支势不可挡的军事和政治力量，以令人难以置信的速度统一了广东，旋即将矛头直指以吴佩孚、孙传芳、张作霖为首的军阀。作为一位热血的爱国志士，闻一多也参与了北伐战争。1927年，闻一多任武汉国民革命军政治部艺术股长，在国民革命军总政治部宣传科从事政治宣传和美术工作，绘制了孙中山像和宣传画多幅。可以说，文艺界、学术界的加入，是北伐战争中国民革命军的新特点，由于注重革命的宣传、善于发动群众，国民革命军高歌猛进，以风卷残云之势长驱直入。然而，在国民革命军夺下上海后，忌惮中国共产党的力量、憎恶社会主义的革命军总司令蒋介石下令"清党"，通过"四一二"反革命政变夺取了胜利的果实，并通过"宁汉合流"最终成为新政府的一号人物。国民政府的官僚习气极为严重，并且由于蒋介石只信任自己的黄埔系，对地方势力和其他派系采取排挤和打压的政策，因此国民政府内部派系斗争严重。看到自己为之奋斗的新政府竟然有着如此严重的官僚习气，令闻一多难以接受，于是再次转而向学，回到清华任教。

三、抗日战争与闻一多

闻一多在1925年回国时创作的《七子之歌》，充满悲愤地描述了台湾、旅顺和大连被列强侵占的屈辱。在中国近代史上，日本对中国的侵略尤其严重。中日甲午战争中大清北洋舰队全军覆没，清政府不得不签订《马关条约》，除了赔款2亿两白银外，还把台湾、澎湖列岛、辽东半岛[1]割让给日本，并在事实上造成属国朝鲜、琉球并入日本的事实。《马关条约》的恶劣影响到今天还未消除，至今，琉球依然被日本人实际控制，成为日本的冲绳县，这一点作为中国人我们不应忘记。

至于旅顺、辽东，就不得不提到日俄战争。甲午战争后，日本和沙皇俄国为了争夺在中国的殖民统治爆发了冲突，以东乡平八郎为司令的日本海军联合舰队以逸待劳，在对马海峡全歼跨越两万公里远道驰援的

---

1 辽东半岛在西方列强的干涉下，日本在勒索了清政府2000万两白银的"赎辽费"后还给了中国。

俄国舰队,震惊西方。陆上,以乃木希典为司令的日本陆军在付出了重大伤亡后,终于占领了旅顺口,封住了俄国军队的去路,并一路北上,一直打到东北,俄国沙皇尼古拉二世不得不接受美国的调停,将大连让给了日本。这场战争,虽然中国保持中立,但战场却实实在在摆在了中国,受苦的是中国的老百姓,而早在中日甲午战争时期,旅顺就被日本人攻陷过,并制造了骇人听闻的大屠杀。作为伟大的爱国主义诗人,闻一多从未忘记国仇家恨,在抗日战争爆发后,闻一多更是迸发出了惊人的爱国热情。

1927年,在经过了多年漂泊辗转的生活后,闻一多重返母校清华大学任教。早在1925年,清华已经从留美预备学校改名为大学,并在性质上从培养留洋预备人才向一流大学过渡。

全面抗战开始后,闻一多在生活上尝到了从来没有尝过的艰难困苦,看见了太多从来没有见过的事物,承受了从来没有承受过的精神和经济上的压力。他通过为他人刻印、为报刊画画补贴家用,这段时间是他从来没有经历过的日子,同时,也为他的生命开启了一个截然不同的阶段,并最终促使他在思想上产生了根本性的变化。

全面抗战初期,闻一多无论经历了什么苦难,为了国家兴亡、民族大义,始终没有对蒋介石政府有半点怨言。不管是在逃出北平时,家产丢得一干二净、学术资料损失大半,还是在长沙、陈家营逃难,饭里满是沙子,口渴时甚至连一口热茶都喝不到,原本的小康之家,却受到断炊的威胁,挣扎在贫困线上。然而,闻一多没有任何的不满,他教导自己的子女:前方将士在浴血抗战,许多人都血洒疆场,献出了宝贵的生命,在后方吃些苦又算得了什么!尽管当时国内有诸多问题,但直到搬到司家营后的一段时间里,他都没有动摇过对蒋介石政府的信任和拥护。

抗日战争初期,国民党虽然有殷汝耕、韩复榘等人叛国投敌、消极抗日,但是许多国民党将士都表现出了视死如归的爱国气概,涌现出了许多可歌可泣的英雄事迹。淞沪会战、武汉会战、徐州会战，中国军人拿着落后的武器，抵抗日本军队的飞机、坦克、毒气弹。在淞沪会战中，日本海军联合舰队以可怕的火力轰击中国军队的阵地，也无法阻止国民党军队前赴后继、浴血奋战。在武汉会战中，以薛岳、王耀武为代表的国军将领，利用地利和谋略，几乎全歼日军一个师团，取得了"万家岭大捷"。此时的闻一多，也和当时许多的中国人一样，为此欢欣、为此自豪。上海、南京、武汉等地失守后，抗日战争进入相持阶段。许多国民党的高官政要，都由原本的一心抗日变得志气消沉，政府腐败横行，市场物价飞涨，让闻一多这样的普通老师吃尽了苦头。但如果仅是如此，并不足以说明，何以在1943年年末，闻一多的思想会发生根本性的变化。

1943年，全面进入战时轨道的美国，其可怕的工业潜力终于发挥了作用，珊瑚海海战、中途岛海战、马里亚纳海空大战，美国海军正在一步步地削弱日本的实力。同时，2月2日，斯大林格勒保卫战以苏联红军的胜利载入史册，从此，苏联军队展开了反攻，取得了苏德战场的战略主动。但是在中国，百姓的生活一天不如一天，胜利的曙光却迟迟未曾到来。尽管中国远征军在缅甸打出了中国军队的威风，第九战区也在薛岳将军的领导下屡创日军，但总体上，国民党却从内到外散发出了暮气。

更令人忍无可忍的是大后方的黑暗与腐败。大敌当前，大批英勇的将士在浴血抗战，他们几个人共用一条枪，忍受着饥寒，还在伺机打击日寇，而一些丧心病狂、有权有势的达官贵人却脑满肠肥，嗜血成性，趁机大肆贪污，榨取人民的血汗，假抗战之名横征暴敛，囤积居奇，哄抬物价，大发国难财。他们挥金如土，纸醉金迷，生活荒淫糜烂。而为抗战出兵纳粮做出最大贡献的广大群众，特别是最基层的工农群众，却饥寒交迫，朝不保夕。这些年来，闻一多生活在农村，朝夕与农民相处，昼夜与农民为邻，耳闻目睹了许许多多过去在清华园看不到、听不到的事。他目睹了许多农村的青壮年被国民党强征为士兵,骨瘦如柴,连基本的生存都无法保障;他目睹了苛捐杂税之下,大量的农民流离失所,妻离子散。这让他异常愤怒,不能容忍,更加激发他自觉地拍案而起,站出来伸张正义。

　　黑暗的现实,让热爱祖国、热爱人民的闻一多无法接受、无法忍受,他血液沸腾了。更让他愤怒的是,中国为世界反法西斯战争做出了那么惨重的牺牲,美国、苏联、英国等国家却依旧看不起中国。虽然在罗斯福的倡议下,中国成为五大国之一,但英国对中国收回香港的要求根本不予理睬,苏联更是趁火打劫,把辽阔的外蒙古从中国分裂出去,还租用了旅顺军港,任何一个有血性的中国人都不会对此熟视无睹。闻一多说:"国家糟到这步田地,人民痛苦到最后一滴血都要被榨光,自己再不出来说公正话,便是可耻的自私!""不为他们讲话就太没有人性了!"

四、抗战胜利后的闻一多

　　1945年9月2日,抗日战争暨世界反法西斯战争终于以德、日、意三国的失败告终,中国人民在近代第一次取得了反侵略斗争的完全胜利,作为抗战领袖的蒋介石也赢得了极高的威望。8月15日,当日本天皇裕仁通过广播宣读《终战诏书》,宣布无条件投降时。报童举着号外,一路上边跑边叫:"日本投降了!日本投降了!"熬了八年艰难岁月的中国人民,终于见到了胜利的一天。消息传来,昆明城内万众欢腾,人人喜笑颜开。这一晚上,昆明人几乎狂欢了整整一个通宵。那天,闻一多并不在城里,恰好有事又去了文科所。翌日一大早,闻立鹤和研究生王瑶不约而同地怀揣号外,匆匆奔往文科研究所所在的司家营报喜。闻一多欣喜若狂,没跟任何人打招呼,独自一人直奔附近的龙泉镇,找到一家理发店,把蓄了8年的胡须剃了个精光。理发的师傅都觉得可惜,他却毫不犹豫地像下命令一样:"剃!剃!全都剃掉!"

此时，在抗战后期一直保存实力的蒋介石，却大规模抽调兵力，抢占城市。为了抢在共产党之前完成对城市的占领，蒋介石竟然不顾民族仇恨，以减免刑罚为条件，要求侵华日军司令冈村宁次阻止共产党，等待国军受降；他还利用美国的军舰，将兵力源源不断地开往东北。同时，为了给内战争取准备的时间，蒋介石三次发电，要求共产党领导人毛泽东前往重庆谈判。

闻一多同毛泽东没有过任何接触，但是"毛泽东"这三个字在他心目中并不陌生。他听李公朴讲过1938年到延安，毛先生如何亲切接见他和他的夫人，并且在李夫人张曼筠女士的《长城》画上题写《六盘山》；听张光年谈过延安和毛泽东；另外，从斯诺的《红星照耀中国》里栩栩如生的介绍中，他也相当生动具体地了解了中国共产党、延安、毛泽东和他的战友；还看到了毛泽东的照片，内心总有一种说不出的亲切感。近一两年来，闻一多阅读了毛泽东的多篇文章、论著，深深地为书中的道理和文风所折服，从而从内心里对毛泽东先生无限钦佩和敬爱。这一次毛先生为了全国人民的利益，表现出来的弥天大勇和伟大精神，令他情不自禁地在心里感叹"可钦！可佩！""可钦！可佩！"毛泽东在重庆停留的时间越长，他越不放心。有几天报上没有毛泽东活动的消息，他就在家里念叨："怎么搞的，怎么还没谈完？千万可别出什么事啊！"直到国共这一轮谈判结束，毛泽东平安回到延安，他才仰天长长地出了一口气："总算平安无事啊！"胸中那颗时时悬吊着的心才彻底放了下来。

国共谈判接近尾声之际，10月2日，蒋介石以迅雷不及掩耳之势，命令警备司令杜聿明指挥邱清泉第5军，武装改组了云南省政府。滇军领袖龙云被调往重庆，名义上任国民政府军事参议院院长，实际上同抗战初期的张学良一样，被软禁了起来。昆明的形势瞬间剧变，由抗战的大后方成为国民党统治最黑暗的地区之一，云南省的党、政、军大权全部落在了蒋介石的嫡系手中。

昆明的反动派掌权仅仅一个多月，就开始向民主进步力量进行血腥大镇压。12月1日，国民党反动派纠集了数百名特务用石块、刺刀、手榴弹向联大新校舍、师范学院、工学院及联大附中等处凶猛冲击，打死师生四人，打伤数十人，这就是当年震动了西南大后方的"一二·一"惨案。这充分说明了国民政府已经堕落，因为就连北洋政府也不敢如此明目张胆地对学生下手。学生们无比愤怒，立即针锋相对，采取了严厉的反击措施。全市中等以上学校都宣布总罢课，提出严惩凶手等条件，不达目的绝不罢休。斗争历经三个多月，最后迫使反动派将肇事主犯关麟征、李宗黄分别调离，全文公布西南联大常委梅贻琦和云南大学熊庆来校长说明事实真相的谈话，云南省当局承担医药费和丧葬费等。

闻一多在这场斗争中坚决地和学生们站在一起，并肩作战，并且在斗争中发挥了重大而特殊的作用。从头到尾，他都热情地支持广大同学的斗争。学生们开会反对内战，他对此大力支持；反动派打伤同学们，他当即赶往医院慰问；同学们用罢课方式抗议反动派的暴行，他给予力所能及的帮助。举行烈士入殓仪式时，闻一多是主席团的成员之一。学生们设立灵堂吊唁烈士，他怀着巨大的悲痛和愤怒，带着妻子高孝贞两次前去吊唁，捐款并献上用篆体字书写的挽词："民不畏死，奈何以死惧之。"最后，举行大规模出殡时，闻一多和吴晗等走在队伍的最前列并发表了即席讲话。闻立雕回忆了当年惊心动魄的事件：

> 作为学校教授，父亲尽量在教授群体中，特别是在教授会内部做工作，以配合学生的斗争。教授们中的焦点是"要不要罢教"。当时，绝大多数教授对反动派冲进学校打杀学生都非常气愤，对学生很同情。他们大多是欧美留学归来的知识分子，普遍有一种校园神圣不可侵犯的看法，认为反动派的行为是绝对不能容忍的，必须有所表示。但是，他们又有许多顾虑，不愿同政府对立，不愿罢教。父亲和吴晗、张奚若等先生及国民党内的进步教授周炳琳、钱端升、贺麟等先生坚决主张罢教，极少数国民党

和三青团的骨干分子，以及某些站在反动立场上的教师则坚决反对罢教，其中蒋介石派来的傅斯年最反动。傅斯年是教育部新任命的代理北大校长，他奉蒋介石的命令从重庆回来"调解学潮"。他不仅反对罢教，而且限令同学们立即复课，更为恶劣的是他还煽动教授们用全体辞职逼压同学们复课。进步教授同那些反罢教派先生们展开尖锐激烈的辩论和斗争。但是进步教授人数较少，几个人要轮番发言。父亲是教授会书记，别人发言他要做记录，不可能多次发言，急得没法，幸好张奚若既有天马行空、独往独来的气概，又是一位天才演说家，他多次起来舌战群儒，口若悬河，纵横捭阖，真为少数派壮了场面。那天，父亲回到家中谈起会场上的斗争，喜形于色地对张奚若大加赞扬："今天幸亏有张先生，不然真要把我急死憋死了！"其他几位先生也都做了最大的努力。那个钦差大臣，动不动就拿蒋介石来压人，父亲实在忍无可忍，就说："这样，何不到老蒋面前去三呼万岁！"傅斯年竟然恼怒得耍起无赖来，大叫："有特殊党派的给我滚出去！"在全体教授面前，大失体统，大丢其人！经过激烈的面对面交锋，最后罢教没有通过，但是通过了"停课七天"的折中方案。[1]

在此必须说明的是，闻立雕为闻一多写的传记，一直以来都是闻一多研究界不可或缺的资料。然而，他对傅斯年的评价却有失偏颇。总体来说，傅斯年是一个疾恶如仇、正直果敢的知识分子。抗日战争时期，他为了保护国家的财产，打击贪污腐败、囤积居奇的风气，不惜"以卵击石"，起诉权倾一时的财政部部长孔祥熙，甚至为此顶撞了蒋介石，被人誉为"傅大炮"。但同时，在立场上，傅斯年却仇视共产党，坚信"党即国家"，在国民党失败后去了台湾。傅斯年与闻一多的交锋，是出于不同的立场，也是由于傅斯年长期处于国民党高层，对国

---

[1] 引自清华大学网。

民党镇压学生的残酷行径认识不深。

1946年5月4日,西南联大全校师生在图书馆举行结业典礼,学校当局宣布西南联大正式结束,北大、清华、南开三校分别回到北平、天津。6月,蒋介石终于撕下了和平的面具,调集重兵进攻中原解放区,在东北、华北、山东等各个战线全面进攻,解放战争正式打响。11日晚10时许,驻守在云南的国民党军队为了镇压民主运动,向李公朴下了毒手。

在闻立鹤的文章中,对此有详细的论述。闻一多为了批判国民党当局对共产党、李公朴的污蔑,拍案而起,呐喊抗争,最终被刺身亡。

当时的闻一多,并不是没有机会躲过这场血光之灾,昆明市学联主席吴显钺受中共地下省工委书记郑伯克的特别指派,前来转达党的意见,希望闻一多立即转移、隐蔽。闻一多与吴显钺常有接触,但不知道他是地下党员,误以为他此刻前来仅仅是出于学生对老师的关心,吴显钺则受组织纪律的约束,不便亮出自己的真实身份,结果闻一多对吴的好意表示了深深的感谢却婉言拒绝。他说:"我们很多人都溃退了,我不能像他们一样,我要坚持战斗。"此时,闻一多的妻子高孝贞每天都生活在担惊受怕之中,她深切地感受到死亡正在一步步逼向他的丈夫。如果闻一多能够听从共产党的劝告,暂时地离开避过风头,他也可能不会付出生命的代价。从本质上说,闻一多的死是一种殉道,是被他心中追求完美、争取民主、爱国爱民的精神引领着,走向注定的归宿。他用生命照亮了黑暗,并用生命捍卫了永恒的自由。

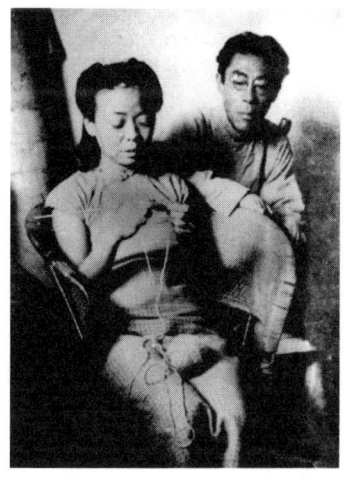

1946年,闻一多与妻子高孝贞

五、结语

闻一多的爱国精神，是他留给子孙、学生最丰厚的财富。在上面的章节，我们已经论述了闻一多的子女。闻立鹤之所以在历次政治运动中饱受冲击，带着伤痕累累的身体离开世界，就是因为他以一颗冷静的爱国心，正直而坦率地表达自己的看法，因此为捍卫正义一次次付出代价。

不仅如此，在抗日战争时期，西南联大的许多学生报名参军，他们大多被派往了中国远征军部队，对此，闻一多全力支持。他们中的一部分人，凭着炽热的爱国心，历经重重险境，到达印度，成为中国军队反攻缅甸的尖刀。在战争结束后，他们凭着学历和军功，原本可以继续在军界平步青云，拥有大好的前程，却拒绝了功名利禄，重新教书育人。

闻山，原名沈季平，著名作家、文艺评论家、诗人和书法家，1927年1月出生，广东高州人。1943年，他考入西南联大外文系，在校期间发起新诗社、阳光美术社，并以闻一多为导师学习现代诗歌理论。其创作的新诗《山，滚动了！》受到了闻一多的赞扬，闻一多曾在新诗社集会上亲自朗诵这首诗，并选入《现代诗钞》。1944年冬，沈季平与西南联大200多名学生参加中国青年远征军，投身印缅抗日战场。日本投降后，他回校复学，复员北上途中惊闻闻一多被刺消息，为继承闻一多遗志，沈季平改名为闻山。1946年，闻山回到北平清华大学后便参加地下革命工作。新中国成立后入中央文学研究所一期学习，先后在丁玲任主编的《文艺报》任政论、文学、美术编辑和组长，《诗刊》编辑部副主任。"文革"后，闻山参与创办了《文艺研究》，任编辑部主任。

2013年9月，由作家出版社出版的《闻山全集》，展示了70年前闻山参加中国青年远征军前闻一多赠他的条幅。条幅正文为"不入虎穴，安得虎子"八个字，旁用小字写道："'不得（入）虎穴，安得虎子'是昔年班超投笔从戎时的壮语，季平同学今天以知识青年从军应悟到这句话在今天的意义。 卅四年一月　闻一多　印。"[1]

关于闻一多的这幅题字，闻山妻子王荣凤说：闻山与何孝达[2]两人在校园里走了两天，最后决定到闻一多家里征求老师的意见，这幅字就是那天晚上闻一多为闻山题写的。 在作于1945年1月20日的《从军》一文中，闻山还记录了闻一多在西南联大进行动员从军时讲的一段话："我们只有加入了军队才有权利呼喊。 为了自己的权利，更为了苦难大众的权利而努力，是光荣的！"[3]

第二节　笔耕世业传家风

—　。　—

诗书、笔耕、学问，是闻一多留给子孙后代的宝贵遗产。 我们看待一个家族的传统，并不在于这个家族的先辈留给了后代多少房子、多少土地、多少金钱，而在于他留给了子孙何种精神上的财富。 清朝大学士纪晓岚曾写了一副对联"一等人忠臣孝子，两件事耕田读书"，也反映了中国传统家庭的价值观念。 但是，闻一多家族的"笔耕"，不仅是耕耘自己，更是耕耘他人，用知识和智慧为社会和国家做出自己的贡献。不仅闻一多、闻家驷、闻亦传、闻亦齐一生都在教书育人，笔耕不辍，闻一多的子女们大多也都为人师长，研究学问，如红烛一样贡献光热。

一、诗文育儿扬美德

闻一多家族的笔耕传统与诗词有着密切的关系，正如闻一多写给闻

1　引自中国社会科学网。
2　何达（1915—1994），原名何孝达，另有笔名陶融，祖籍福建闽侯，生于北京，现代诗人，原香港作家联谊会理事。
3　引自《闻山全集·紫色的雾》，第98页，闻山著，作家出版社，2013年9月版。

家驷的信里说的:"诗化吾家庭也。"早在1922年,闻一多出国前回到巴河老家。当时,闻一多除了筹划出国事宜外,闲在家里没有什么事情,于是每天就教妻子高孝贞与晚辈们学习中国古诗词,用传统文化来熏陶家庭成员。后来,抗日战争时期,自己的孩子陆续长大,开始接受启蒙教育,闻一多便开始了"诗化家庭"的教育实践。

闻一多对于传统文化有着很深的造诣,因此,他讲起诗来不仅驾轻就熟,而且生动传情。此时的闻一多,被战争时期人民的苦难、国家的苦难深深震撼,因此他所讲的诗都浸透着自己最真实的情感,有着极强的感染力。当他讲到"满面尘灰烟火色,两鬓苍苍十指黑"的卖炭翁,辛辛苦苦烧了一千多斤的木炭,"心忧炭贱愿天寒",但到头来竟被两个小黄门以极少的代价将炭强买走时,闻一多的子女们都义愤填膺、咬牙切齿。当听到杜甫的《兵车行》中"爷娘妻子走相送……牵衣顿足拦道哭,哭声直上干云霄","边庭流血成海水,武皇开边意未已","君不见青海头,古来白骨无人收。新鬼烦冤旧鬼哭,天阴雨湿声啾啾"等句子时,抗日战争时期背井离乡的百姓、瘦骨嶙峋的士兵、贪污腐败的官僚……一幕幕浮现在闻一多一家的眼前,令他们伤心欲绝。

闻一多讲诗有一个显著的特点,他讲诗词,更讲历史和人物。闻一多把诗人所处的时代背景、诗人的生平等都讲得生动曲折、清清楚楚,让他的妻子、子女都能够深度把握诗歌的情感内涵,受到灵魂的陶冶和心灵的净化。

二、诗歌创作抒情怀

在我国现代文学史、现代诗歌史上,闻一多有着极其重要的地位。他的诗歌"三美",不仅告诉我们"新诗是什么",更促进了现代汉语的成熟与升华,标志着现代文学走向成熟。

作为一个优秀的爱国诗人,他的两部诗集《红烛》和《死水》,在新诗史上矗立起一座璀璨夺目的丰碑。澳门回归时,由闻一多《七子之歌》改编的歌曲，更是感动了无数期盼国家富强、民族复兴的中华子孙。

闻一多创作的诗歌在数量上并不多，他只出版过两本完整的诗集——《红烛》和《死水》。此外，还有一些零星的篇章。他写作新诗的时间——从1921年到1928年，仅有八年的时间。然而，在我国新诗发展史上，他却占有独特的地位。正如一位评论家所说："要在中国现代诗人中，找出像他这样联结着中国古代诗、西洋诗和中国现代各派诗的人，并不是容易的。"

在新诗形式的革新与探求方面，闻一多做出了可贵的贡献。他善于吸取我国古典诗歌的格调韵律和西洋诗的某些音节长处。用洗练的白话，特别是尝试用口语写诗，并对新诗格律进行勇敢的探索和实践，把古今中外诗歌艺术的成功经验冶于一炉。他在新诗的形式上独树一帜，开一代诗风。

闻一多是新诗格律的最早探索者和创建者之一。"五四"时期，自胡适提倡新诗并尝试新诗创作，诗坛便流行着松散的新诗体，虽然它突破了旧诗的格律，但破而未立，并没有根据新诗的内容探索出新诗的格律，因而，当时的所谓新诗在形式上大多是流于松散，这不仅导致了散文、诗歌的审美标准模糊、混乱，违背了中国传统的诗歌审美观，更让当时的许多人质疑现代诗的发展与未来。因此，闻一多在新诗格律的贡献是划时代的。

闻一多要求新格律诗具有三种美：音乐的美、绘画的美、建筑的美。所谓音乐的美，指的是音节和旋律的美；所谓绘画的美，指的是词藻的运用，要体现出中国象形文字的视觉方面的印象；所谓建筑的美，指的是节的对称和句的均匀。

闻一多关于新诗格律的理论，其目的并不是要制定那种束缚创作的清规戒律，我们不能片面地理解他那"戴着脚镣跳舞"的话，他要强调的只是"在一种规定的格律之内出奇制胜"，目的是为了纠正"五四"

以来在新诗创作上逐渐发展的那种"散而无章"的诗风。闻一多研究古典文学多年，深知只有创造出好的形式与规则，才能凸显出诗歌的气质与灵魂，只有内容和形式兼美，才能创作出最优秀的文学。他吸收了西洋诗某些音节的长处，结合我国古典诗词的经验和现代汉语的特点，创造和实践新诗的格律和形式。

闻一多从不脱离新诗内容去片面追求形式。他在对新诗格律、格式提出各种严格要求的同时，强调要"相体裁衣"，"根据内容的精神"创造格式，反对生搬硬套。闻一多的贡献，是在宏观上为诗歌创作制定了标准，指出了方向。他主张新诗的格律、格式要"层出不穷"，"由我们自己的意匠来随时构造"。《死水》里的二十几首诗，就依据不同的题材、内容制造出多种多样的形式。

1928年后，闻一多逐渐"诗兴不作"，转而将笔耕的重点放在了学术研究上，但他与诗歌的故事并没有就此终止。

三、楚辞研究树丰碑

1939年夏天，闻一多经清华学校同意补假一年。为了躲避日本的空袭，闻一多只好把家搬到了距离昆明40多公里的郊外，位于滇池的晋宁县。

清华学校所谓的"补休"，并不是现在意义上的放假，而是"研究假""学术假"，是为了给教授以充裕的时间进行学术研究，等到假期结束，必须向学校方面汇报自己的学术成果。

闻一多对于以《楚辞》为主干的中国传统文化的研究，早在1932年他回到清华后就开始了，只是战争的冲击让他的学术探索受到了很大的影响。前面提到，"卢沟桥事变"后，闻一多很多的研究资料都来不及带走，全部散佚或毁于战火。到了大后方，凭借着自己对民族文化的热爱，闻一多重新开始了自己的研究。这一年，他主要是为下学期即将教授的"中国上古文学史"做准备。闻一多采用清代考据、训诂的方法，利用敦煌残卷、殷墟卜辞、商周青铜器铭文等珍贵的文物资料,对先秦、两汉时期古书中一些晦涩难懂、难以辨认的字形、字音、字义进行研究和诠释。同时,他又不同于普通的训诂学家,更着重于对上古文学的时代背景、思想潮流、文化底蕴进行深度的剖析,这样不仅能够让历史成为有机的历史、人文的历史,更能让先秦时期刚毅朴实的思想情操彰显出可贵的现实关怀。因为,抗日战争时期的闻一多,已不是不问世事的学者,而是忧国忧民的学者;不是小资的诗人,而是擂鼓的诗人。

在具体的工作上,闻一多除了整理自己有关的诗经、楚辞、乐府和神话等文化领域的研究成果,以及从《易经》中摘录出有关古代社会的描写、记录和材料。他还对诗歌、舞蹈、戏剧的起源与发展进行了深入的研究。这一时期,闻一多学术成果丰硕,完成或发表了《乐府诗笺》《周易闲话》《姜嫄履大人迹考》《易林琼枝》等一批颇具学术价值的著述与论文。

楚辞研究已经有两千多年的历史,由于西方研究方法的引入,20世纪的中国楚辞研究才真正进入了大发展的时期。20世纪的楚辞研究,首先发轫于一批具有现代思维与传统底蕴的人文学者,闻一多即是其中最具代表性的一员。早在清华学校时,闻一多就开始创作新诗。留学美国芝加哥大学,他专攻西方绘画,转向中国文学研究是"半路出家,没有师承"。但闻一多凭借着家学渊源、聪明好学、清华的学术氛围以及研究条件,融合了外来新知、训诂和考据综合而全面地研究中国古典文学,成为抗战时期楚辞研究的领军人物。

闻一多古典文学研究的两大高峰分别是唐诗和楚辞。一直以来,关于闻一多的楚辞研究评价颇有争议,既有"在'五四'以后的楚辞研究史上具有开拓性地位"的评价,亦有"非常异议,可怪之论"的意见。但是,客观来说,闻一多的楚辞研究耗时最多、用力最勤、成果最大,最能彰显其学术个性,研究方法最成熟。更可贵的是,他体现了闻一多强烈的爱国情怀,是"大学问"而不是"小学术"。

闻一多楚辞研究分为两大阶段：从1932年春天到1942年12月"十年左右的光阴"集中精力研究楚辞，从1943年春到1944年暑假在夹缝中求研究。在第一阶段，闻一多几乎没有间断过楚辞的教学和研究，其学术研究成果在当时就得到肯定，标志是1944年5月闻一多《楚辞校补》获教育部审议会颁布的1943年度学术二等奖。第二阶段也是闻一多学术研究的最后一个阶段，楚辞是此时闻一多三大研究对象之一。1946年6月11日《九歌新编》脱稿，1946年7月15日闻一多遇难，闻一多的楚辞研究伴随至其生命终结。[1]

第三节　性情耿直不阿人

——。——

闻一多的人生追求用两个字概括最为恰当，即"完美"。在诗歌创作上，他力求实现内容与形式的兼美；在学术研究上，他力求中西文化的融汇；在为人上，他不能容许一丝一毫的邪恶玷污自己的人格。因此，爱国为民，耿介不阿，是闻一多极为鲜明的性格特征。而最能体现闻一多这种性格的，当属上文提到的他在清华读书时发生的罢考风波。

当时的清华叫作"清华留美预备学校"，"庚子赔款"被美国部分退回，在景色优美的清华园内开办了这所学校。清华当时是为留学美国培养预备生。该校的学制是8年（中等科、高等科各4年），毕业后以公费资助美国留学，各同学根据自己的兴趣和志愿任选一所美国大学深造。闻一多考入因为英文基础较差，大考没有及格，第二年被留级，编入了将于1921年毕业的辛酉级[2]。1921年，辛酉级行将毕业时，他又

---

[1] 引自叶罕云：《闻一多的楚辞研究》，2013年苏州大学博士学位论文。
[2] 1921年是辛酉年，故称辛酉级。

因声援北京市各高校教师的索薪斗争参加了罢考,受到推迟一年毕业的处分。因此,清华的学制是8年,而闻一多却在清华读了10年。

在抗日战争时期,闻一多时刻保持着清醒的头脑,在目睹了国统区民不聊生、士兵受苦、官僚腐败、将领无能的黑暗现实后,没有丧失文人的气节,在一片哀鸿中同流合污。他就像屈原一样,并没有接受"水清濯缨,水浊濯足"的理论,而是奋起批判,与黑暗斗争,最终令国民党反动派恼羞成怒,痛下杀手,为了国家的未来、人格的高洁他献出了生命。这些,我们在上文已做详细的论述。

毛泽东在《别了,司徒雷登》一文中说:"我们应当写闻一多颂,写朱自清颂,他们表现了我们民族的英雄气概。"闻一多与朱自清是一生的挚友,文学上,他们诗文互答,相得益彰;人格上,他们疾恶如仇,惺惺相惜。他们的友情,被后世传为佳话。

闻一多与朱自清的交往,开始于1932年9月闻一多刚刚从青岛大学转到清华大学。而此时的朱自清,正担任清华大学中文系主任。朱自清住北院9号,闻一多住新南院72号。两家隔得不远,因此时相过从,交往日密。

闻一多与朱自清的人生经历有许多相似之处。首先,二人年龄相仿,都是经历过新文化运动与五四运动的新青年。其次,闻一多在诗歌领域名重一时,朱自清也是当时著名的诗人和散文家,二人同在清华任教,朱自清开的课是"诗""歌谣""中国新文学研究",闻一多开的课是"王维及其同派诗人""杜甫""先秦汉魏六朝诗",选题也比较接近。他们一个是系主任,一个是教授,但民国时期并不像今天这样系主任和教授通常意味着地位高低之别,系主任只是一个行政管理的职位,并不代表着职称和地位。作为老教员,朱自清以其特有的谦虚、稳重和包容,赢得了才华横溢、热情洋溢的闻一多的敬重,二人相互促进,为清华中文系的建设做出了巨大的贡献。可以说,在他们之前,清华大学作为留美预备学校,课程设置主要是为留美做准备,重西学而轻国学,朱、闻的努力，使得清华的中文事业很快地奠定了基础。

但是，作为推动白话文走向成熟的新文学的奠基者，朱自清、闻一多一开始在清华的处境并不尽如人意。

从出身上讲，闻一多学的是绘画，虽然说他从未间断过研究传统文学，但"半路出家"竟成为许多正统文人眼中闻一多教不了古代文学的理由。当时的教授不像今天，他们与学生并没有太大的年龄差距，有的学生积极组织文学社团，在许多刊物上发表文章，加上年少气盛，因此认为自己并不比老师差，因此看不起许多老师。有些学生，认为闻一多是新诗人，古文只是"半吊子"，根本没能力教自己。闻一多上课，就如同古人一样，喜欢吟诗，兴致来时还能用粉笔画出精美绝伦的古代人物，但在存有偏见的学生眼中成为"浪费时间"。

朱自清的日子也不好过，我们在中学都学过他与俞平伯的同题散文《荷塘月色》，知道他们二人是好友，而朱自清也正是由俞平伯举荐来到清华执教的。7年来，朱自清靠着自己的勤勉和努力，接替杨振声担任了中文系主任。但是，朱自清在自己的课程里大力推广白话文，开讲"新文学研究"，一直以来褒贬不一。在很多老师与学生心中，白话文不过是一种应用的口语，正规的文学语言应当是文言文。

闻一多是一个倔强、耿直的人。他年轻时口才不好，曾因演说成绩不佳而降等，他自认为是"奇耻大辱"，从此苦练演说，寒暑不辍。初到清华，他并没有足够的学术成果，为了站稳脚跟，他并没有阿谀学校当局，而是苦心孤诣沉浸在传统文学之中。他经常缺席教授会，基本不参加清华的活动，已经到了古人所谓"足不窥园"的地步，这种情形一直持续到西南联大时期。经过努力，他终于赢得了一句评语："一多是'由学西洋文学而转入中国文学'的'唯一成功者'。"这句话出自西南联大文学院院长冯友兰之口，被闻一多视为"一个大安慰"。

在这十余年的时间里，闻一多能够倾诉心声的知己，大概只有朱自清一人。在朱自清看来，闻一多刚正不阿、认真刻苦，因此他能够从热情奔放的新诗诗人转变为严谨的学者，从不擅长辞令的人变成一位天才的宣传家，甚至让国民党当局为之震撼。相比之下，朱自清是一个敏感、细心的人，他容易紧张，一旦在课上说错话，便会窘迫而慌乱。只要自己的观点不能完全说服自己，朱自清便不会讲述，而大多会转述他人的论点，因此在讲课上，朱自清始终魅力不足，选他课的人极少。不仅如此，朱自清对待学生非常严格，不仅经常考试、做练习，分数也给得"抠门得很"。现代作家汪曾祺选朱自清的课，因为实在提不起兴趣，缺课太多，结果朱自清很"果断"地给他不及格。而汪曾祺上闻一多的课，不仅听得津津有味，而且闻一多并不太看重所谓的考试，所以汪只交了一篇文章就得到了满分。这是由于闻一多认为人各有所长，强行违背自己的天性去学习一项自己不擅长的，是违背人性的。他在美国留学时，也就是这个原因，别人都得了硕士、博士，而他却没有得到这些头衔。后来，汪曾祺毕业时，沈从文希望把他留在西南联大中文系当助教，系主任朱自清坚持不肯，理由大致是：他上我的课，连作业都不交！

朱自清是一个很有情调的人，喜欢美食、喜欢打牌，只要外面有饭局、有牌局，他都欣然前往。但是作为系主任，朱自清有许多行政事务需要处理，因此在吃完饭、打完牌后，总会在日记里责备自己虚度光阴、浪费时间。因此，在朱自清内敛、低调甚至有些慵懒的外表下，隐藏的却是火热、自卑与焦虑的心。

1946年，李公朴、闻一多被刺后，朱自清立即放下手里的工作，致信闻一多夫人高孝贞，除了表示愤怒、商议遗稿出版事宜，他还慨然承诺："学校方面我已有信去，请厚加抚恤。朋友方面，也总该尽力帮忙，对于您的生活和诸侄的教育费，我们都愿尽力帮忙……"在愤怒、悲恸和友情的驱使下，朱自清出席了成都各界举行的李、闻惨案追悼大会，并报告闻一多生平事迹，他将余生中最宝贵的时间与精力都投入《闻一多全集》的编辑工作。朱自清不仅花了整整一年时间来搜集遗文，编缀校正，还发动清华中文系全体老师同学，分抄分校，连闻一多的一部分遗稿遭了水渍，他也亲自找人揭页、抄写。在"反饥饿、反内战"的斗争中，朱自清生活窘迫，身患重病，他签名支持《抗议美国扶日政策并拒绝领取美援面粉宣言》，并嘱咐家人不买配售面粉，始终保持着一个正直的爱国知识分子的气节和情操。

1948年，在自己去世前两周，朱自清还手抄了4篇闻一多的文章，以补全集之缺。《闻一多全集》出版于当年8月。当月12日，朱自清因严重的胃溃疡导致的胃穿孔，不幸逝世，享年50岁。由此可见，闻一多、朱自清的友谊可以推心腹、托死生，大有古人之风。

参考书目

01. 闻立雕.红烛——我的父亲闻一多[M].北京：新华出版社，2009.

02. 闻黎明.闻一多传[M].北京：人民出版社，1993.

03. 刘烜.闻一多评传[M].北京：北京大学出版社，1983.

04. 闻黎明.闻一多画传[M].郑州：河南人民出版社，2005.

05. 闻一多.闻一多全集[M].武汉：湖北人民出版社，1993.

06. 闻一多.闻一多选集[M].上海：开明书店，1952.

07. 闻立雕，杜春华.闻一多图传[M].武汉：湖北人民出版社，2006.

08. 闻山.闻山全集[M].北京：作家出版社，2013.

09. 闻黎明，侯菊坤.闻一多年谱长编[M].武汉：湖北人民出版社，1994.

10. 姜建，吴为公.朱自清年谱[M].合肥：安徽教育出版社，1996.

11. 梁实秋.清华八年[M].南京：江苏文艺出版社，2011.

12. 闻立鹏，张同霞，闻丹青.闻一多书信手迹全编[M].北京：国家图书馆出版社，2010.

13. 郑临川.闻一多西南联大授课录[M].北京：北京出版社，2014.

14. 闻立雕.大家国学·闻一多卷[M].天津：天津人民出版社，2008.

15. 谢泳.闻一多的18个细节[M].西安：陕西人民出版社，2013.

16. 闻一多.闻一多全集[M].北京：三联书店，1982.

17. 季镇淮.闻一多研究四十年[M].北京：清华大学出版社，1988.

18. 闻一多.闻一多论新诗[M].武汉：武汉大学出版社，1985.

19. 王子光，王康.闻一多纪念文集[M].北京：三联书店，1980.

20. 闻一多. 闻一多书信选集[M]. 北京：人民文学出版社，1986.

21. 朱自清. 朱自清全集[M]. 南京：江苏教育出版社，1988.

22. 商金林. 闻一多研究述评[M]. 天津：天津教育出版社，1990.

23. 李思乐. 闻一多的故事[M]. 长春：时代文艺出版社，1997.

24. 余嘉华，熊朝隽. 闻一多研究文集[M]. 昆明：云南教育出版社，1990.